Marcus Damm

# Schemapädagogik im Klassenzimmer

Ein neues Konzept zur Förderung verhaltensauffälliger Schüler

Marcus Damm

# SCHEMAPÄDAGOGIK IM KLASSENZIMMER

Ein neues Konzept zur Förderung verhaltensauffälliger Schüler

*ibidem*-Verlag
Stuttgart

**Bibliografische Information der Deutschen Nationalbibliothek**
Die Deutsche Nationalbibliothek verzeichnet diese Publikation in der
Deutschen Nationalbibliografie; detaillierte bibliografische Daten sind im
Internet über http://dnb.d-nb.de abrufbar.

**Bibliographic information published by the Deutsche Nationalbibliothek**
Die Deutsche Nationalbibliothek lists this publication in the Deutsche Nationalbibliografie;
detailed bibliographic data are available in the Internet at http://dnb.d-nb.de.

Coverbild: Fondo Abstracto © Pakmor #4540264. www.fotolia.de

∞

Gedruckt auf alterungsbeständigem, säurefreien Papier
Printed on acid-free paper

ISBN-10: 3-8382-0140-X

ISBN-13: 978-3-8382-0140-5

© *ibidem*-Verlag
Stuttgart 2010

„Die Jugend liebt heutzutage den Luxus.
Sie hat schlechte Manieren, verachtet die Autorität, hat keinen Respekt vor älteren Leuten und schwatzt, wo sie arbeiten soll.
(…) Sie widersprechen ihren Eltern, (…) und tyrannisieren ihre Lehrer.“

– *Sokrates* (470–399 v. Chr.)


„Die Menschen werden als Prinzen und Prinzessinnen geboren,
bis ihre Eltern sie in Frösche verwandeln.“

– *Eric Berne* (1910–1970)


„Identitätslose Unangreifbarkeit auf Kosten persönlicher Eigenart ist der
Totengräber jeglicher Erziehung und Bildung.“

– *Joachim Bauer*

# Inhalt

# Stimmen zum Buch

**Vorwort von Rainer Sachse**

In seinen bisherigen Arbeiten hat Marcus Damm sogenannte „schematherapeutische Ansätze" auf Fragen der Pädagogik übertragen. Dieser Ansatz ist sehr fruchtbar, da die Schema-Ansätze in sehr klarer und sehr handlungsorientierter Weise Erklärungen für problematisches Verhalten liefern und vor allem sehr gut strukturierte Interventionen ermöglichen, die spezifizieren, was wann zu tun ist, um welche Effekte zu erzielen. In den Ansätzen sind die Interventionen sehr gut empirisch validiert, sodass sie als hochgradig wirksam angesehen werden können.

In diesem Buch macht der Autor nun einen weiteren relevanten Schritt: Er wendet die Ansätze auf sogenannte „verhaltensauffällige Schüler" an. Und da die Schema-Ansätze vorrangig für problematisches Handeln und auch besonders für Probleme des Interaktionsverhaltens entwickelt worden sind, ist diese Übertragung nun besonders fruchtbar.

Durch diesen Ansatz können Pädagogen nun problematisches Verhalten durch schlüssige psychologische Konzepte gut verstehen und sehr zielgerichtete Interventionen entwickeln. Natürlich lassen sich Psychotherapie-Methoden nicht ohne weiteres auf Pädagogik anwenden. Ich habe selbst einmal Lehrer im Umgang mit verhaltensauffälligen Schülern trainiert und weiß, dass die Anforderungen an Lehrer erstens anders und zweitens noch höher sind als die an Therapeuten.

Dies liegt vor allem daran, dass Lehrer sich nicht in Ruhe auf einen „Problemfall" konzentrieren können, sondern stets ein „multi-tasking" realisieren müssen. Daher muss ein Ansatz speziell auf die Anforderungen an Pädagogen bezogen umgearbeitet werden.

Dies, so muss man sagen, ist Marcus Damm ausgezeichnet gelungen. Die Konzepte sind sehr stark auf pädagogische Anwendungsbereiche hin reflektiert und zugeschnitten, sehr gut nachvollziehbar und gut umsetzbar.

Natürlich ist es auch hier so wie in allen Systemen, die Expertise erfordern: Man muss die Konzepte trainieren. Sie sind sicher bei aller Klarheit nicht so einfach, dass man sie auf Anhieb beherrschen kann.

Aber auch für das Training und die Ausbildung der Expertise hat der Autor viel Material geliefert, sodass der Leser sich gut in praktische Anwendungen einarbeiten kann und viele Hinweise für eine praktische Realisation erhält, wie die besonderen Bemühungen des Autors um einen „Transfer in den Schulalltag" deutlich zeigen.

Als besonderen Vorteil des Ansatzes sehe ich an, dass dieser ein einheitliches, sehr gut nachvollziehbares und verständliches Grundkonzept vorweisen kann, um damit sehr viele und komplexe Einzelprobleme zu verstehen und zu lösen. Dadurch erhält der Anwender so etwas wie eine „Karte", mit der er sich in schwierigem Gelände zurechtfinden kann. Er benötigt nicht ständig neue, hoch komplexe Theorien für neue Phänomene. Insgesamt ist dieses sehr gut fundierte und innovative Buch sehr anwendungsorientiert und kann Pädagogen in sehr effektiver Weise im Umgang mit „schwierigen" Schülern sehr gute Dienste leisten.

Ich persönlich glaube, dass der Schemapädagogik eine erfolgreiche Zukunft bevorsteht, denn viele pädagogische Bereiche können stark davon profitieren.

Bochum, im August 2010

**Prof. Dr. Rainer Sachse**

Begründer der Klärungsorientierten Psychotherapie (KOP). Leiter des Instituts für Psychologische Psychotherapie (IPP) in Bochum. Zahlreiche Veröffentlichungen, unter anderem zur Psychotherapieforschung und zur therapeutischen Beziehungsgestaltung. Arbeitsschwerpunkte: Klinische Psychologie, Klientenzentrierte Psychotherapie, Verhaltenstherapie.

# Vorwort des Autors

In diesem Buch wird der Transfer des Schemapädagogik-Konzepts in das Praxisfeld Unterricht – Sekundarstufe 1 und 2/weiterführende Schulen – vollzogen und konkret beschrieben. Zielgruppen sind Lehrer, Gruppenleiter, kurz gesagt, alle, die von Berufswegen her mit jungen Menschen zu tun haben. Der Transfer der Schemapädagogik in psychosoziale (DAMM 2010a) und sozialpädagogische Arbeitsfelder (DAMM 2010b) liegt bereits in schriftlicher Form vor.

Ursprünglich entstand die Schemapädagogik im Rahmen einer Weiterbildung für Fachlehrer, die im Arbeitsfeld Berufsbildende Schule vor allem in der sogenannten Fachpraxis eingesetzt sind.

Die besagte Weiterbildung fand am IFB (Institut für schulpsychologische Fortbildung und schulpsychologische Beratung des Landes Rheinland-Pfalz) in Speyer im Schuljahreszeitraum 2009–2011 statt – und dauert noch an.

Dort führten die fruchtbaren Auseinandersetzungen zwischen den Pädagogen über schemaorientierte Psychotherapien und deren Anwendungsmöglichkeiten im Unterricht zu der Konzeption einer „Schema-Pädagogik".

Der Ansatz ist entsprechend verortet an der Schnittstelle zwischen Pädagogik und Psychotherapie. Es wird vor diesem Hintergrund davon ausgegangen, dass zwischenmenschliche Probleme (hier: im Schulalltag) durch nachteilige innerpsychische Muster (Schemata) verursacht werden. Diese Muster bestehen aus kognitiven (gedanklichen) und affektiven Facetten und sind früh entstanden, in Auseinandersetzung mit dem sozialen Umfeld. Sie beeinflussen die Beziehungen, die Betreffende im Hier und Jetzt führen.

Schemapädagogik soll Lehrkräfte im Umgang mit „schwierigen" Schülerinnen und Schüler unterstützen. Gerade bei diesem Thema scheint die Nachfrage nach effizienten neuen Konzepten sehr groß zu sein. Denn der Anteil an „verhaltensauffälligen" Schülerinnen und Schülern steigt – und somit auch die Häufigkeit von Unterrichtsstörungen, Regelverstößen, „Psychospielen" und Beziehungsstörungen (siehe unten).

Erstaunlicherweise lässt die Vermittlung von entsprechend notwendigen „pädagogisch-psychologischen" Kompetenzen an Studienseminaren, also dort, wo die Lehramtsanwärter ausgebildet werden, immer noch stark zu wünschen übrig.

Ein anderes Dilemma: Lediglich „tröpfchenweise" erscheinen Publikationen für Lehramtsstudierende, die psychologische, in Hinsicht auf den Alltagsunterricht relevante Fragestellungen aufgreifen (etwa IMHOF 2010).

Ich bin davon überzeugt, dass die Schemapädagogik eine effiziente Innovation im Praxisfeld Unterricht darstellt. Sie ist auch nach den Erfahrungen einiger Kolleginnen und Kollegen, die seit Kurzem schemapädagogische Methoden anwenden, gut einsetzbar bei Mobbing, Gewaltbereitschaft und Unterrichtsstörungen aller Art, kurzum: in Hinsicht auf den Umgang mit verhaltensauffälligen Schülerinnen und Schülern hilfreich.

Die Realität sieht nun so aus, dass viele Heranwachsende zahlreiche negative innerpsychische Wahrnehmungsmuster (Schemata und Schemamodi) mit in die Bildungseinrichtung „bringen". Diese Muster haben stets einen biografischen Hintergrund und werden durch bestimmte Verhaltensweisen der Mitschüler (beziehungsweise Lehrer) aktiviert; sie belasten die Beziehung zum jeweiligen Gesprächspartner, wobei die dahinterstehende Psychodynamik gar nicht durchschaut wird. Naturgemäß sind den Heranwachsenden ihre Schemata gar nicht bewusst. Schemapädagogen greifen diese Muster auf, thematisieren sie mit dem Schüler und bearbeiten sie (bei Bedarf). Ziel ist die Veränderung nachteiliger innerpsychischer Erwartungshaltungen aufseiten der Jugendlichen.

Zentrales Element des hier vorgestellten Konzepts ist die Beziehungsgestaltung zwischen der Lehrkraft und den Teenagern. Sie ist die Basis der Schemapädagogik und gleichzeitig der Schlüssel zur Reduktion von Unterrichtsstörungen.

Ich will gleich darauf hinweisen, dass Schemapädagogik auch hohe Anforderungen an die Lehrkraft selbst stellt. Der Schemapädagoge muss imstande sein, Aktivierungen seiner eigenen (meistens vorhanden) innerpsychischen – negativen – Muster im Unterricht zu erkennen und zu kontrollieren. Das vorliegende Buch begleitet und unterstützt interessierte Fachkräfte bei diesem Unternehmen.

### Danksagung

Bei verschiedenen Personen, die mich auch bei diesem Projekt wieder sehr unterstützt haben, möchte ich an dieser Stelle noch einmal danken. Zunächst einmal ist in dieser Hinsicht meine Frau Astrid zu nennen; sie hat mir während des gesamten Entstehungsprozesses dieses Buches oft den Rücken freigehalten. Bei meinem Kollegen und Freund Marc-Guido Ebert, Referent für Berufsförderpädagogik am Pädagogischen Landesinstitut von Rheinland-Pfalz, möchte ich mich für die anregenden Diskussionen zur Schemapädagogik bedanken; sie waren sehr fruchtbar. Mein Dank geht auch an Stefan Werner, Sozialpädagoge und Anti-Aggressivitäts-Trainer (AAT®), für die fachlichen Gespräche zum Umgang mit verhaltensauffälligen Jugendlichen; auf seine Ausführungen zur sogenannten aktivierenden Ressourcenkonfrontation wird in Kapitel 4.4 eingegangen (*Problembewusstsein beim Schüler durch kognitive und konfrontative Methoden erwecken*).

Noch eine Bemerkung zu den Praxisbeispielen: sie entstammen allesamt meiner eigenen Berufspraxis. Seit einigen Monaten arbeite ich schemapädagogisch; meine Erfahrungen werden im Folgenden dargelegt, und zwar unter Wahrung der Anonymität der Schüler, mit denen ich zu tun hatte.

Worms, im Herbst 2010
*Dr. Marcus Damm*


<u>Kontakt</u>


**Institut für Schemapädagogik**
Dr. Marcus Damm
Höhenstr. 56
67550 Worms
E-Mail: info@marcus-damm.de
Internet: www.schemapädagogik.de

# Einleitung – Typische Probleme im Schulalltag aus tiefenpsychologischer, neurowissenschaftlicher und schemapädagogischer Sicht

Die Anforderungen an Lehrer[1], Dozenten, Fachkräfte beziehungsweise Pädagogen[2] von heute wachsen an – quer über alle Schulformen hinweg. Dies ist zum einen eine „gefühlte Binsenweisheit", die in vielen Lehrerzimmern und Fortbildungen immer mal wieder thematisiert wird; besonders ausgehend von denjenigen Pädagogen, die schon Jahre und Jahrzehnte im „Geschäft" sind.

Auf der anderen Seite wird dieser Trend auch im Rahmen wissenschaftlicher Forschung festgestellt, etwa wenn es um Verhaltensstörungen beziehungsweise um -auffälligkeiten von Schülern im Speziellen oder um Unterrichtsstörungen[3] im Allgemeinen geht (WINKEL 2009; GROSSE SIESTRUP 2010; MENZEL & WIATER 2009).

Es gibt verschiedene Erklärungsansätze für diese Entwicklung:

- ➤ (a) veränderte gesellschaftliche,
- ➤ (b) familiäre und auch
- ➤ (c) schulische Rahmenbedingungen werden in diesem Zusammenhang oft angeführt.

---

1   Im Folgenden wird der Einfachheit halber meistens die männliche Sprachform verwendet. Auf Ausnahmen wird entsprechend hingewiesen. Dies dient der Erhaltung des Leseflusses und ist natürlich nicht diskriminierend gemeint.

2   Die genannten Begriffe werden im Folgenden synonym gebraucht.

3   Die Bezeichnungen Verhaltensstörungen, -auffälligkeiten und Unterrichtsstörungen werden sowohl umgangssprachlich als auch fachwissenschaftlich unterschiedlich verstanden (LANGFELDT 2006, 99). In der weiteren Darstellung werden die Bedeutungen der einzelnen Begriffe jeweils eingegrenzt.

Entsprechend

> (a) ist eine Auflösung orientierungsstiftender Milieus und Traditionen zu konstatieren (und dies hat zweifelsohne Folgen),
> (b) Heranwachsende wachsen zunehmend in pluralisierten Familien- und Lebensformen auf,
> (c) und schließlich „bringen" die Teenager ihre familiären, gesellschaftlichen und vor allem auch medialen Prägungen „mit" in die Schule, was wiederum Auswirkungen auf das schulische Zusammenleben hat.

Trägt man alldem Rechnung, so leuchtet schnell ein: Wir Pädagogen sind mehr denn je gefordert; besonders soziale, kommunikative und Stressmanagement-spezifische Kompetenzen sind gefragt. Wir müssen uns ja mit den „Schülern von heute" auseinandersetzen, mit ihnen Schritt halten. Denn ansonsten können wir sie nicht – Sie wissen schon – dort abholen, wo sie „stehen".

### *Schemapädagogik ist eine mögliche Antwort auf die Zunahme an Unterrichtsstörungen*

Die hier vorgestellte Schemapädagogik möchte unter anderem die eben genannten Fähigkeiten seitens der Lehrer fördern. Unter anderem fokussiert sie die Art und Weise der Verständigung im Klassenraum, besonders die *unterschwellige*.

Gerade die Qualität der Kommunikation zwischen dem Pädagogen und dem Heranwachsenden ist in Hinsicht auf Psychohygiene, Stress und Emotionen relevant. Und: Bekanntermaßen kann man nicht *nicht* kommunizieren, wie PAUL WATZLAWICK sagt.

Die Anzahl und Variationen an potenziellen Beziehungs- beziehungsweise Unterrichtsstörungen und zwischenmenschlichen Problemen im Unterricht sind sehr zahlreich. Meistens *spürt* man diese nur und kann sie nicht verbalisieren.

Als Lehrer im berufsbildenden Bereich habe ich die Erfahrung gemacht, dass sich einige Probleme „alle Jahre wieder" wiederholen. Zahlreiche Kolleginnen und Kollegen, die ich in Lehrerfortbildungsveranstaltungen kennenlernte und befragte, sehen dies genauso.

Tatsächlich verhält es sich so: Als Lehrkraft ist man den „typischen Konflikten" schon fast zwangsläufig ausgeliefert, weil die Unstimmigkeiten in der

Regel *häufig* dort entstehen, wo Menschen miteinander zu tun haben.

Aus tiefenpsychologischer, neurowissenschaftlicher und schemapädagogischer Sicht werden die im Folgenden thematisierten Phänomene alleine schon durch die „Lebenswelt Schule" auf den Plan gerufen.

Diese Voraussetzung (und die damit verbundene unvermeidliche Konfrontation mit speziellen „typischen Nickligkeiten") ist vielen Lehrkräften gar nicht bewusst. Und das ist auch kein Wunder, weil diese Phänomene so gut wie gar nicht in Standardwerken zur *Pädagogischen Psychologie* auftauchen (siehe etwa WAGNER et al. 2009; SCHNOTZ 2009; HASSELHORN & GOLD 2009); ebenso wenig sind sie Bestandteil von Aus- und Fortbildung von Pädagogen.

Lediglich einige (wenige) Veröffentlichungen zur sogenannten *Psychoanalytischen Pädagogik* stellen diesbezüglich eine Ausnahme dar; sie thematisieren unbewusste innerpsychische Hintergründe von Unterrichtsstörungen und Verhaltensauffälligkeiten von Schülern (etwa KREUZER 2006; HIRBLINGER 2001).

Dies ist sehr schade, ja eigentlich sogar grob fahrlässig, und dieses Buch will daher insbesondere entsprechende psychologisch-pädagogische Kompetenzen vermitteln. Hauptsächliches Ziel ist es, Unterrichtsstörungen und Verhaltensauffälligkeiten zu minimieren.

### *„Nervige" Auffälligkeiten und Störungen im Unterricht auf dem Prüfstand*

Im Folgenden soll es um einige problematische Phänomene auf Schüler- und Lehrerseite gehen. Sie werden aus verschiedenen wissenschaftlichen Perspektiven beleuchtet.

Es soll dargelegt werden, dass manche Heranwachsende aufgrund von bestimmten angeborenen Dispositionen, biografischen Erfahrungen und deren „neuronalen Niederschlägen" im Gehirn, den Lehrer, der gerade vor ihnen steht, mit verschiedenen Verhaltensauffälligkeiten geradezu „nerven" – müssen.

Wenn uns Pädagogen klar wird, welche innerpsychischen Prozesse dabei jeweils „im Hintergrund" ablaufen, so sind wir zukünftig leichter imstande, den Anderen tiefgreifender zu verstehen und angemessen(er) zu behandeln.

**„Ich hab gar nix gemacht!" – mangelhafte Selbsteinsicht in störendes Verhalten**

Interessant, verwunderlich bis hin zu „unfassbar" können vorauseilend-pauschalisierende Selbstrechtfertigungstendenzen wirken, die Schüler bei Verfehlungen vertreten. Sie werden als häufig auftretende Phänomene im Alltagsunterricht betrachtet (LOHMANN 2007). Wie charakterisiert sich diese Art der Unterrichtsstörung? Prinzipiell offenbart sich das Phänomen als eine Art „extrovertierte Selbst-Unkenntnis".

Auf den Punkt gebracht: Selbst bei offensichtlichen Regelverstößen (Schwätzen, Gegenstände durch den Raum werfen, Mitschüler stören usw.) wehren manche Teenager stets intuitiv Ermahnungen der Lehrkraft aufs Neue ab und zeigen sich uneinsichtig, etwa: „Was, ich schon wieder!? Ich hab doch gar nichts gemacht!" Leicht wird die Lehrkraft mit dieser Reaktion in eine „bestimmte Ecke" gedrängt beziehungsweise unterschwellig *gestresst* (NOLTING 2002).

Doch es gilt im Falle des vorauseilenden Schuld-von-sich-Weisens zu unterscheiden. Einmal (a) ist der Betreffende tatsächlich davon überzeugt, „nichts gemacht" zu haben; andererseits (b) bedient er – teils bewusst, teils unbewusst – bestimmte Manipulationsstrategien (siehe unten). Sie haben das Ziel, ein bestimmtes Bedürfnis/Motiv zu befriedigen, etwa das Bedürfnis nach Aufmerksamkeit, nach „Rache" oder nach Wahrgenommen-Werden. Im Rahmen des psychotherapeutischen Verfahrens *Transaktionsanalyse* werden solche Interaktionsmuster auch „Spiele" genannt (auf diese besondere Art der Kommunikation wird unten eingegangen).

Für die Lehrkraft ist es manchmal schwierig zu erkennen, ob eine (bewusste oder unbewusste) Absicht hinter der automatischen Verantwortungsleugnung steht oder nicht. Hierzu bedarf es eines gewissen Fingerspitzengefühls.

Folgende Faustformel kann aufgestellt werden: Je öfter es seitens eines Schülers zu Unterrichtsstörungen inklusive massiver Abwehrreaktionen kommt, desto eher handelt es sich wahrscheinlich um ein Interaktionsspiel. In solchen Fällen bieten sich verschiedene Interventionsstrategien an, um das „Spiel" und somit die Unterrichtsstörung zu stoppen – darauf wird noch ausführlich eingegangen.

*Tiefenpsychologogische, neurowissenschaftliche und schemapädagogische Reflexionen*

Welche Psychodynamik, das heißt, welches innerpsychische Kräftespiel, läuft bei diesem Phänomen im Hintergrund ab? Im Folgenden soll hierüber tiefenpsychologisch, neurowissenschaftlich und schemapädagogisch reflektiert werden. (Die Anregungen zum Umgang mit diesem und den folgenden Phänomenen finden sich übrigens in den Kapiteln 2, 4 und 5.) Nun zu den Hypothesen:

> - Aus **tiefenpsychologischer Perspektive** (etwa KÖNIG 2003) zählt die Leugnung von unangenehmen oder peinlichen Vorstellungen zur „ganz normalen" Arbeitsweise der Psyche des Alltagsmenschen. Das Leugnen ist entsprechend ein sogenannter *Abwehrmechanismus*, der (je nach Situation) das Selbstwertgefühl aufrechterhalten soll, komme was wolle. Das Ganze kann abstruse Formen annehmen. Ist so ein Abwehrmechanismus aktiviert, wird, lapidar gesagt, der „gesunde Menschenverstand" gleichzeitig stark beeinträchtigt, sozusagen die Objektivität ausgeschaltet. Der betreffende Schüler ist dann unter Umständen auf der kognitiven (gedanklichen) Ebene gar nicht mehr zu erreichen, geschweige denn zu behelligen.

> - Das Phänomen wird auch aus **neurowissenschaftlicher Sicht** beleuchtet (SPITZER 2009). Die Erklärung: Viele Verhaltensweisen und Reaktionen laufen im Alltag automatisch, das heißt, ohne Beteiligung des sogenannten Neocortex (Großhirnrinde) ab – dieses Areal ist unter anderem für bewusste Planungs- und Handlungsumsetzungsprozesse zuständig. Das vorauseilende Leugnen kann entsprechend einen biografischen Hintergrund haben. Tauchte das Interaktionsmuster nämlich oft auf, hat es aller Wahrscheinlichkeit nach „neuronale Fußabdrücke" im Gehirn hinterlassen. Und dies bewirkt eine stets wiederkehrende Auslösung, vor allem in Unterrichtssituationen.

> - Aus **schemapädagogischer Perspektive** (DAMM 2010a; 2010b) stellt das vorauseilende Leugnen eine automatisierte Reaktion dar – sie läuft vor dem Hintergrund eines aktivierten Schemas (innerpsychisches Lebensmuster) ab. Das heißt, der betreffende Schüler reagiert reflex- und *gleich*artig auf Interventionen seitens der Lehrkraft. Tatsächlich wird das Phänomen *erst durch das Einschreiten ausgelöst*.

*Fazit*

Das Phänomen „Gegen Regeln verstoßen und automatisch und vehement die Verantwortung dafür leugnen" taucht immer mal wieder im Unterrichtsalltag auf. Zahlreiche Schüler „bringen" das Thema nichtwissend von zu Hause mit. Sie kennen es bestens. Erfahrungsgemäß ist es aus Lehrersicht sinnvoll, flexibel und nicht statisch auf diese Auffälligkeit zu reagieren: mal humorvoll, mal vehement, mal nur nonverbal. Außerdem ist bei einem hohen „Aufkommen" zu prüfen, ob der betreffende Schüler eine bestimmte Absicht mit seinem Verhalten verfolgt.

In manchen Fällen geht es entsprechend um Aufmerksamkeit oder um einen Machtkampf (siehe nächsten Punkt sowie Kapitel 5.4).

### „Die Anderen sind dran schuld!" – externale Kausalattribuierung

Wahrscheinlich ebenso häufig kommt es auf Schüler- (und auf Lehrer-)seite zur Aktivierung der sogenannten externalen Kausalattribuierung. Grob übersetzen kann man den Begriff mit: „Nach außen verlagerte Ursachenzuschreibung". Das heißt, im Zuge der externalen Kausalattribuierung werden die eigenen Denk- und Verhaltensweisen *als von außen verursacht wahrgenommen*. Die eigene, zumeist unmoralische Motivation wird gänzlich vor sich selbst und anderen „ausgeblendet".

Auch in der Lebenswelt Schule verfolgen die Betreffenden damit unbewusst das Ziel, das Selbstwertgefühl selbst bei „offensichtlicher Schuld" zu schützen (KELLER 2010). Zweifellos aktiviert ist dieser Mechanismus vor allem bei denjenigen Konflikten zwischen Schülern, in denen sich beide Parteien massiv gegenseitig beschuldigen und nicht den geringsten Selbstanteil am Konflikt wahrnehmen (wollen). Gänzlich für das Problem verantwortlich, so die Wahrnehmung auf Schülerseite, ist „der Andere". Man selbst hatte gar keine andere Alternative – und konnte nur so und nicht anders „reagieren". Der Mechanismus offenbart den Charakter einer akkuraten Wahrnehmungsverzerrung, die dem Betreffenden aber innerpsychisch durchaus hilfreich ist. Er entlastet das Gewissen. Beispiel: Die meisten Jugendlichen, die etwa einen bestimmten Mitschüler in der Klasse aktiv mobben, kommen während eines konfrontativen Gesprächs mit der Lehrkraft zu „passenden Erklärungen", etwa: „Der braucht das" – „Der hat uns provoziert!" – „Das ist ein Spastiker!"

Manchmal kommt man in solchen Momenten nicht mit den herkömmlichen pädagogischen Methoden weiter, um entsprechend die Selbsteinsicht zu fördern.

*Tiefenpsychologogische, neurowissenschaftliche und schemapädagogische Reflexionen*

Wie sieht es in Hinsicht auf die Ursachen dieses Mechanismus aus?

> **Tiefenpsychologisch betrachtet**, dient die externale Kausalattribuierung, wie oben schon angedeutet, der Aufrechterhaltung des Selbstwertgefühls und ist somit mit einem „innerpsychischen Selbstschutzmechanismus" zu vergleichen. Auf der anderen Seite will sich der Betreffende vorauseilend gegen vehemente Vorwürfe wehren, die im Falle der Klärung der Tatsachen von der jeweiligen Fachkraft erhoben werden würden.

> **Neurowissenschaftliche Argumentation**: Nach GERHARD ROTH (2007) reagiert unser Neocortex, genauer gesagt, die für die Sprache und logischen Gedankengänge zuständigen Areale, *reflexartig* auf negative Emotionen. Ziel der Reaktion ist die „Ausbalancierung dieses *unökonomischen* Geschehens". Im Falle einer Konfrontation mit den eigenen unmoralischen Verhaltensweisen durch den Lehrer kommt es schon notwendigerweise zu dem eben genannten Effekt. Der Schüler wehrt sich mittels der externalen Kausalattribuierung gegen „die unmoralische Wahrheit".

> **Schemapädagogische Überlegungen**: Die externale Kausalattribuierung wird infolge einer sogenannten Schema-Aktivierung, die im Falle einer Konfrontation häufig stattfindet, gleich mit aktiviert. Nach YOUNG et al. (2008) wissen Betreffende nichts von ihren innerpsychischen Mustern (Schemata), die in der Kindheit oder Jugend entstanden sind und sich immer wieder in die Gegenwart „schieben". Das heißt, falls etwa Mobbing tatsächlich eine notwendige Abwehrstrategie darstellt, um ein Schema wie *Misstrauen/Missbrauch* (siehe Kapitel 2.1.1) zu kompensieren, so ist dies dem betreffenden Schüler in der Regel nicht bewusst. Er weiß demnach nicht, dass er vielleicht selbst wahrscheinlich „Opfer" war und die relevanten Erlebnisse im Hier und Jetzt „nur" wiederholt – nur mit vertauschten Rollen. Er ist nunmehr der Täter. Der Selbstanteil am Konflikt mit dem Mobbing-Opfer ist ihm nicht präsent. Um sich den Konflikt selbst zu erklä-

ren, verfällt er demnach dem Mechanismus der externalen Kausalattribuierung. Aus schemapädagogische Sicht ist die externale Kausalattribuierung, zusammenfassend gesagt, bei Schema-Aktivierungen immer mit im „Gepäck".

### Fazit

Die externale Kausalattribuierung stellt im Schulalltag dann und wann ein großes Problem dar. Sie „verbaut" in der Regel in wichtigen Konfliktsituationen gänzlich die Selbsteinsicht, da sie gerade dann aktiviert wird, wenn die Lehrkraft sich um die Klärung von Konflikten bemüht. Aber auch abseits von relevanten Auseinandersetzungen unterstützt der Mechanismus die Selbsttäuschung.

Beispiel: Man braucht leistungsschwache Schüler nur einmal zu fragen, wieso sie etwa in einem bestimmten Fach nur Leistungen unter ausreichend erzielen. Viele Teenager antworten (Kollegen werden es wissen): „Weil der *Herr X* dumm ist!" Klar.

## Psychospiele im Klassenraum

Dass Schüler inner- und außerhalb des Unterrichts manchmal subtile persönliche Ziele verfolgen, die nichts oder nur wenig mit ihrem tatsächlich gezeigten Verhalten gemein haben, dürfte jedem Lehrer bekannt sein. In diesen Fällen, vor allem, wenn man selbst betroffen ist, fühlt man sich gewissermaßen „verarscht".

Auf dieses Phänomen, das sicherlich aus tiefenpsychologischer Perspektive sehr interessant ist, ist vor allem RUDOLF DREIKURS (1967/2004) eingegangen. Er hat sehr innovativ die Erkenntnisse der *Individualpsychologie* von ALFRED ADLER auf das Praxisfeld Unterricht bezogen.

Viele Schüler wollen demnach – unbewusst – den Lehrer durch bestimmte Kommunikationsmuster manipulieren, ihn zu erwünschten Reaktionen „verführen". Ich sage bewusst „verführen", da manche doppelbödigen Verhaltensweisen von Heranwachsenden geradezu bis zur Perfektion fadenscheinig praktiziert werden. Noch umfassender nimmt sich das psychotherapeutische Verfahren *Transaktionsanalyse* (BERNE 1964/2005) diesen besonderen Interaktionen an, die in diesem Zusammenhang, wie oben schon erwähnt, „Spiele" genannt werden. Im Folgenden sprechen wir von „Psychospielen", um die Psychodynamik solcher Interaktionsmuster zu betonen.

Ein Beispiel: Beim Psychospiel „Versetz mir eins" (RAUTENBERG & ROGOLL 2008) offenbart ein Schüler folgendes Verhalten: Zu Beginn der Stunde stört er „tröpfchenweise" den Unterricht. Erwartungsgemäß ermahnt ihn der Lehrer. Der Heranwachsende versichert irgendwann, er werde sich nun zusammenrei-ßen. Wenig später jedoch nimmt er sichtlich unbeeindruckt wieder das Projekt „Unterrichtsstörungen" auf. Es wird intensiver.

Wieder ermahnt ihn der Lehrer. *Will der mich verarschen?*, denkt er sich. Das „Spiel" geht eine Zeit lang so weiter, wobei der emotionale Anteil seitens des Lehrers sozusagen schrittweise ansteigt; *und nur das ist eigentlich beabsichtigt.* Am Ende des Spiels wirft der Lehrer den Betreffenden aus dem Saal.

Es kann sein, dass ein solches Spiel mehrmals innerhalb einer Woche ge-spielt wird, und zwar nach stets denselben „Regeln". Interessant ist aber, dass beide Parteien gewöhnlich das Ganze nicht recht verbal auf den Punkt bekom-men. Grund: es „steckt" zu viel unbewusste Psychodynamik dahinter (siehe un-ten).

Erfahrungsgemäß ist es sehr schwierig, mit Schülerspielen klarzukommen. Man kann als Lehrer aber glücklicherweise auf vier bewährte Strategien (BERNE 1964/2005) zurückgreifen, sobald ein Schüler häufig Verhaltensweisen mit Ma-nipulationscharakter praktiziert (siehe auch DAMM 2010b, 92):

1. *Das Spiel direkt ansprechen* („Max, Du willst mit Deiner Masche heute Aufmerksamkeit – und noch rausgeworfen werden! Lass es!").

2. *Den weiteren Spielverlauf vorwegnehmen* („Max, ich weiß, wie das heute weitergeht: Du störst immer wieder die Stunde, ich werde Dich weiter ermahnen und irgendwann rauswerfen müssen.").

3. *Den Spieler mit den Kosten seines Verhaltens konfrontieren* („Max, die Show, die Du hier abziehst, nervt nicht nur mich; wir kennen Dich!").

4. *Den Spieler als Person wertschätzen und Verhaltensalternativen aufzei-gen* („Max, Du bist ein cooler Typ und hast das nicht nötig. Probier' heu-te mal was Anderes. Ich würde mich in dieser Stunde über drei orden-tliche Beiträge von Dir freuen. Dann kann ich Dir eine gute Note ge-ben.").

Nebenbei erwähnt, es gibt sehr viele unterschiedliche Spiele, die im Klassenraum gespielt werden. Im Praxisteil (siehe insbesondere Kapitel 5.4) werden diverse Manipulationen vorgestellt; ebenfalls werden auch die erwähnten und weitere Interventionsmöglichkeiten konkret am Beispiel beschrieben.

Es ist noch wichtig zu erwähnen, dass die Interventionen in der Regel nur dann den gewünschten Effekt erzielen, wenn man zu dem betreffenden Schüler vorher eine grundsätzlich positive Beziehung aufgebaut hat (siehe hierzu Kapitel 4.2).

Warum ist es für den Lehrer so schwierig, Schülerspiele zu stoppen? – Nun, zum einen stört der Betreffende mit seiner „alten Leier" immer wieder effizient den Unterricht, *weil* der Lehrer impulsspezifisch (= erwünscht) reagiert, zum anderen ist dem Heranwachsenden in der Regel nur ansatzweise – wenn überhaupt – bewusst, *dass er überhaupt ein Psychospiel inszeniert.*

Genau genommen handelt es sich dabei ja um Manipulationen, die zwar ihre biografischen Ursachen haben, aber nunmehr vorwiegend intuitiv und automatisch ablaufen.

*Tiefenpsychologogische, neurowissenschaftliche und schemapädagogische Reflexionen*

Die Funktionen von Psychospielen können aus unterschiedlichen Perspektiven betrachtet werden.

> Die schon erwähnte **tiefenpsychologische Argumentation** verweist auf den grundsätzlichen Nutzen von Psychospielen für den Betreffenden. Niemand kommt mit der Fähigkeit auf die Welt, seine Mitmenschen mit einer bestimmten Masche zu manipulieren. Daraus kann man schließen, dass Psychospiele in Auseinandersetzung mit dem frühen sozialen Umfeld „reflexartig" entstehen, also Anpassungsmechanismen darstellen, eigentlich „Mittel zum Zweck" sind. Der Heranwachsende hatte also irgendwann gelernt, mit welchen Manipulationen grundlegende Bedürfnisse befriedigt werden können. Wahrscheinlich hatten authentische Interaktionsmuster („Ich möchte das und das!") zuvor irgendwann einmal keinen Erfolg mehr gebracht. (Interessant ist, dass in manchen Elterngesprächen die Erzieher des Heranwachsenden vielsagend nicken und sogar verständnisvoll

dreinblicken, wenn man ihnen von den „Maschen" ihres Sohnes/ihrer Tochter berichtet – sie kennen sie bestens.)

> **Neurowissenschaftliche Reflexionen**: Nach dem modernen Verständnis des „Sozialen Gehirns" (DAMASIO 2000) bilden sich die höheren Strukturen/Hirnareale erst nachgeburtlich aus. Sobald ein Heranwachsender, etwa durch das Prinzip „Austesten", Erfolg hat beim Ausführen bestimmter Verhaltensweisen mit Manipulationscharakter, werden diese positiv verstärkt und infolgedessen immer öfter wiederholt. Auf diese Weise „brennen" sich entsprechende Verhaltenstendenzen ins Gehirn ein und bleiben dort ein Leben lang bestehen. Jederzeit kann eine entsprechende Manipulation aktiviert werden, etwa wenn die gerade erlebte soziale Situation geradewegs *einer bestimmten biografisch-relevanten Konstellation entspricht*.

> **Schemapädagogische Überlegungen**: Psychospiele sind aus schemapädagogischer Perspektive ein probates Mittel, um bestimmte innerpsychische Erwartungshaltungen (Schemata) zu verwirklichen. Wer etwa vom Schema *Soziale Isolation* (siehe Kapitel 2.1.1) beeinflusst ist und meint, „er sei ein absoluter Loser", spielt wahrscheinlich oft das Spiel „Blöd". Bei diesem Spiel stößt man die Mitschüler – unbewusst – durch bestimmte, sozial „ungeschickte" Verhaltensweisen vor den Kopf und gerät auf diesem Weg leicht in die soziale Isolation. Der Betreffende sieht nicht, dass er *gerade durch* sein eigenes Verhalten erst in diese Lage kommt (potenzielle Gründe: externale Kausalattribuierung und mangelhafte Selbsteinsicht in die eigenen innerpsychischen Prozesse).

***Fazit***

Mit Psychospielen müssen sich Lehrer auseinandersetzen, am besten bereits zu Beginn des Schuljahres, damit sich keine allzu negative „Spielkultur" bei einigen Schülern entwickelt.

Das „Spiel-Management" kann sowohl mithilfe von konfrontativen oder aber mittels empathischer Methoden praktiziert werden (siehe Kapitel 5.4).

**Übertragungsprozesse**

Im Rahmen der Psychoanalytischen Pädagogik wurde bereits auf die Begriffe Übertragung, Gegenübertragung und Wiederholungszwang im Schulalltag eingegangen (KREUZER 2006).

Übertragungsprozesse sind unbewusste Phänomene, die auf innerpsychischen Konstruktionen des Betreffenden beruhen (die ihm nicht bewusst sind).

SIGMUND FREUD, der Begründer der *Psychoanalyse*, hat Übertragungs-, Gegenübertragungsprozesse sowie den sogenannten Wiederholungszwang (siehe unten) im Rahmen seiner therapeutischen Sitzungen zuerst erkannt.

Die zeitgenössische *Sozialpsychologie* hat diese und die unten skizzierten Prozesse weiter untersucht (WERTH & MAYER 2007).

Im Zuge des Wahrnehmungsfehlers Übertragung entwickeln – in Hinsicht auf unseren Zusammenhang – Schüler bestimmte Gefühle gegenüber der Lehrkraft im Unterricht, die eigentlich einmal einer bestimmten Person in deren Biografie gegolten haben.

Genauer gesagt, Lehrerinnen und Lehrer werden dann und wann als Personen mit geradezu „mütterlichen" beziehungsweise „väterlichen" Eigenschaften empfunden. Dies hat Auswirkungen auf die Beziehung zwischen dem Pädagogen und einzelnen Schülern.

So kann es etwa sein, dass ein Heranwachsender emotional total überreagiert, sobald ein (männlicher) Lehrer ihn „nur" nach den „Gesetzen des gesunden Menschenverstandes" ermahnt. – Möglicher Grund: Die Ermahnung mitsamt der damit einhergehenden Mimik und Gestik des Lehrers „erinnert" den Teenager geradewegs an den eigenen Vater, mit dem er oft ähnlich schmerzvolle Situationen erlebte. Sofort ist er auf 180! Vielleicht offenbart die Lehrkraft auch „nur" äußere Merkmale, die der Schüler mit Personen aus seiner Vergangenheit in Verbindung bringt. – Auf solche Konflikte gehen Schemapädagogen häufig ein.

*Tiefenpsychologogische, neurowissenschaftliche und schemapädagogische Reflexionen*

Nun zu den psychodynamischen Hintergründen dieses Phänomens:

> ➢ Die **tiefenpsychologische Überzeugung** wurde bereits skizziert. Demnach nehmen betreffende Schüler ihre Lehrer in manchen Fällen als „Mut-

ter-" beziehungsweise „Vater-Objekt" wahr. Wie ist das möglich? – Man geht davon aus, dass die wichtigsten Personen in der Kindheit psychisch verinnerlicht werden, zu einem Teil des innerpsychischen Habitus avancieren. Psychoanalytiker sprechen dann vom sogenannten „Über-Ich", anders gesagt, vom Gewissen (MENTZOS 2009).

> **Neurowissenschaftliche Begründung**: Durch elterliche Prägung in den ersten Lebensjahren bilden sich mentale Konstrukte im Gehirn, die „thematisch" viel mit den betreffenden Bezugspersonen zu tun haben, und zwar in Hinsicht auf deren Äußerlichkeiten als auch auf deren Charaktereigenschaften (SPITZER 2009). Kommt es später einmal zu Situationen, in denen der Betreffende mit Mitmenschen zu tun hat, die diesen Konstrukten ähnlich sind, provozieren die für die emotionalen Prozesse zuständigen Hirnareale bestimmte Gefühle. Dies ist dem Betreffenden nicht bewusst, da die emotional arbeitenden Areale schneller zu „Entscheidungen" kommen als die rational agierenden (im Neocortex verortet). Der „gesunde Menschenverstand erklärt sozusagen erst im Nachhinein das, was das „Bauchgefühl", symbolisch gesprochen, schon längst innerpsychisch kommuniziert hat. Und das muss nicht immer korrekt sein, wird aber nicht infrage gestellt.

> **Schemapädagogische Überlegungen**: Nachteilige innerpsychische Erwartungshaltungen (Schemata) werden in der Regel durch zwischenmenschliche Situationen ausgelöst. Kommt es zu einer Aktivierung eines Schemas oder Schemamodus (Kapitel 2.1), so ist gleichzeitig immer auch die Wahrnehmung des Betreffenden verzerrt. Das heißt, der Gesprächspartner, in unserem Zusammenhang, der Lehrer, wird nicht objektiv erlebt, sondern etwa als „Aggressor". Was Schüler infolge einer entsprechenden Aktivierung nicht merken: Sie unterstellen der Lehrkraft bestimmte (negative)) Absichten und Motivationen, *die sie gar nicht hat* (siehe auch Gegenübertragung). In einer solchen Situation hat es den Anschein, als hätte Schüler X „mal wieder seine fünf Minuten".

*Fazit*

Achtsamkeit ist im Schulalltag seitens der Lehrkraft gefragt. Denn zu Übertragungsprozessen, die zu Beziehungsstörungen führen, kann es oft kommen. Lehrkräfte, die ein, sagen wir, aufbrausendes Temperament haben, lösen diese ungleich häufiger aus als ruhige Gemüter. Erstere müssen damit rechnen, dass der eine oder andere emotionale Ausbruch („DU BIST FAUL!") negative Übertragungsprozesse („böser Vater") provozieren kann. Und die führen zu überflüssigen Stresserlebnissen. Wird man erst einmal entsprechend verzerrt wahrgenommen, wird in der Regel auch die Lernmotivation des Schülers beeinträchtigt.

Ein überwiegendes Agieren auf der Sachebene bietet sich daher eher an.

## Gegenübertragungsprozesse

Natürlich sind auch Lehrkräfte nicht frei von Wahrnehmungs- und Beurteilungsfehlern. Nur ein kleines Beispiel: Vor Kurzem wurde das sogenannte „Kevinismus-Syndrom" in einer Studie belegt (siehe FOCUS 40/2009). Die Untersuchung an GrundschullehrerInnen konnte nachweisen, dass bereits die Vornamen(!) von Schülern aufseiten der Lehrkraft (negative) emotionale und kognitive Einstellungen aktivieren, eben sogenannte Gegenübertragungsprozesse.

Viele „Mandys", „Chantals" und, wie erwähnt, „Kevins" wurden entsprechend nachweislich im Unterricht benachteiligt – alleine aufgrund ihres Namens. Er rief diverse negative Erwartungshaltungen auf Lehrerseite auf den Plan.

Aber auch schon das Aussehen und Verhalten eines Schülers reichen schon aus, um Sympathie oder Antipathie ihm gegenüber zu empfinden. Das muss sich wohl jede Lehrkraft eingestehen. Aber: Das ist nicht schlimm, sondern menschlich. Man muss nur bewusst mit diesem Mechanismus umgehen.

Werden Lehrer etwa durch die Erscheinung eines Schülers an einen „schwierigen" Heranwachsenden aus vergangen Zeiten erinnert, so entsteht leicht die Erwartungshaltung, dass der Heranwachsende im Hier und Jetzt sicherlich ebenso viel Ärger machen wird. Doch das ist Mumpitz!

Überflüssig zu erwähnen, dass Gegenübertragungsprozesse potenzielle „Beziehungskiller" sind, weshalb sie mittels Achtsamkeit bemerkt und unterdrückt werden sollten.

*Tiefenpsychologogische, neurowissenschaftliche und schemapädagogische Reflexionen*

In Hinsicht auf hier skizzierten Perspektiven lassen sich nahezu dieselben Überlegungen wie beim Mechanismus Übertragung anstellen, weshalb im Folgenden das nächste Phänomen thematisiert wird.

## Wiederholungszwang

Der Begründer der Psychoanalyse stieß im Laufe seiner Arbeit mit Klienten auch auf den seltsamen menschlichen Antrieb, frühkindliche unangenehme, ja schmerzliche Erfahrungen und negative zwischenmenschliche Konstellationen zu – *wiederholen*. Diese Motivation schrieb er dem „verdrängten Unbewussten" zu. Der Mechanismus taucht im Schulalltag tatsächlich immer mal wieder auf.

Zwei Beispiele:

> Es gibt einige Schüler, die immer wieder dieselben (negativen) Erfahrungen machen, entweder mit anderen Heranwachsenden oder Lehrern.
> Andere Heranwachsende berichten permanent davon, dass sie sich einfach nicht dazu motivieren könnten, auch nur für eine Klausur zu *lernen* geschweige denn, Abgabefristen einzuhalten (da gebe es Widerstände).

In persönlichen Gesprächen mit Betreffenden tritt im letzteren Fall oft eine Abwehr zutage, die eine lange Tradition hat (und am Anfang dieser Tradition steht nicht selten *ein* Erwachsener, der zu viele Forderungen stellte). Anderen Teenagern geht es in Hinsicht auf den Mechanismus ungleich schlechter. Sie „geraten" permanent an asoziale Beziehungspartner. Als Lehrer wundert man sich manchmal über die Ausreden, die betreffende Schüler (meistens weibliche) konstruieren, um sich das irrationale Geschehen zu erklären. Auf die Frage: „Wieso machst Du nicht einfach Schluss mit dem Typen? – Er ist gewalttätig!" wird in etwa meistens so geantwortet: „Ja, aber nur *manchmal*; außerdem liebt er mich!" Die beschriebenen Phänomene lassen sich mit dem Begriff Wiederholungszwang gut erklären. Und auch in der Tiefenpsychologie, den Neurowissenschaften und in der Schemapädagogik hat er seinen „festen Platz".

***Tiefenpsychologogische, neurowissenschaftliche und schemapädagogische Reflexionen***

Die verschiedenen Erklärungen lauten wie folgt:

> **Tiefenpsychologen** sehen einen Sinn in der ständigen Re-Inszenierung von zwischenmenschlichen Konflikten aus der Vergangenheit. Betreffende möchten das „Unheil von damals" im Hier und Jetzt endlich lösen. Fatalerweise ist das Unternehmen meistens nicht von Erfolg gekrönt, weil dem Heranwachsenden die Ressourcen für das Projekt fehlen. Ferner wird er von unbewussten Minderwertigkeitsgefühlen beeinflusst, die bei der damaligen Konstellation eine Rolle spielten (er war ja in der Regel noch zu klein, unzulänglich, schwach). Fatal ist auch, dass Betreffende nicht sehen, dass sie selbst einen großen Anteil an den zwischenmenschlichen Beziehungen haben, die ihnen schaden.

> **Neurowissenschaftliche Überlegungen**: Die Gehirnentwicklung ist nach der Pubertät so gut wie abgeschlossen (ROTH 2003). Immer stärker tritt folgendes Prinzip in Erscheinung: Der Mensch „macht" strenggenommen seine Erfahrungen. Die Umwelt ist somit abhängig von der „inneren Welt" (Erwartungen, Erfahrungen). Der Betreffende gestaltet aktiv seine Umwelt, nimmt Einfluss auf sie – er passt sie seinen vorhandenen Strukturen an. Dieser Aspekt wird oft übersehen. Aus dieser Perspektive ergibt sich eine neue Sinnhaftigkeit. Einige Beispiele: Der Beruf, den jemand ausübt, sein soziales Umfeld, seine bevorzugten Hobbys – *das alles sagt eigentlich nur etwas über ihn selbst aus.* Da entsprechend der Mensch (das Gehirn) dazu neigt, „Bekanntes" zu wiederholen, wiederholt er auch Nachteiliges (wenn es seit der Kindheit bekannt ist).

> **Schemapädagogische Annahmen**: Die Vergangenheit, die aus erworbenen Schemata besteht, das heißt, aus Annahmen über sich selbst und die Anderen, „schiebt sich immer wieder in die Gegenwart". Dies ist dem Betreffenden nicht bewusst, da diese Schemata meistens noch in einer Zeit entstanden, in der sein Gehirn noch im Aufbau war. Wie später noch zu zeigen sein wird: Nachteilige Schemata bewirken, dass Betreffende immer wieder dieselben Konflikte mit sich selbst und anderen erleben.

*Fazit*

Man trifft hin und wieder auf Schüler, die immer wieder dieselben Probleme haben – und einfach nicht sehen, dass längst vergangene Prägungen dafür verantwortlich sind. Natürlich sind die pädagogischen Mittel hinsichtlich dieses Themas begrenzt, man ist schließlich kein Therapeut.

Dennoch sollten auch Pädagogen über diesen Mechanismus Bescheid wissen, ihn durch Achtsamkeit im Unterricht bemerken und unter Umständen auch intervenieren. Methoden, die diesem Unterfangen dienlich sind, werden unten thematisiert (Kapitel 4.4).

## Lehrer und Schüler werden als „Personen mit *einem* Ich-Bewusstsein" angesehen

Berücksichtigt man das bis hierhin Vorgetragene, so stößt man leicht auf die Frage: Wenn (a) unbewusste Prozesse und (b) die Auswirkungen von kindlichen Erlebnissen (Schemata) von den Schülern mit in den Unterricht „gebracht" werden (und das werden sie) – welche potenziellen Auswirkungen hat das in Hinsicht auf den Umgang mit den betreffenden Heranwachsenden?

Eine Antwort (an die man sich als psychologischer Laie sicher gewöhnen muss) lautet: Die innerpsychischen, teils widersprüchlichen Prozesse, die in Schülern und Lehrern gleichermaßen ablaufen, können im Unterricht aufgegriffen und als solche „ansatzweise therapiert" werden. Selbstverständlich müssen die entsprechenden Methoden didaktisch an die Klientel angepasst werden.

Hierfür muss man aber gleichzeitig die Vorstellung aufgeben, dass Schüler und Lehrer nur ein einziges „Ich-Bewusstsein" hätten. Vielmehr bestehen wir *Homo sapiens* aus verschiedenen Ich-Zuständen (siehe unten).

Diese Ansicht läuft zwar dem gesunden Menschenverstand zuwider, wird aber von verschiedenen Humanwissenschaften gestützt. Wenn Pädagogen die Schüler und sich selbst *vielschichtiger* begreifen, verstehen sie auch verschiedene Unterrichtsstörungen tief greifender.

Wenn ich im Rahmen von Fortbildungen diesen Punkt anspreche, lautet die erste Reaktion meistens so: „Wir haben im Schulalltag schon genug zu tun. Sollen wir jetzt auch noch einen auf Hobby-Psychologen machen?"

Darauf antworte ich dann in der Regel so: „Wenn Sie zu Beginn des Schuljahres etwas mehr Zeit in den Beziehungsaufbau mit den Schülern investieren und einige schemapädagogische Methoden anwenden, haben Sie den Rest des Schuljahres mehr Ruhe."

Gerade viele ältere Kollegen haben so ihre Bedenken. Doch man sollte sich nicht gleich abschrecken lassen von neuen Ansätzen. Immerhin haben die Humanwissenschaften in den letzten Jahren viel Licht ins Dunkel der „widersprüchlichen Psyche" des Homo sapiens gebracht – und von diesem Wissen kann man profitieren, gerade als Lehrer.

***Tiefenpsychologogische, neurowissenschaftliche und schemapädagogische Reflexionen***

Die Vielschichtigkeit der menschlichen Seele wird auch von den hier thematisierten Wissenschaften vertreten:

- **Tiefenpsychologische Autoren** gehen seit jeher von unbewussten Prozessen aus, wenn sie auffällige Verhaltensweisen erklären. Demnach hat vor allem die Kindheit eine große Bedeutung für die psychische Entwicklung des Menschen. Kommt es etwa häufig zu Konflikten, so schlägt sich das eine oder anderen zwischenmenschliche Problem auch innerpsychisch nieder. Unter Umständen hat dies lebenslange Auswirkungen – sobald frühkindliche Erfahrungen unbewusst re-inszeniert werden (siehe oben).

- **Neurowissenschaftliche Argumentation**: Die meisten Neurowissenschaftler gehen davon aus, dass der Mensch in größerem Umfang von seinen frühen Erfahrungen beeinflusst wird. Das Gehirn „saugt" nach der Geburt die soziale Umwelt sprichwörtlich auf, und die Beziehungen zu den Bezugspersonen bilden sich nach und nach auch im Gehirn des Kleinkindes ab (siehe oben). Sie werden dadurch zu eigenen Maßstäben, zu Erwartungshaltungen. Ebenso wird im Rahmen der Neurowissenschaften der Mensch im Allgemeinen als ein „Bündel aus Ich-Zuständen" begriffen. Die Vorstellung, dass es lediglich ein einziges Ich-Bewusstsein geben würde, wurde in den letzten beiden Jahrzehnten verworfen. So unterscheidet etwa GERHARD ROTH (2007) zwischen dem sogenannten „moralischen Ich", „biografischen Ich", „handelnden Ich" usw. Diese verschiedenen „Ichs" werden aus der Vielschichtigkeit des menschlichen Gehirns abgeleitet.

- **Schemapädagogische Überlegungen**: Auch im Rahmen der Schemapädagogik wird von der Vielschichtigkeit der Psyche ausgegangen, die Grundlagen dieses Ansatzes sind: Neurobiologie (Kapitel 3.1), Bindungstheorie (Kapitel 3.2) und Motivationstheorie (Kapitel 3.3). (Auch) Schüler werden als „Ich-Bündel" angesehen, genauer gesagt, als Schemamodus-Bündel (siehe Kapitel 4.4). Es wird davon ausgegangen, dass sich die Heranwachsenden nicht über ihre einzelnen Persönlichkeitsfacetten (= Schemamodi) bewusst sind. Kommt es nun zu Unterrichtstörungen, kann der Schemapädagoge das jeweilige Verhalten immer(!) auf einen bestimmten Schemamodus beziehen. Mit diesem Schemamodus wird dann behutsam gearbeitet. Der Lehrer unterstützt den Schüler bei der sogenannten Selbstklärung. Danach werden Lösungen erarbeitet und in zukünftigen Unterrichtsstunden erprobt.

*Fazit*

Schüler werden im Unterricht häufig von unbewussten Motiven, Auswirkungen von frühkindlichen Erfahrungen und Schemata zu dieser oder jenen Unterrichtsstörung animiert.

Der Lehrer beobachtet über einen längeren Zeitraum vor allem diejenigen Schüler in seiner Klasse, die zu den „schwierigen", anders gesagt, auffälligen gehören. Verschiedene Verhaltensweisen werden kategorisiert und analysiert. Sodann folgen schemapädagogische Interventionen (siehe Kapitel 5ff.).

Diese didaktisch-methodischen Vorgehensweisen sind altersgemäß und führen bestenfalls dazu, dass…

- … aufseiten des Schülers Selbsteinsicht in problematisches Verhalten entsteht,
- … die sogenannte externale Kausalattribuierung reduziert wird,
- … Psychospiele gestoppt werden,
- … Übertragungs- und Gegenübertragungsprozesse weitgehend „im Sande verlaufen",
- … der Wiederholungszwang gestoppt wird,
- … aufseiten des Schülers ein Gespür für die innerpsychische Pluralität entsteht.

Wer Schemapädagogik anwenden will, sollte natürlich auch über das Konzept als solches und dessen Grundlagen Bescheid wissen.

Im Folgenden geht es um diese Themen.

# 1. Das Schemapädagogik-Konzept

Schemapädagogik basiert auf verschiedenen wissenschaftlichen Konzeptionen. Ein Eckpfeiler etwa ist die sogenannte Schematheorie (Kapitel 1.1). Sie setzt sich aus verschiedenen konstruktivistischen Elementen zusammen; die (aktiv) wahrnehmende Person gerät hierbei in den Mittelpunkt. Nach der Vorstellung dieses Modells etwa sagen irrationale Annahmen und Meinungen, die jemand von sich selbst und anderen hat, viel mehr über seine(!) innerpsychische Struktur aus, als er glaubt.

Relevant sind auch die sogenannten schemaorientierten Psychotherapien; die drei relevanten Ansätze heißen:

> **Schematherapie** (YOUNG et al. 2008; ROEDIGER 2009a; ROEDIGER 2009b; ROEDIGER & JACOB 2010),
> **Klärungsorientierte Psychotherapie** (SACHSE 2003; SACHSE et al. 2008; SACHSE et al. 2009) und
> **Kognitive Therapie** (BECK 1976; ELLIS 1962; LEAHY 2007).

Die genannten Therapien beinhalten innovative Modelle zum Verständnis und zur Klärung von schwierigen Persönlichkeitsstilen, -störungen, psychischen Auffälligkeiten und Beziehungsstörungen.

Gemein ist allen Ansätzen die Annahme, dass viele, sich stets wiederholende Probleme, welche die Klienten mit sich selbst und anderen erleben, auf sogenannten Schemata beruhen.

Diese nachteiligen innerpsychischen Muster werden in der Kindheit und/oder Jugend in Auseinandersetzung mit der sozialen Umwelt ausgeprägt. Dem Betreffenden sind seine Schemata nicht bewusst, weil sie gedanklich und emotional verankert sind und sich außerdem in Körperempfindungen offenbaren. Sie sind zudem „subjektive Wahrheiten", gehören zum jeweiligen Weltbild.

Therapeuten, die einen der oben genannten Ansätze vertreten, möchten mit dem Klienten nachteilige Schemata verändern. Das ist das Ziel. Die Wege zu diesem Ziel unterscheiden sich aber.

### *Das Wissen um schematherapeutische Modelle trägt viel zum Verständnis von „schwierigen Schülern" bei*

Alleine schon die Beschäftigung mit den Grundlagen der schemaorientierten Psychotherapien fördert pädagogisch-psychologische Kompetenzen aufseiten des Lehrers. Er kann leichter hinter die „Schülerfassade" blicken, den Betreffenden ganzheitlicher verstehen.

Wie noch zu zeigen sein wird, resultiert so manche Verhaltensauffälligkeit lediglich auf einem oder mehreren nachteiligen Schemata des Heranwachsenden. Daraus folgt zum Beispiel die „beruhigende Einsicht", dass man bestimmte verbale Angriffe von Schülerseite gar nicht persönlich nehmen muss, sie würden infolge einer Schema-Aktivierung nämlich jeden anderen Pädagogen auch treffen. Auf der anderen Seite kann man sich mithilfe des Wissens über die Funktionsweise von Schemata und Schemamodi auf bestimmte Konflikte vorab vorbereiten. Effizientere Einflussnahmen werden dadurch möglich.

Und (vielleicht der wichtigste Aspekt): Wenn Lehrkräfte viele Fakten über ihre eigenen Schemata in Erfahrung bringen, können sie sowohl mittels Achtsamkeit eigene Aktivierungen im Unterricht bemerken und unterdrücken, als auch die Selbstkompetenz fördern.

Man versteht infolgedessen auch seine eigene Persönlichkeit besser.

## 1.1 Schematheorie

Der Schemabegriff wurde von dem Entwicklungspsychologen JEAN PIAGET (1976) schwerpunktmäßig in die Psychologie eingeführt. Ein Schema wird in diesem Zusammenhang verstanden als ein innerpsychisches Muster, das dem Menschen hilft, Informationen, die er durch die Sinne aufnimmt, zu ordnen, *gedanklich* zu strukturieren. Dadurch wird dem „sinnlichen Chaos" (mehrere Hunderttausend Informationen pro Sekunde) *Substanz* verliehen.

Schemata sind entsprechend Wahrnehmungsfilter und übernehmen demnach eine ordnende Funktion. Sie beeinflussen auch die Art und Weise, wie wir unsere Umwelt interpretieren. PIAGET hat vor allem sogenannte kognitive (gedankliche) Schemata untersucht, vorwiegend bei Kindern. Seine Forschungen sind im erziehungswissenschaftlichen Kontext sehr populär.

Heranwachsende bauen demnach Wissensstrukturen (Schemata) schrittweise, genauer gesagt, phasenweise auf. Sie eignen sich die komplexe Welt allmählich an, und zwar durch neue Erfahrungen. Denn entsprechend unbekannte Erlebnisse bringen die bereits vorhandenen Schemata (etwa: „Alle vierbeinigen Tiere machen *wauwau*") ins Ungleichgewicht (in diesem Fall: etwa beim Anblick eines Pferdes). Entweder durch eigene Reflexionsprozesse oder durch den Einfluss der Bezugspersonen (der Vater sagt: „Das da ist ein Pferd!") werden neue Schemata aufgebaut, genauer gesagt, komplexere. Was PIAGET vor dem Hintergrund seiner – hauptsächlich kognitiv orientierten – Perspektive versäumte, nämlich die Auswirkungen von Schemata auf das *Selbst*bild und das *soziale* Miteinander, wurde erst von den schemaorientierten Autoren herausgearbeitet.

Denn natürlich hängen auch unsere zwischenmenschlichen Reaktionen im Alltag, Handlungsimpulse und Handlungen selbst mit unseren(!) erworbenen Selbst- und Beziehungsschemata zusammen.

Nur ein Beispiel: Wer etwa infolge zahlreicher negativer Rückmeldungen von seinem Umfeld irrationale Beziehungsschemata entwickelt hat (maßgeblicher Inhalt: „Andere greifen mich *immer* an!"), wird auch später hinaus überdurchschnittlich oft die Äußerungen seiner Mitmenschen als feindlich wahrnehmen – obwohl sie häufig gar nicht so gemeint sind.

Der Grund: Positive wie negative Schemata werden potenziell jederzeit im Hier und Jetzt aktiviert (und sie bestimmen dann das Denken und Fühlen).

Selbst solche nachteiligen Muster werden ausgelöst, die vor Jahren relevant waren und somit gar nicht mehr *up to date* sind. Das heißt: Wer viele irrationale Schemata entwickelte, interpretiert zwischenmenschliche Begegnungen des Öfteren mit *kindlichen Maßstäben* – ohne es zu merken. Dies führt zu Konflikten.

### *Fazit*

„Schwierige" Schüler haben früher meistens viele negative Selbst- und Beziehungsschemata ausgeprägt. Vor dem Hintergrund der Schematheorie können zahlreiche Unterrichts- und Beziehungsstörungen auf nachteilige innerpsychische Muster der Jugendlichen zurückgeführt werden. Erschwert wird die pädagogische Arbeit vor allem dadurch, dass nachteilige Schemata zu jeder Zeit aktiviert werden können. Sie wirken dann auf kognitiver (gedanklicher) *und* affektiver (gefühlsspezifischer) Ebene und lassen sich nur schwer ändern.

## 1.2 Schematherapie (ST)

Ein sehr innovativer, integrativer Ansatz ist die sogenannte Schematherapie (YOUNG et al. 2008). Sie vereinigt unter anderem Elemente der Psychoanalyse, Bindungsforschung, Neurobiologie und kognitiven Verhaltenstherapie. Ursprünglich wurde sie entwickelt zur Behandlung von Persönlichkeitsstörungen.

Im Rahmen der Schematherapie wird davon ausgegangen, dass „schwierige Menschen" im Laufe ihrer Kindheit und Jugend nachteilige (hier: maladaptive/irrationale) Schemata erworben haben.

Diese Muster bleiben das ganze Leben hindurch bestehen, was dazu führt, dass Betreffende immer wieder dieselben „typischen" Probleme mit sich selbst und anderen erleben.

Die Klienten durchschauen die Funktionsweise ihrer Schemata nicht, weil jene meistens in einer frühkindlichen Zeit entstanden, als das Gehirn noch im Aufbau war und infolgedessen die kognitiven Potenziale noch nicht ausgereift waren (siehe auch Kapitel 3.1).

Nachteilige Schemata bestehen demnach aus Erinnerungen, Emotionen, Kognitionen und Körperempfindungen. Sie entstehen meistens aufgrund von schädlichen sozialen Einflüssen, etwa durch permanentes Frustrieren der menschlichen Grundbedürfnisse, aber auch potenziell durch Vernachlässigung, Überverwöhnung, psychischen beziehungsweise physischen Missbrauch, letztlich auch durch das Prinzip „Lernen am elterlichen Vorbild".

18 Schemata werden von YOUNG et al. (2008) unterschieden. Explizit werden sie und das sogenannte Schemamodus-Modell in Kapitel 2 beschrieben und auf den Schulalltag bezogen.

Ebenfalls wichtig zu erwähnen: Es wird davon ausgegangen, dass Betreffende (unbewusst) drei verschiedene Schema-Lösungsmöglichkeiten praktizieren – was von den Lebensumständen und vom Temperament des Betreffenden abhängt.

Bei den drei Bewältigungsstilen handelt es sich um:

> (a) Schema-Vermeidung,
> (b) Schema-Überkompensation und
> (c) Schema-Erduldung.

In Kapitel 2 wird auf diese Mechanismen ausführlich eingegangen.

Wie sieht nun das Prozedere in der Therapie aus? Der professionelle Helfer diagnostiziert beim Klienten zunächst relevante Schemata. Dann löst er im Anschluss an die sogenannte Psychoedukation (Aufklärung über die Funktionsweise von Schemata) im „kontrollierten Rahmen" ein maladaptives Muster beim Klienten aus, etwa mittels einer Imaginationsübung („Stellen Sie sich vor...").

Währenddessen wird das Schema kognitiv *und* emotional bearbeitet, gemeinsam. Der Therapeut wird in den Augen des Klienten zu einer „Vater-" beziehungsweise „Mutterfigur" (Übertragung). In dieser Rolle praktiziert der Therapeut das Prinzip der sogenannten Nachbeelterung. Das heißt, er tröstet, unterstützt den Klienten. Dies trägt zur Heilung des Schemas bei.

Für die Schemapädagogik bedeutsam ist vor allem das theoretische Konstrukt der sogenannten *Schemamodi* (YOUNG et al. 2008). – Wird ein Schema aktiviert, offenbart der Betreffende einen bestimmten Modus, genauer gesagt, einen Schemamodus. Den Begriff kann man auch übersetzen mit „Persönlichkeitsfacette" oder „Ich-Anteil", „Rolle" (siehe auch Kapitel 2).

Beispiel: Bei einem Schüler liegt das Schema *Misstrauen/Missbrauch* vor. Es bewirkt, dass der Heranwachsende ausgiebig schwächere Schüler mobbt, sich leicht provozieren lässt und des Öfteren in Schlägereien verwickelt ist (Hinweise auf den Bewältigungsmechanismus *Überkompensation*).

Das heißt, er war aller Wahrscheinlichkeit nach früher selbst Opfer von schädlichen Verhaltensweisen seines Umfelds. Wird sein Schema in der Schule aktiviert, zeigt es sich in den sogenannten Schemamodi *Schikanierer- und Angreifer-Modus* sowie *Zerstörer-/Killer-Modus*. Im Rahmen der Schemapädagogik wird mit den Schemamodi gearbeitet. Die Schemata selbst bleiben in der Regel unangetastet.

### *Fazit*

Mithilfe der Schemata- und Schemamodi-Tabelle von YOUNG et al. (2008) lassen sich Verhaltensauffälligkeiten von Schülern konkret „schemaspezifisch einordnen" (siehe auch Kapitel 2). Natürlich muss die Lehrkraft hierfür zahlreiche Beobachtungen anstellen, über einen längeren Zeitraum hinweg, damit sich nach und nach ein eindeutigeres Bild ergibt (die Beschreibung der einzelnen Schemata erfolgt ebenfalls in Kapitel 2). Sodann wird mit dem Schüler gearbeitet; mittels einer sogenannten komplementären Beziehungsgestaltung werden gegenseitiges Vertrauen, Toleranz und Respekt aufgebaut. Dies ist die Basis des Erfolgs, das heißt, die Grundlage der angestrebten Verhaltensänderung.

## 1.3 Klärungsorientierte Psychotherapie (KOP)

Auch RAINER SACHSE (2003), der Begründer der Klärungsorientierten Psychotherapie, thematisiert Schemata, vor allem deren Klärung, Bearbeitung und Veränderung. Wie auch bei der Schematherapie der Fall, wird in diesem Rahmen von nachteiligen innerpsychischen Mustern ausgegangen, die kognitiv und affektiv in der Persönlichkeit des Betreffenden verankert sind und irrationale Denk- und Verhaltensweisen provozieren.

Demnach machten die meisten Klienten in Hinsicht auf ihre zentralen Bedürfnisse – Anerkennung/Akzeptierung, Wichtigkeit, Verlässlichkeit, Solidarität, Autonomie, Grenzen/Territorialität – extrem negative Erfahrungen; diese wurden zu bestimmten Schemata „kondensiert" (HAMMELSTEIN 2009).

Eine Schemata-Tabelle gibt es im Vergleich zur Schematherapie nicht. Man ist dahingehend „offen" und fokussiert die ganz persönlichen Selbst- und Beziehungsschemata des Klienten.

*Selbst*schemata beziehen sich entsprechend auf die eigene Person (etwa: „Ich bin der absolute Loser!"), *Beziehungs*schemata beinhalten Vorstellungen darüber, wie zwischenmenschliche Beziehungen – aus Sicht des Betreffenden – zwingend verlaufen *müssen* (zum Beispiel: „In Beziehungen ziehe ich immer den Kürzeren!"). Solche Muster beeinflussen den Lebensstil und den Alltag.

Da aus Sicht der Klärungsorientierten Psychotherapie Schemata überwiegend unbewusst wirken und bereits zu Beginn der Zusammenarbeit die Beziehung zum professionellen Helfer stören können, wird eine sogenannte komplementäre Beziehungsgestaltung praktiziert. Der Therapeut orientiert sich direkt an den (teils unbewussten) Motiven, die der Klient manchmal offen, häufig aber nur „durch die Blume" kommuniziert (etwa: „Ich habe auch Psychologie studiert" = ein Hinweis auf das Motiv Anerkennung beziehungsweise Akzeptierung). Funktioniert die bewusste Anpassung an die Motivebene des Klienten, wird „Beziehungskredit" aufgebaut („Oh, Sie haben Psychologie studiert! Das ist sehr gut, da kommen wir sicher gut voran!"). (Beziehungskredit besteht aus Vertrauen, Sympathie und Respekt.) Irgendwann unterlässt der Klient seine üblichen „Interaktionsspiele" (Psychospiele), die Platzierung weiterer *Images*[4] („Ich habe übrigens auch noch *Philosophie* studiert!"), verzichtet auf sogenannte *Tests*[5] („Sie sind ein schlechter Therapeut!") und *Appelle*[6] („Mir ist nicht zu helfen!") – und dann man kann man endlich *effizient* mit ihm arbeiten.

Gemeinsam wird letztlich etwa ein besonders aktuelles Schema geklärt (etwa: „Ich bin ein Nichts"), die kognitiven und emotionalen Folgen im Alltag re-

---

4   Ein Image ist ein bestimmter Eindruck, den – um im Rahmen Schulalltag zu bleiben – der Schüler beim Lehrer erzeugen will. Dies muss dem Betreffende nicht bewusst sein. Ein Image dient dazu, ein zugrundeliegendes Motiv/Bedürfnis zu kommunizieren, anders gesagt, anzumelden (etwa: „Ich mache Kampfsport!"). Auf solche Images sollten Lehrkräfte dosiert eingehen, positiv. Dies trägt zum Aufbau von Beziehungskredit bei.

5   Mithilfe von unbewusst praktizierten Tests strebt der Betreffende nach der Verwirklichung eines nachteiligen Schemas. So wird vielleicht der Therapeut angegriffen, man will ihn provozieren, aus der Fassung bringen. Dadurch würde ein Schema wie „Ich bin nicht liebenswürdig" *bestätigt* – und die Therapie wäre gleichzeitig beendet.

6   Appelle sind „Hilferufe durch die Blume". Jeder Lehrer kennt Schüler, die aggressiv vor einer Klassenarbeit verkünden: „Das Thema haben wir noch nie gemacht!" Eigentlich wollen Betreffende kommunizieren: „Bitte keine Arbeit heute!" beziehungsweise: „Bitte erklären Sie uns noch mal das Thema!"

flektiert, gemeinsam kritisiert.

Nach dem üblichen kognitiv-verhaltenstherapeutischen Vorgehen werden auch Hausaufgaben zusammen erarbeitet („Sie müssen am Wochenende ein Projekt fertigstellen!") und Rollenspiele durchgeführt.

Am Ende der Therapie ist der Klient fähig, in Zukunft sein Schema im Alltag zu bemerken, zu unterdrücken und bei Bedarf *ad absurdum* zu führen.

### *Fazit*

Studiert man dieses Schema-Modell, wird schnell klar, wieso manche Schüler immer wieder dieselben Psychospiele (etwa „Versetz mir eins") spielen, ähnliche Tests praktizieren („Na, Herr X, heute scheiße drauf?") und Images („Ich musste bis vor kurzem Sozialstunden machen!") platzieren.

Meistens geht es darum, unbewusste Zielsetzungen zu verfolgen. Da die genannten subversiven Methoden von der Lehrkraft erst einmal als solche erkannt werden müssen, sind im Schulalltag vor allem Aufmerksamkeit und „innerer Abstand" gefragt. Aufmerksamkeit deshalb, weil sich Verhaltensauffälligkeiten mit den genannten Konzepten tiefgründiger verstehen lassen; und innerer Abstand ist deshalb angebracht, da die meisten Kommunikationsspiele, die Schüler ihren Lehrern aufzwingen, gar nicht persönlich gemeint sind. Sie würden wahrscheinlich jeden anderen Lehrer auch „treffen". Im Rahmen der Schemapädagogik werden die genannten „kostenintensiven" Methoden von Schülern, die dazu dienen, unbewusste Anliegen zu berücksichtigen, besonders fokussiert.

## 1.4 Kognitive Therapie

Schließlich ist noch die sogenannte Kognitive Therapie in unserem Rahmen relevant. Mit dieser Bezeichnung werden alle therapeutischen Verfahren etikettiert, bei denen es um die Veränderung von irrationalen Wahrnehmungsmustern, Urteilen und Annahmen geht. Der Schwerpunkt liegt – im Gegensatz zu den anderen hier skizzierten Konzepten – dabei auf Schemata, die dem Klienten *ausschließlich* kognitiv (gedanklich) zugänglich sind.

Tatsächlich sind die kognitiven Therapieformen die traditionsreichsten. Sie beziehen sich alle mehr oder weniger auf die Arbeiten von AARON T. BECK

(1976) und ALBERT ELLIS (1962). Im Rahmen der Kognitiven Therapie geht man davon aus, dass negative Emotionen, psychosoziale Probleme mit sich selbst und anderen von unsachgemäßen Denkmustern (Schemata) verursacht und aufrechterhalten werden. Bei depressiven Patienten beispielsweise fand man entsprechend typische Denkfehler, die eine Art Teufelskreis-Charakter mit sich brachten. Die Schemata waren darüber hinaus sehr stabil. Heraus kam: Selbst wenn sich die Lebensumwelt der Klienten einmal grundlegend änderte, etwa anlässlich eines Jobwechsels – die extrem negativen Selbst- („Ich bin ein Loser!") und Beziehungsschemata („Mein Partner liebt mich nicht!") *berichtigten* sich nie. Das heißt: Die Betreffenden interpretierten die sich ändernde Umwelt immer wieder gleich – negativ. Daraus folgt übrigens auch meistens das Phänomen, was Psychologen „sich selbst erfüllende Prophezeiung" nennen: Mittels irrationaler Schemata nimmt der Klient einen vernunftwidrigen Einfluss auf seine Mitmenschen, sodass er immer wieder ähnliche nachteilige soziale Erfahrungen macht. Er erwartet sie ja geradewegs.

Entsprechende Beeinträchtigungen des Denkens werden in der Kognitiven Therapie daher zum hauptsächlichen Gegenstand gemacht. In vielen Gesprächen kommen nachteilige Schemata ans Tageslicht, werden klar herausgearbeitet, kritisiert und schließlich ad absurdum geführt.

Verzerrte Schemata, die den Umgang mit sich selbst und anderen in Mitleidenschaft ziehen, basieren nach der hier skizzierten Auffassung in der Regel auf selbstwertschädigenden sozialen Situationen, die im Nachhinein falsch bewertet und verallgemeinert werden. Häufige Misserfolge etwa in der Familie (Stichwort: „Sündenbockrolle") können entsprechend zu „passenden" Schemata führen, zum Beispiel: „Ich bin immer an allem schuld" oder: „In einer Gruppe ziehe ich immer den Kürzeren!"

Solche Denkmuster, die irgendwann automatisiert und ohne Reflexion ablaufen, sind imstande, auch im Kindergarten, in der Schule usw. den Betreffenden zum „Sündenbock der Gruppe" zu machen.

Daher bemühen sich Vertreter der Kognitiven Therapie vor allem darum, irrationale Schemata auf Klientenseite zu verändern. Denn die Grundthese lautet: *Ändert sich das Denken, ändern sich auch Emotionen und Verhaltensweisen.*

*Fazit*

Im Schulalltag kommt es oft zu Situationen, die auf Schülerseite auch zur Auslösung von Schemata mit hohem kognitiven Anteil führen. Erfahrungsgemäß ist es dann einfacher, gemeinsam an den Wahrnehmungsverzerrungen zu arbeiten, wenn viel Beziehungskredit besteht.

Natürlich muss man es bei solchen Mustern (hoher kognitiver Anteil) nicht übertreiben. Die Zeit für solche Gespräche ist in der Regel knapp bemessen. Um tiefgründiger zu intervenieren, bräuchte man geradezu ein therapeutisches Setting – und viel Zeit. Dies ist nicht machbar.

Aber es ist als Lehrer trotzdem hilfreich, im Unterricht aufmerksam zu sein. Manche Schüler geben erfahrungsgemäß viel Auskunft über ihre erworbenen Schemata (ohne es zu wollen). Relevant sind vor allem folgende Wahrnehmungsverzerrungen:

> Das **Schwarz-Weiß-Denken** („Ich habe das Arbeitsblatt nicht mehr gefunden. Jetzt werde ich in der Arbeit eine Sechs schreiben!"),
> die **Generalisierung** („Ich konnte noch nie Mathe!"),
> das **Personalisieren** (alles willkürlich auf sich beziehen) („Vorhin haben Sie über mich gelacht!"),
> **Gedankenlesen** („Jetzt finden mich alle peinlich!"),
> **Katastrophieren** („Wenn Sie mir eine Sechs geben, bringt mein Vater mich um!"),
> **Etikettieren** („Ich wusste, dass ich eine Sechs kriege, ich bin dumm!").

Es gilt die Faustformel: Je mehr Wahrnehmungsverzerrungen ein Schüler offenbart, desto mehr irrationale Schemata stecken dahinter. Er muss entsprechend sehr viele Situation erlebt haben, die erst zu diesen Wahrnehmungsstörungen führten.

Alleine schon diese Erkenntnis trägt dazu bei, dass der Lehrer extreme Ansichten des Schülers nicht persönlich nehmen muss (siehe oben). Als erste Intervention zur Schemabearbeitung bietet sich dann an, dem Betreffenden gezielt einige Aufgaben im Unterricht zu stellen, die er leicht bewältigen kann.

Kommt es später einmal wieder zur Aktivierung seiner „typischen" Wahrnehmungsverzerrungen, so kann man ihn leicht widerlegen und so schrittweise nachteilige Schemata (mit kognitivem Schwerpunkt) ändern („Siehst Du, Deine Antwort war richtig – Du kannst *doch* Mathe!").

Doch die hier thematisierten, tendenziell kognitiv-strukturierten Schemata, so muss man sagen, sind nicht das Problem, wenn wir an „schwierige" Schüler denken. Diese Klientel offenbart gewöhnlich Schemata mit einem hohen Anteil an *affektiven* Facetten – und die haben es in sich!

Nun, die wichtigsten schemaorientierten Psychotherapien wurden nun kurz vorgestellt, um die unterschiedlichen Schema-Begriffsdefinitionen klarzumachen. Nun rückt die Schemapädagogik in den Fokus der Betrachtungen.


## 1.5 Grundlagen

Im Rahmen des Praxisfelds Schule fokussiert Schemapädagogik in erster Linie nachteilige Wirklichkeitskonstruktionen (Schemata) von Schülerinnen und Schülern. Der Ansatz soll auch dabei helfen, einen Zugang selbst zu „schwierigen" Heranwachsenden „freizuschaufeln". Die theoretischen und praktischen Bausteine der oben skizzierten schemaorientierten Psychotherapien sind feste Bestandteile der Schemapädagogik. Im Folgenden soll nun genau geklärt werden, welche Elemente konkret in die Schemapädagogik einfließen. Zunächst einige Worte zu den Potenzialen der Schematherapie.


### *Transfer von Elementen der Schematherapie*
Um die Inhalte der 18 Schemata, die YOUNG et al. (2008) ausführlich beschrieben haben und die unten ebenfalls detailliert ausgeführt werden, wissen Schemapädagogen im Alltag. Lehrer sind mithilfe dieses Wissens imstande, bestimmte Verhaltensauffälligkeiten, die immer wieder durch „typische Schlüsselreize" im Unterricht ausgelöst werden, irgendwann auf ein maladaptives Muster zu beziehen. Alleine schon dieser Reflexionsprozess, der lediglich ein bestimmtes Maß an Aufmerksamkeit im Unterricht erfordert, trägt viel dazu bei, die „nervigen" Verhaltensauffälligkeiten einzelner Schüler feinsinniger zu verstehen.

Auf der anderen Seite ist auch die Kenntnis des Schemamodus-Modells (Kapitel 1.5.3) wichtig. Das Modell ist „erlebnisnäher" als das eher theoretisch-orientierte Schemakonzept und wird leicht auch von Teenagern verstanden. Und dieser Punkt ist ganz, ganz wichtig. Schemapädagogen arbeiten mit den Schülern eng am Schemamodus-Modell. Auf diese Weise lernen die Heranwachsenden ihre innere „Zwiespältigkeit" kennen, genauer gesagt, diejenigen Persönlichkeitsfacetten (Schemamodi), die inner- und außerhalb des Unterrichts die charakteristischen Konflikte verursachen. (Auf diese Weise werden gleichzeitig alle die in der Einleitung thematisierten Wahrnehmungsstörungen reduziert.) Schemata selbst werden nicht mit dem Schüler reflektiert, da es ansonsten leicht zu einer impulsiven Auslösung eines nachteiligen Musters kommen kann, die auf allen psychischen Ebenen kognitiv und affektiv wirkt. Und so eine Konfrontation geht zulasten der Beziehung.

Letztlich werden auch folgende Arbeitsweisen der Schematherapie in das Programm Schemapädagogik übernommen:

> Das sogenannte **Schemamodus-Memo** (siehe Kapitel 1.5.3),
> **Hausaufgaben** (der Schüler soll besprochene Verhaltensänderungen auch außerhalb des Unterrichts umsetzen),
> **Schemamodus-Tagebuch** (sehr „schwierige" Schüler können dazu motiviert werden, ein Tagebuch zu schreiben; die Betreffenden halten darin zukünftige Schemamodi-Aktivierungen fest, und vor allem soll darüber reflektiert werden, wie man mit ihnen umgegangen ist).

### *Transfer von Elementen der Klärungsorientierten Psychotherapie*

Im Unterricht sind auch einige Grundlagen und Arbeitsbegriffe der Klärungsorientierten Psychotherapie von großem Nutzen. Schemapädagogen befolgen entsprechend die Kriterien des sogenannten **komplementären Beziehungsaufbaus** (siehe Kapitel 1.5.3). Betreffende Lehrer wissen um die Psychodynamik der sogenannten **Images**, **Tests**, **Appelle** und **Psychospiele**. Diese Phänomene werden durch Achtsamkeit erkannt und im Umgang mit den Betreffenden berücksichtigt. – Schemapädagogen sind sich darüber bewusst, dass Schüler im Unterricht dann und wann bestimmte Strategien verfolgen, um verschiedene Grundbedürfnisse zu befriedigen, etwa: Anerkennung/Akzeptierung, Wichtigkeit, Verlässlichkeit, Solidarität, Autonomie, Grenzen/Territorialität.

Die Verwirklichung dieser Anliegen wird dadurch „verkompliziert", da die „Wege zum Ziel" sehr kostenintensiv sind und bekanntermaßen „nerven" können. Der Lehrer widersteht seinen ersten Verhaltensimpulsen (Ermahnen, Bestrafen oder Ähnliches), sollte ein Schüler entsprechend „aktiv" werden. Er offenbart demgegenüber Flexibilität: mal bleibt er auf der Sachebene, mal deckt er die Interaktionsspiele auf usw.; in manchen Fällen schreitet er auch mal konfrontativ ein, je nach Sachlage.

***Transfer von Elementen der Kognitiven Therapie***

Es schadet nicht, die Grundthese der Kognitiven Therapie zu kennen; sie lautet sinngemäß: *Die Art und Weise, wie Menschen sich selbst und ihre Umwelt wahrnehmen und bewerten, bestimmt maßgeblich, was sie fühlen.* Ebenfalls sollte man Folgendes im Hinterkopf behalten: Die Inhalte von übertrieben negativen Selbst- und Beziehungsschemata sind verursacht durch bestimmte soziale Erfahrungen, die im Nachhinein fehlerhaft bewertet wurden. Hieraus folgt: Viele Urteile, die Schüler über sich selbst und die Anderen fällen, sagen in der Regel sehr viel über deren eigene Kindheit und Jugend aus, genauer gesagt, über die Erwartungshaltungen, die damals ausgeprägt wurden. Schemapädagogen nehmen daher vor allem die oben beschriebenen Wahrnehmungsverzerrungen wahr (Schwarz-Weiß-Denken, Generalisierung, Personalisieren, Gedankenlesen, Katastrophieren und Etikettieren). Falls solche Phänomene auftauchen, interveniert der Schemapädagoge, indem er die „Meinung" des Heranwachsenden mit rationalen Argumenten widerlegt – wenn es der enge Zeitrahmen erlaubt.

## 1.5.1 Definition

Im Folgenden wird diese vorläufige Schemapädagogik-Arbeitsdefinition berücksichtigt:

> *Schemapädagogik ist ein neuer Trend in Erziehung, Sozialer Arbeit und Sozialpädagogik. Schemapädagogik versteht sich als ein sich stets weiter entwickelnder Ansatz, der die sozialpädagogische Praxis massiv befruchten kann. Er möchte im Praxisfeld Schule dazu beitragen, Unterrichts- und Beziehungsstörungen zwischen Schülern und Schülern und Schülern und Lehrern tiefgründiger zu verstehen und zu verbessern.*

*Schemapädagogik basiert auf den sogenannten schemaorientierten Psychotherapien: Kognitive Therapie, Schematherapie und Klärungsorientierte Psychotherapie. Es wird davon ausgegangen, dass zwischenmenschliche Probleme durch nachteilige innerpsychische Muster (Schemata) verursacht werden, die kognitiv und affektiv verankert sind und einen biografischen Hintergrund haben.*

*Schemapädagogen wollen mithilfe einer speziellen (komplementären) Beziehungsgestaltung sowie der Thematisierung von nachteiligen Persönlichkeitsfacetten (Schemamodi) und der Unterstützung beim Transfer der Lösungen in den Alltag solche dysfunktionalen Muster dauerhaft verändern. Wesentliches Ziel ist die Minimierung der Störungen im Unterricht.*

## 1.5.2 Historie

Das Konzept Schemapädagogik entstand im Sommer 2009 im Rahmen einer Fortbildungsreihe für Berufsschullehrer (Schwerpunkt BF1-Fachpraxis). Die von mir durchgeführte Veranstaltung war Teil der Weiterbildung „Berufsförderpädagogik", die seit Jahren angeboten wird am Institut für schulische Fortbildung und schulpsychologische Beratung Rheinland-Pfalz (IFB).

Die erwähnte Veranstaltung trug den Namen „Umgang mit schwierigen Schülern". Thematisiert wurden entsprechend verschiedene Elemente der schemaorientierten Psychotherapien (siehe Kapitel 1.5) – mit dem Ziel, „schwierige Schüler" tiefer zu verstehen. Ich merkte schnell, dass sich die Teilnehmerinnen und Teilnehmer für die genannten Themen, die ansonsten in Fort- und Weiterbildungen gar nicht angeboten werden, sehr interessierten.

Infolge der anregenden Diskussionen entwickelte sich die Idee, eine „Schema-Pädagogik" zu konzipieren, deren Grundlagen die schemaorientierten Psychotherapien darstellen sollten. Seitdem hat sich einiges getan. Infolge dieser Idee entstanden zwei Buch-Manuskripte. Das eine erschien Anfang des Jahres 2010 im Ibidem-Verlag unter dem Titel *Praxis der Schemapädagogik: Schemaorientierte Psychotherapien und ihre Potenziale für psychosoziale Arbeit.* Hier wurde der Transfer der Schematherapie und Co. in Arbeitsfelder vollzogen, die der Sozialen Arbeit zugeordnet werden (unter anderem Schulsozialarbeit, Streetwork, Strafvollzug, Sozialpädagogische Familienhilfe).

Das andere Manuskript wurde im Sommer 2010 im VS-Verlag veröffentlicht, es hat den Titel *Schemapädagogik: Möglichkeiten und Methoden der Schematherapie im Praxisfeld Erziehung.* Wie der Titel schon verrät, geht es um schemaorientierte Arbeitsformen in sozial*pädagogischen* Arbeitsfeldern (etwa Krippe, Kindergarten, Hort, Heim, Offene Kinder- und Jugendarbeit usw.).

Andererseits wurden Schemapädagogik-Beiträge in verschiedenen Fachzeitschriften veröffentlicht – „SOZIALEXTRA" (Heft 5/6, 2010), „ZEITSCHRIFT FÜR SOZIALPÄDAGOGIK" (Heft 3, 2010), „FORUM STRAFVOLLZUG", Heft 3, 2010), „UNSERE JUGEND" (Heft 9, 2010), „PÄDAGOGISCHE RUNDSCHAU" (Heft 5, 2010).

Geplant ist zudem eine Buchreihe mit dem Titel *Schemapädagogik kompakt,* die ab 2011 in Produktion gehen soll. An dieser Stelle möchte ich Pädagogen, Psychologen, Sozialarbeiter und Erziehungswissenschaftler, die sich mit den Inhalten und Methoden der Schemapädagogik identifizieren und entsprechend ihren Beitrag leisten möchten, aufrufen, sich bei mir zu melden.

Eine Zusammenarbeit mit interessierten Praktikern ist erwünscht. Die Kontaktdaten finden Sie unter anderem auf Seite 13 in diesem Buch.

Ein weiterer Punkt, den ich letztlich ansprechen möchte: Das Institut für Schemapädagogik befindet sich derzeit (Herbst 2010) im Aufbau. An einer Konzeption einer zertifizierten „Ausbildung zum Schemapädagogen" wird ebenfalls gearbeitet.

### 1.5.3 Ablauf einer schemapädagogischen Intervention

Im Folgenden wird der strukturierte Ablauf einer schemapädagogischen Intervention im Arbeitsfeld Schule skizziert. (In den Kapiteln 4.1 bis 4.5 wird ausführlicher darauf eingegangen.)

Und schließlich beinhalten auch die ausführlichen Praxisbeispiele (Kapitel 5ff.) schemapädagogische Reflexionen und Methoden.

***Phase 1: Beobachtung***

Schemapädagogen sind im Unterricht in der Regel stets aufmerksam und vor allem *präsent*. Sie nehmen Aspekte der Gruppendynamik wahr, ebenso auch die Kommunikationsprozesse zwischen den Schülerinnen und Schülern.

Auf der anderen Seite haben sie ein Gespür für etwaige Tests („Na, Herr X, heute scheiße drauf?!"), Spiele („Wir verweigern heute die Klassenarbeit!"), Appelle („Nie erklären Sie uns was!?) und Images („Am Wochenende habe ich drei Tore beim Fußball geschossen!"). Die Lehrkraft geht sensibel und sehr bewusst mit solchen Phänomenen um.

Gerade schwierige Schülerinnen und Schüler, die ihre Klassenkameraden und/oder den Unterricht beeinträchtigen, werden beobachtet. Es geht vor allem darum, Hinweise auf verschiedene nachteilige Schemata und Schemamodi (Persönlichkeitsfacetten) wahrzunehmen.

Mit den Schemamodi wird später zwischen „Tür und Angel", aber auch im „Alltagsgeschäft" gearbeitet (siehe auch Kapitel 4.4); der Schüler lernt eine bestimmte „schwierige" Persönlichkeitsfacette kennen, die er unbewusst hat, und erwirbt einen konstruktiven Umgang mit ihr.

Über kurz oder lang wird er sich selbst bestenfalls in brisanten Momenten „zurückhalten" können und nicht mehr sein problematisches Verhalten zeigen. Um dies zu erreichen, ist es seitens der Lehrkraft notwendig, Aspekte der Lebenswirklichkeit der „normalen" und „schwierigen" Schüler zu registrieren. Denn aufrichtiges Interesse an den Hobbys der Teenager kann schon ausreichen, um Beziehungskredit aufzubauen. Aber natürlich sollte man sich auch komplementär (passend) zur Motivebene der Heranwachsenden verhalten.

Merke: Auch „schwierige" Schüler zeigen sozial erwünschtes Verhalten – wenn sie eine als positiv empfundene Beziehung zur Lehrkraft aufgebaut haben.

***Phase 2: Komplementärer Beziehungsaufbau***

Die Schüler dort abholen, wo sie stehen – dieser pädagogische Grundsatz sollte auch in Hinsicht auf die Beziehungsgestaltung gelten. Bekanntlich ist der Lehrerberuf vor allem ein „Beziehungsberuf" – was generell im Referendariat nach meiner Erfahrung viel zu wenig berücksichtigt wird.

Schnell erspüren die Heranwachsenden die Persönlichkeit der Lehrkraft und machen sich ihren „ersten Eindruck". Schemapädagogen sind daher flexibel.

Sie verkörpern bewusst *verschiedene* „Lehrerrollen"; sie sind demnach „Freund", „Erzieher" und „Führer" gleichermaßen und offenbaren die entsprechenden Rollen, wenn sie angebracht sind.

Die skizzierte *Rollenvielfalt* sollte bereits zu Beginn des Schuljahres vermittelt werden, und zwar am besten in der genannten Reihenfolge. Ein zu autoritäres Auftreten führt schnell dazu, dass die Heranwachsenden ihre „alten" Strategien (Spiele, Images, Appelle) ausprobieren, die sie im Umgang mit ähnlich strukturierten Lehrern erworben haben. Und das bedeutet nichts anderes als Stress.

Der wichtigste Punkt aber ist: Schemapädagogen passen sich den verschiedenen Grundbedürfnissen/Motiven an, die die Heranwachsenden offen oder (öfter der Fall) verdeckt kommunizieren.

Nach SACHSE (2006) handelt es sich hierbei um Anerkennung/Akzeptierung, Wichtigkeit, Verlässlichkeit, Solidarität, Autonomie, Grenzen/Territorialität.

Schemapädagogen entwickeln nach und nach ein gewisses Fingerspitzengefühl dafür, welches Bedürfnis des Schülers – ihm unbewusst – gerade im Vordergrund steht und passen ihr Verhalten an. Hierzu einige Beispiele:

| Ausspruch des Schülers | Reaktion der Lehrkraft |
| --- | --- |
| ➢ „Ich mach Kampfsport!" (eventuell: *Bedürfnis nach Anerkennung*) | „Cool. Sieht man Dir übrigens an. Was machst Du genau?" |
| ➢ „Herr X, ich habe im Internet die nötigen Unterlagen gegoogelt und der Klasse kopiert!" (möglicherweise: *Bedürfnis nach Wichtigkeit*) | „Super! Da hast Du uns viel Arbeit abgenommen!" |
| ➢ „Ich bin saudumm!" (eventuell: *Bedürfnis nach Verlässlichkeit*) | „Nee, bist Du nicht. Du hattest am Tag der Arbeit nur einen schlechten Tag. Ich glaube an Dich!" |

Es ist wichtig, auf solche Bedürfnis-gebundenen Sätze vonseiten der Heranwachsenden durchschnittlich positiv zu reagieren. Meistens handelt es sich dabei ja eigentlich um nur um „Beziehungsangebote".

Die jeweilige Anpassung führt zur Steigerung des Beziehungskredits und somit gleichzeitig zur Reduktion von Verhaltensauffälligkeiten und Unterrichtsstörungen. Selbst „harte Brocken" halten sich zurück, wenn sie die Lehrkraft als „Person" wahrnehmen. Noch besser für die Zusammenarbeit ist es, wenn eine sogenannte positive Übertragung seitens der Teenager aktiviert wird. Infolge dieses Phänomens wird die Lehrkraft als „gutes Elternbild" wahrgenommen – und das eigene Verhalten wird entsprechend vorauseilend „angepasst". Umgekehrt wirkt sich die Frustration des gerade aktuellen Bedürfnisses, etwa durch Sarkasmus, in der Regel sehr destruktiv aus. Vielleicht wird dadurch ein nachteiliges Schema direkt ausgelöst – und dann hat man richtig Stress. Grund: der Lehrer wird als „böses Elternbild" wahrgenommen, ob er will oder nicht.

### Phase 3: Problembewusstsein beim Schüler erschaffen

In der Einleitung wurde auf verschiedene Wahrnehmungsfehler hingewiesen, die dazu beitragen, dass „normale" und insbesondere „schwierige" Schüler den Eigenanteil an Konflikten beziehungsweise Unterrichtsstörungen im Alltag nicht sehen (wollen). Automatisch wird der Andere (auch der Lehrer) für Unstimmigkeiten verantwortlich gemacht.

Schemapädagogen können diesen Teufelskreis durchbrechen, und zwar bereits mithilfe der komplementären Beziehungsgestaltung. Alleine schon die Anpassung an die Motiv- und Spielebene sorgt für die Reduktion von störenden Verhaltensweisen. Der Lehrer wird ja nicht mehr als „Spiel-Objekt" wahrgenommen, sondern ein Stück weit als „cooler Typ", der die Sprache der Schüler sprechen kann, Humor hat und die Heranwachsenden respektiert.

Dies ist aber gewissermaßen nur die „halbe Miete". „Schwierige" Schüler unterdrücken ihre problematischen Schemamodi (Persönlichkeitsfacetten) und Manipulationen erfahrungsgemäß *nur* bei den Lehrern, die sie mögen. Außerhalb des Unterrichts kommt es demgegenüber daher immer wieder zu „Rückfällen" in altbekannte Verhaltensmuster.

Daher muss der „schwierige" Schüler im Laufe des Schuljahres ein Bewusstsein von seinen „Schattenseiten" entwickeln, damit er lernt, mit ihnen auch außerhalb des Klassenzimmers konstruktiv umzugehen.

Erst wenn er weiß, dass in ihm ein „Manipulierer", „Mobber" usw. „steckt", wird ihm bewusst, dass er als „ganze Person(!)" auch hin und wieder Stress *macht*, genauer gesagt, *maßgeblich dafür verantwortlich ist*.

Schüler machen in der hier skizzierten Arbeitsphase, die die wichtigste ist, nur dann „mit", wenn ausreichend Beziehungskredit vorherrscht. Ist dies der Fall, bringt der Schemapädagoge empathisch-humorvoll das Thema Schemamodi (Persönlichkeitsfacette) erstmals zur Sprache.

Zuvor hat die Lehrkraft natürlich ausreichend beobachtet, Daten gesammelt und problematische Verhaltensweisen mit „inneren Persönlichkeiten" des Heranwachsenden etikettiert.

Schüler etwa, die gerne Schwächere mobben, fühlen sich schnell ertappt und müssen entsprechend – den Blick zu Boden gerichtet – grinsen, wenn der Schemapädagoge sagt: „Na, Timo, manchmal kommt schon so ein kleiner Mobber-Timo aus Dir raus, gell?" („Mobber-Timo" steht stellvertretend für den sogenannten *Schikanierer- und Angreifer-Modus*, siehe auch Kapitel 2.1).

Begreift der Schüler, dass er eine konfliktauslösende Persönlichkeitsfacette „in sich" hat, beginnt die Arbeit mit diesem Schemamodus. Das kann während oder abseits des Alltagsgeschäfts geschehen. In relevanten Situationen kann etwa ein kurzes Gespräch über die jeweilige Schüler-Rolle geführt werden.

Es reicht auch unter Umständen schon eine Bemerkung (unter vier Augen) aus, um erfolgreich zu intervenieren, etwa: „Timo, in meinem Unterricht heute lässt Du den Mobber-Timo aber raus, okay?" Natürlich sollte die Lehrkraft sämtliche erfolgreichen Versuche des „Zusammenreißens" daraufhin positiv verstärken, etwa durch authentisches Loben.

Auf der anderen Seite ergeben sich auch konfrontative Methoden zum Umgang mit nachteiligen Schemamodi im Unterricht, zum Beispiel: „TIMO! Ich hab jetzt die Schnauze voll von Deinem Mobber-Timo! Letzte Chance! Sonst ist Ende-Gelände!" Solche Sätze, die natürlich mit einer entschlossenen Mimik und Gestik einhergehen müssen, sollten aber nur formuliert werden, wenn ausreichend Beziehungskredit besteht.

***Phase 4: Unterstützung beim Transfer der erarbeiteten Lösungen in den Alltag***

Für Schüler ist es erfahrungsgemäß sehr schwierig, die neuen Erkenntnisse über einige ihrer Teil-Persönlichkeiten/„Rollen" in den zukünftigen Unterrichtsalltag zu integrieren. Der Schemapädagoge unterstützt den Heranwachsenden hierbei.

Natürlich sollten nicht unbedingt mehrere Schemamodi gleichzeitig thematisiert werden, das überfordert den Betreffenden meistens. Sinnvollerweise beschränkt man sich auf die Arbeit mit ein, zwei problematischen Persönlichkeitsfacetten/Rollen.

Neben den kurzen Gesprächen über entsprechende „Ich-Facetten" kann auch ein sogenanntes Schemamodus-Memo erstellt werden. Es beinhaltet (a) eine relevante Situation, in der eine bestimmte problematische Persönlichkeitsfacette ausgelöst wird, (b) deren Charakter, (c) die potenziellen Folgen sowie (d) eine Handlungsalternative.

Ein Beispiel:

---

Die Erinnerungskarte von Timo

**1. Benennen einer Situation, in der ich Mitschüler mobbe**
„Wenn der Andere aussieht wie ein Strebertyp."

**2. Erkennen der aktivierten Teil-Persönlichkeit**
„Ich weiß, dass dann der Mobber-Timo in mir aktiviert wird. Das war schon immer so. Der Mobber-Timo ist dann ganz schön fies."

**3. Anerkennen des unangepassten Denkens und Realitätsprüfung**
„Eigentlich ist es nicht okay, wenn der Mobber-Timo in mir Strebertypen fertig macht."

**4. Trennen vom alten und Festigung des neuen Verhaltens**
„Wenn das nächste Mal ein Strebertyp in Reichweite ist, unterdrücke ich den Mobber-Timo; ich lenke mich ab, indem ich dem Lehrer zuhöre."

---

Dieses Memo hat, wie man sieht, die Form eines Arbeitsblattes. Es wird gemeinsam mit dem Schüler erstellt. Er trägt es nunmehr bei sich und „arbeitet" mit ihm.

Möglich ist auch, wie oben schon erwähnt, der Einsatz eines Schemamodus-Tagebuchs; hier werden relevante Situationen des Alltags eingetragen und kritisch hinterfragt. Diese Methode soll die zukünftige Kontrolle der konfliktauslösenden Teil-Persönlichkeit des Betreffenden unterstützen.

Letztlich bietet sich auch die sogenannte *aktivierende Ressourcenkonfrontation* (STEFAN WERNER) an, um prosoziales Verhalten zu fördern. Diese Methode wird in Kapitel 4.4 beschrieben.

Nun einige Worte zu den allgemeinen Zielen von schemapädagogischen Arbeitsweisen.


## 1.5.4 Ziele

Schemapädagogik verfolgt im Praxisfeld Schule verschiedene Ziele:

> - **Förderung der Selbstkompetenz des Lehrers** (welche Schemata und Schemamodi liegen vor und welche potenziellen Auswirkungen haben sie?).
> - **Prävention des „Ausbrennens" (Burn-out).**
> - **Herstellung einer tragfähigen Arbeitsbeziehung.**
> - **Reduktion von Unterrichtsstörungen/Verhaltensauffälligkeiten.**
> - **Förderung der Selbst- und Sozialkompetenz der Schüler** (innerhalb und außerhalb des Unterrichts).

## 2.   Transfer des Schemamodells in den Schulalltag

Die Kenntnis des Schemamodells von YOUNG et al. (2008) gehört ebenso zum „Inventar" eines Schemapädagogen wie auch das Wissen um das Schemamodus-Modell (ebenda); auf beide Arbeitshypothesen wird in diesem Kapitel ausführlich eingegangen.

Mithilfe der genannten Entwürfe erhält die Lehrkraft im Umgang mit schwierigen Schülern nach und nach ein klares „Störungsbild".

Allmählich beantworten sich etwa folgende Fragen von selbst:

> Wieso ist der Heranwachsende ständig *gleichartig* „schwierig"?
> Welche Muster beeinflussen sein Denken, Handeln und seine Stimmungen?
> Welche Erfahrungen wurden früher (wahrscheinlich) oft gemacht?
> Worauf muss ich mich als Lehrkraft im laufenden Schuljahr einstellen (in Hinsicht auf Tests, Spiele, Images, Appelle)?
> Welche Ziele, Bedürfnisse und Wünsche verfolgt der Schüler *eigentlich*?
> Wie komme ich an den Betreffenden emotional „heran"?
> Was muss ich tun, damit der Schüler gefördert wird?
> Was kann ich tun, um die typischen Störungen zu reduzieren?

Im Folgenden wird das Schema- sowie das Schemamodus-Modell skizziert, parallel hierzu wird der Transfer in den Schulalltag beschrieben.

## 2.1 Schemata und Schemamodi

YOUNG et al. (2008) stellten im Laufe der letzten Jahre während zahlreicher Sitzungen 18 verschiedene Schemata fest, unter denen „schwierige" Klienten leiden können. Diese Muster werden in fünf Domänen (Bereiche) eingeordnet. In Zusammenhang stehen Schemata, die schon frühkindlich beziehungsweise im frühen Pubertätsalter ausgeprägt werden, mit bestimmten sozialen Erfahrungen. Negative Erwartungshaltungen können auch entstehen, wie eingangs schon erwähnt, durch Traumatisierungen, Fixierungen an ein bestimmtes Grundbedürfnis (etwa durch elterliche Überverwöhnung), aber auch durch die Nachahmung beziehungsweise psychische Verinnerlichung eines familiären Vorbilds.

Für alle folgenden innerpsychischen Muster – auch „Lebenslandkarten" oder „Lebensfallen" genannt – gilt: sie waren früher einmal sehr sinnvoll. Genauer gesagt, sie dienten dem Betreffenden dazu, sich an bestimmte soziale Konstellationen anzupassen, die unvermeidlich waren. Der Grund: Die Psyche „will auch eine unliebsame Realität ertragen können" – etwas salopp gesagt. Die Kehrseite dieser überlebensnotwendigen Reaktion: Das jeweilige Anpassungsmuster wird gewöhnlich zum „Selbstläufer", verselbstständigt sich. Das heißt, Schemata werden von Teenagern und Erwachsenen gleichermaßen *nicht* als „kindliche Bewältigungsmuster", sondern als „die Realität" wahrgenommen.

Man weiß gar nicht um seine Schemata, ist ihnen aber in bestimmten Situationen gedanklich (kognitiv) und gefühlsspezifisch (affektiv) ausgeliefert, manchmal schlagartig. Dies ist infolge einer Schema-Aktivierung geradezu unvermeidlich. Fatal daran ist: Die Betreffenden richten ihr Leben unbewusst so ein, sodass ihre alten unliebsamen Erfahrungen sich leicht immer wieder in die Gegenwart „schieben" können (man kennt es ja nicht anders). Sodann kommt es zu Schema-getriebenen Denk- und Verhaltensweisen und somit zur „alten Leier".

Dies alles führt oft zu Stimmungs- und Selbstwertschwankungen sowie zu stets gleichartigen zwischenmenschlichen Konflikten. Den Schema-getriebenen Eigenanteil an der ganzen Misere sieht man nicht. „Die Anderen" macht man dafür verantwortlich.

Das heißt, der Betreffende merkt nicht, dass er selbst(!) seine Vergangenheit immer wieder neu aufleben lässt, nur mit anderen Teilnehmern.

Auch Lehrer werden in die typischen Schema-getriebenen Konflikte, die schwer zu lösen sind, „hineingezogen".

Es ist wirklich ein Manko in der Lehrerausbildung, dass die Auswirkungen von frühkindlichen Einflüssen im Schulalltag nicht thematisiert werden. Dies würde zweifellos ein Beitrag zur Qualitätsförderung darstellen.

Nun aber zu den 18 Schemata. In Anlehnung an ROEDIGER (2009b, 32) sieht die tabellarische Übersicht (inklusive der Auflistung der Domänen und relevanten Grundbedürfnisse) folgendermaßen aus:

| Nr. | Schema | Domäne | Grundbedürfnis |
| --- | --- | --- | --- |
| 1. | Emotionale Vernachlässigung | Ablehnung und Abtrennung | Bindung |
| 2. | Verlassenheit/Instabilität | | |
| 3. | Misstrauen/Missbrauch | | |
| 4. | Soziale Isolation | | |
| 5. | Unzulänglichkeit/Scham | | |
| 6. | Erfolglosigkeit/Versagen | Beeinträchtigung von Autonomie und Leistung | Kontrolle nach Außen |
| 7. | Abhängigkeit/Inkompetenz | | |
| 8. | Verletzbarkeit | | |
| 9. | Verstrickung/ Unentwickeltes Selbst | | |
| 10. | Anspruchshaltung/Grandiosität | Beeinträchtigung im Umgang mit Begrenzungen | Kontrolle nach Innen |
| 11. | Unzureichende Selbstkontrolle/Selbstdisziplin | | |
| 12. | Unterwerfung/ Unterordnung | Fremdbezogenheit | Selbstwerterhöhung |
| 13. | Aufopferung | | |
| 14. | Streben nach Zustimmung und Anerkennung | | |
| 15. | Emotionale Gehemmtheit | Übertriebene Wachsamkeit und Gehemmtheit | Lust-/Unlust-Vermeidung |
| 16. | Überhöhte Standards | | |
| 17. | Negatives hervorheben | | |
| 18. | Bestrafungsneigung | | |

### Schemabewältigung

YOUNG et al. (2008) unterscheiden drei „Wege", wie Betreffende mit einem oder mehreren Schemata umgehen. Diese angeborenen Reaktionen – Kompensation, Vermeidung, Erduldung – sind imstande, die akute Auslösung eines Schemas immerhin zu verhindern.

Aber dennoch handelt es sich hierbei um „Pseudo-Lösungsversuche". Ein Beispiel: Das Schema *Anspruchshaltung/Grandiosität* offenbart sich im Falle der Erduldung meistens als stark narzisstischer Persönlichkeitszug, in Form der Vermeidung als soziale Rückzugstendenz und in Gestalt der Kompensation als übertriebene „Gönner-Mentalität". Trotz dieser unterschiedlichen Handhabungen steht der Mensch unbewusst dennoch unter dem Einfluss des Schemas, und er erlebt „typische" Konflikte. Nach meiner Erfahrung als Lehrer scheinen die meisten Schülerinnen und Schüler, die diverse Schemata ausgeprägt haben, ihr jeweiliges Muster tendenziell zu *erdulden*. Doch auch die aktuelle Gemütslage beeinflusst die Schemabewältigungsart. Ist der Betreffende in gereizter, aggressiver Stimmung, liegt die Kompensation nahe, in depressiven Phasen die Erduldung beziehungsweise Vermeidung.

### Das Schemamodus-Modell

Jeder Lehrer kennt Schüler, die hin und wieder ihre „typischen fünf Minuten" haben. Die Betreffenden scheinen dann nicht mehr mit dem „gesunden Menschenverstand" erreichbar zu sein, spielen für eine gewisse Zeit etwa den „Clown", „Aufmüpfigen", „Klugscheißer", Sadisten", „Macho" usw.

Im Normalfall neigen die meisten Lehrer wohl dazu, intuitiv an die Vernunft des Schülers zu appellieren („Jetzt reiß Dich zusammen!"); bringt das nichts, geht man eben den Disziplinarmaßnahmenkatalog chronologisch durch. Am Ende steht dann oft der Rauswurf. Dadurch erreicht man aber in der Regel gar nichts. Der Fehler, der hier begangen wird, besteht nämlich darin, dass man die „Fünf-Minuten-Aussetzer" des Schülers nicht als das wahrnimmt, was sie eigentlich sind. – *Sie sind der unmittelbare Ausdruck einer bestimmten Persönlichkeitsfacette, die im Heranwachsenden existent ist.*

Wie eingangs schon erwähnt: Schüler werden traditionellerweise als Personen mit einem(!) Ich-Bewusstsein definiert. Diese Sicht liegt zwar nahe, greift aber viel zu kurz. Schemapädagogen gehen daher einen anderen Weg und arbeiten gezielt mit dem Modell der Persönlichkeitsfacetten. Das heißt, die Heranwachsenden werden als „Persönlichkeitsfacetten-Bündel" wahrgenommen. Teil-Persönlichkeiten wie „Mobber-Max", „Aggressiver-Max" usw. werden im Rahmen der Schemapädagogik auch „Schemamodi" genannt. Ein Schemamodus ist „der aktuell beschreib- bzw. erlebbare, *momentane Zustand der Persönlichkeit*" (ROEDIGER 2009b, 43).

Während Schemata gewissermaßen innerpsychisch wirken, das heißt „im Hintergrund neuronal feuern", zeigt sich eine entsprechende Aktivierung in einem bestimmten Schemamodus, das heißt, in einer bestimmten *Teil-Persönlichkeit*. Der Schüler wird infolgedessen ganzheitlich (kognitiv *und* affektiv) zum „Mobber", „Aggressiven" usw. Er offenbart dann auch durch Stimmlage und Körpersprache diesen speziellen Teil seines Selbst.

Das Schemamodus-Modell weist übrigens Parallelen zur Transaktionsanalyse (BERNE) sowie zum Modell des Inneren Teams (SCHULZ VON THUN 2002) auf. YOUNG et al. (2008) entwickelten es während der Arbeit mit sogenannten Borderline-Persönlichkeiten. Mit solchen Klienten zu arbeiten, ist für jeden Therapeuten (und Lehrer) sehr anstrengend. Denn jene zeigen rasch wechselnde Schema-Bewältigungsreaktionen und infolgedessen auch rasch wechselnde Schemamodi/Persönlichkeitsfacetten. Die Stimmung kann von jetzt auf gleich kippen.

Lehrer, die schemapädagogisch arbeiten, wissen: Schemamodi, die oft in einer bestimmten Kombination gezeigt werden, weisen meistens auf ein zugrundeliegendes Schema hin. Ein Beispiel: Das Muster *Misstrauen/Missbrauch* wird von Betreffenden manchmal in einem sogenannten verletzbaren Kind-Modus gezeigt („Niemand kann mich leiden"). Sie wirken dann authentisch „wie ein kleines verletzbares Kind". Ein anderes Mal schädigen Heranwachsende mittels eines geradezu sadistischen Zerstörer- und Killer-Modus ihre Mitschüler („Du musst jetzt gar nicht heulen, Du Tussi – ach guck mal an: jetzt heult sie – wie süß!"). Beide Schemamodi haben in diesem Fall dieselbe Ursache!

Erfahrungsgemäß können Jugendliche gut mit dem Schemamodus-Modell arbeiten, es ist *erlebnisnäher* als das Schema-Modell. Die Bezeichnungen für die einzelnen Persönlichkeitsfacetten/Rollen können schnell gefunden werden.

YOUNG et al. (2008) unterscheiden verschiedene Modi. Um drei wesentliche Gruppen handelt es sich. Sie werden bezeichnet als:

1. ***Kind-Modi***. Diese Modi bilden emotionale Zustände ab, die vor allem Kleinkinder zeigen (siehe unten). Ist ein solcher Zustand aktiviert, wirkt der Betreffende kognitiv und affektiv *kindlich*.

2. ***Innere Eltern-Modi***. Jeder Mensch offenbart auch manchmal verinnerlichte Meinungen, Ansichten, Ideale seiner Eltern oder -ersatzpersonen. Sie werden als *Innere Eltern-Modi* bezeichnet.

3. ***(Maladaptive) Bewältigungsmodi***. Gerät der (hauptsächlich von den Kind-Modi beeinflusste) Heranwachsende oft in Konflikte mit seinen Bezugspersonen, kann es zur Ausprägung von sogenannten *Bewältigungsmodi* kommen. Diese *reaktive* Art von Modi wird bereits im Kindergartenalter ausgeprägt (siehe auch DAMM 2010b, 118ff.). Sie stellen die eigentlichen „Problemmodi" dar.

Ergänzt werden die genannten Persönlichkeitsfacetten von einem weiteren Modus, er heißt: Modus des *Gesunden Erwachsenen*. Er ist sozusagen der „Lösungsmodus" – und steht für Vernunft, Objektivität und bewusste Selbstkontrolle. Hauptsächliches Ziel von schemapädagogischen Arbeitsweisen ist daher die Stärkung dieses Modus.

In folgender Tabelle sind die wichtigsten Modi sowie deren Auswirkungen bei einer entsprechenden Aktivierung zusammengefasst (nach ROEDIGER 2009a 67):

| Das Modusmodell umfasst... | | Bei entsprechender Aktivierung ist die Person kognitiv und affektiv ... |
| --- | --- | --- |
| **Kind-Modi** | a) *Verletzbares Kind* | ... verwundbar, sensibel, emotional |
| | b) *Ärgerliches (bzw. Wütendes) Kind* | ... aufgebracht, unreflektiert, sauer |
| | c) *Impulsiv-undiszipliniertes Kind* | ... bockig, widerspenstig, aufmüpfig |
| | d) *Glückliches Kind* | ... begeistert, kontemplativ, unbekümmert, glänzend aufgelegt |

| **Maladaptive Modi** | **Unterordnender Modus (Angepasster Unterwerfer)** | … passiv, aufmerksam, vorsichtig, vorauseilend „dienlich" |
|---|---|---|
| | **Gefühlsvermeidende Modi** | |
| | a) *Distanzierter Beschützer* | … rational, unnahbar, ausweichend |
| | b) *Distanzierter Selbstberuhiger* | … emsig, aktiv (neigt auch zu Suchtmittel- missbrauch) |
| | c) *Aggressiver Beschützer* | … vorauseilend „stache- lig", feindselig |
| | **Überkompensierende Modi (Übertreiber)** | |
| | a) *Selbsterhöher* | … denunzierend, nar- zisstisch, selbstverherr- lichend |
| | b) *Schikanierer- und Angrei- fer-Modus* | … sadistisch, teuflisch, gewaltbereit |
| | c) *Manipulierer, Trickser, Lügner* | … motiviert, durch Tricks verdeckt ein be- stimmtes Ziel zu verfol- gen |
| | d) *Zerstörer-/Killer-Modus* | … gewalttätig, brutal, mitleids- und gewissen- los |
| | e) *Zwanghafter Kontrolleur* | … überkontrollierend, |
| **Maladaptive inter- nalisierte Eltern- Modi** | *Innere Antreiber* (nach außen und innen wirkend) | … sehr anspruchsvoll sich selbst und anderen gegenüber |
| | *Innere Bestrafer* (nach innen und außen wirkend) | … geneigt, sich selbst und anderen physi- schen/psychischen Schaden zuzufügen |

| **Modus des Gesunden Erwachsenen** | *Gesunder Erwachsener* | … selbstreflektiert, rational, reaktionsflexibel, neugierig, offen, aufnahmefähig |
| --- | --- | --- |

Im Folgenden werden die einzelnen Schemata konkret beschrieben und ihre Relevanz im Schulalltag dargelegt, und zwar auf Lehrer- und Schülerseite.

### 2.1.1 Domäne 1: Abgetrenntheit und Ablehnung

Die Domäne *Abgetrenntheit und Ablehnung* beinhaltet folgende Schemata:

> ➢ *Emotionale Vernachlässigung,*
> ➢ *Verlassenheit/Instabilität,*
> ➢ *Misstrauen/Missbrauch,*
> ➢ *Soziale Isolation,*
> ➢ *Unzulänglichkeit/Scham.*

### *Emotionale Vernachlässigung*

Mit diesem Muster verbunden ist das tiefe Gefühl, unbedeutend für die Personen im sozialen Umfeld zu sein. Betreffende meinen, sie seien „nichts wert".

Menschen, die die „Lebensfalle" *Emotionale Vernachlässigung* ausgeprägt haben, sind entsprechend der Auffassung, dass die Personen im Umfeld nicht gewillt sind, auf deren Wünsche und Bedürfnisse einzugehen. Entsprechend sind Erstere dauerhaft frustriert, depressiv verstimmt.

Der eigentliche Grund: Sie erwarten gewissermaßen ein bestimmtes negatives Verhalten von ihren Mitmenschen und sehen nicht, dass auch sie einen Anteil an dem „Problem" haben.

Das heißt, sie lassen unbewusst ausschließlich „passende" Beziehungs- und Sozialpartner in den engsten Kreis. Mit „passend" ist gemeint: emotional kühle, egozentrische Partner. Solche Menschen bestätigen die Erwartungshaltung des Betreffenden.

Doch Personen mit diesem Schema erkennen ihr zugrundeliegendes Muster nicht. Sie fühlen sich daher auch häufig missverstanden, selbst behandelt.

In Hinsicht auf die Ursachen dieses Schemas lässt sich annehmen: Die Bezugspersonen sind in der Kindheit des Betreffenden nicht authentisch und verlässlich auf seine Grundbedürfnisse eingegangen.

Eine derartige dauerhafte Frustration kann eine lebenslange Beeinträchtigung nach sich ziehen, nämlich dann, wenn sich die sozialen Konstellationen im Gehirn des jungen Menschen „einbrennen".

Der Betreffende erwartet dann nämlich zukünftig von seinen aktuellen Beziehungspartnern dieselbe emotionale Kälte, die damals vorherrschte. Mit anderen potenziellen Partnern, die eher eine „Otto-Normalverbraucher"-Mentalität haben, kann man nichts anfangen, da springt „kein Funke" über.

In Hinsicht auf die drei Bewältigungsmechanismen – Erduldung, Vermeidung, Kompensation – gestaltet sich die Sachlage folgendermaßen:

1. **Erduldung**: Eine eher mangelhafte Selbstfürsorge charakterisiert den Lebensstil. Wie oben schon erwähnt, werden „passende" Partner bevorzugt, mit denen leicht das Dilemma von früher re-inszeniert werden kann. Jene scheren sich nicht viel um den Betreffenden. Das heißt, sie gehen nicht ausreichend auf seine Anliegen ein. Durch die vorauseilende hohe Erwartungshaltung beziehungsweise (das andere Extrem) durch die Vermittlung des Eindrucks, stets wäre alles in Ordnung, halten sie den Anderen auch unbewusst davon ab, emotionale Zuwendung zu geben.

2. **Vermeidung**: Wer dieses Schema vermeidet, der meidet gewöhnlich auch sozialen Kontakt. Man konzentriert sich auf die „böse Welt" und will sich vor ihr schützen. Unfreiwillig kommuniziert man seine Gesinnung auch nach außen – und wird gewöhnlich „in Ruhe gelassen".

3. **Kompensation**: Bei der dritten Bewältigungsmöglichkeit ergibt sich ein anderes Bild. Infolge der Kompensation kommt es meistens zu einer extrem altruistischen Haltung und man engagiert sich übermäßig für die Mitmenschen. Ein anderes Phänomen, das häufig auftritt: der Betreffende meldet mit Nachdruck plötzlich seine Bedürfnisse an. Der Andere soll konkret und aufopferungsvoll auf sie eingehen. Dabei werden gleichzeitig sehr hohe Ansprüche gestellt.

***Transfer in den Schulalltag***

| Lehrer mit diesem Schema... | Schüler mit diesem Schema... |
| --- | --- |
| ... sind oft der Meinung, sie würden kein positives Feedback von den Heranwachsenden bekommen | ... lassen sich aus Angst vor Enttäuschung nur sehr selten emotional auf eine Lehrkraft ein |
| ... „versagen" auf der Beziehungsebene | ... sind Einzelgänger |
| | ... arbeiten mündlich nicht mit |

**Relevante Schemamodi:** *Verletzbares Kind, Angepasster Unterwerfer, Distanzierter Beschützer, Aggressiver Beschützer, Innere Bestrafer (nach innen wirkend)*

**Beteiligte Tests:** Aus Schülersicht: „Den Lehrer häufig mit Anfragen bedrängen – und damit überfordern wollen"; aus Lehrersicht: „Den Schülern (zu) viele Beziehungsangebote machen – und darauf hoffen, dass sie angenommen werden"

**Images:** „Ich bin wertlos", „Ich bin alleine"

**Beteiligte Appelle:** „Kümmere Dich um mich (uns)", „Geh auf meine (unsere) Bedürfnisse ein"

**Relevante Psychospiele:** „Pessimismus" (alles „schwarz" sehen wollen), „Anecken" (unvorteilhaft in der Gruppe auftreten und sich dann über das negative Feedback beschweren)

*Verlassenheit/Instabilität*

Eine ständige Furcht davor, von seinen aktuellen Bezugspersonen verlassen zu werden, spielt bei diesem Schema eine große Rolle. Meistens entstand das Muster in der Kindheit, oft bedingt durch ein traumatisches Erlebnis (Tod oder schwere Krankheit eines Elternteils).

Andere, ebenso potenziell relevante Ursachen sind: Scheidung der Eltern (inklusive etwa einer Neuvermählung), emotional abweisende Bezugspersonen, die sich lieber langfristig anderen Personen zuwandten und damit dem Heranwachsenden kommunizierten: „Andere sind interessanter als Du!" (ROEDIGER 2009a, 54)

Die Auswirkungen dieses Schemas betreffen vor allem den späteren Beziehungsstil. Betreffende haben entsprechend eine selektive Wahrnehmung und sind felsenfest davon überzeugt: Zwischenmenschliche Beziehungen sind nicht verlässlich, werden ständig von Konflikten heimgesucht und sind deshalb eben *dauerhaft instabil*.

Naturgemäß bleibt es nicht nur bei dieser Annahme. Das heißt, Personen mit diesem Schema „bringen" den Anderen durch verschiedene Aktionen, etwa durch zu starkes Anklammern, dazu, entsprechend „unzuverlässig" zu reagieren. Aber das wird nicht gesehen (wie auch bei allen anderen Schemata der Fall).

Die Bewältigungsformen, die bei dieser „Lebensfalle" zutage treten, sehen meistens aus wie folgt:

1. **Erduldung**: Personen mit diesem Schema gehen zwar Beziehungen mit anderen ein; doch stehen diese in der Regel unter einem schlechten Stern. Angst (vor dem Verlassenwerden) und Eifersucht bestimmen die engsten Beziehungen in zahlreichen Facetten. Auf der anderen Seite sucht und findet man immer wieder Menschen, die tatsächlich schnell wieder das Weite suchen. Sehr zum Missfallen des Anderen.

2. **Vermeidung**: Soziale Isolation stellt eine andere Möglichkeit dar, mit diesem Schema umzugehen. Nur wenigen Mitmenschen gegenüber öffnet man sich. Vorzugsweise werden auch entsprechende Hobbys ausgewählt, die man alleine praktizieren kann.

3. **Kompensation**: Zwei entgegengesetzte Extreme offenbaren Personen, die dieses Muster kompensieren: (a) Sie erwarten sehr viel Entgegenkommen

von ihren Beziehungspartnern und kontrollieren sie gleichzeitig; (b) die Betreffenden gehen Bindungen ein, die sie spontan abbrechen, „um den Anderen zuvorzukommen". Gegen beide Kompensationsstrebungen können die Anderen nur wenig ausrichten, da es den Betreffenden vor allem an Einsicht in die eigene Motivation fehlt.

***Transfer in den Schullalltag***

| Lehrer mit diesem Schema... | Schüler mit diesem Schema... |
| --- | --- |
| ... lassen Schüler nur selten emotional an sich „heran" | ... offenbaren eine Einzelgängermentalität |
| ... sind oft depressiv und bringen ihre Stimmung mit ein in den Alltag | ... lassen sich von ihrer negativen Gemütsverfassung die Leistungsfähigkeit einschränken |

**Relevante Schemamodi:** *Verletzbares Kind, Angepasster Unterwerfer, Distanzierter Beschützer, Innere Bestrafer (nach innen wirkend)*

**Beteiligte Tests:** Aus Schülersicht: „Dem Lehrer unterstellen, er würde sich nicht um einen kümmern"; aus Lehrersicht: „Den Schülern sagen, dass sie undankbar seien"

**Images:** „Ich werde immer wieder verlassen", „Ich bin nicht liebenswürdig"

**Beteiligte Appelle:** „Sei solidarisch", „Kümmere Dich um mich"

**Relevante Psychospiele:** „Allein, allein" (durch zu hohe Anforderungen Beziehungspartner abschrecken und sich darüber empören), „Komm her, geh weg" (sich mit Mitschülern intensiv anfreunden und sie dann plötzlich vor den Kopf stoßen)

### *Misstrauen/Missbrauch*

Das Muster *Misstrauen/Missbrauch* dürfte nach meiner Einschätzung die meisten und schwerwiegendsten Konflikte im Schulalltag auslösen. Es entsteht vorwiegend in der Kindheit, und zwar durch längerfristige Frustration, Hänseleien, physische und psychische Verletzungen seitens der Bezugspersonen. Sexueller Missbrauch ist hierbei auch des Öfteren ein Thema.

Der Heranwachsende hat in der Regel viele „Grenzüberschreitungen" erlebt, die unmittelbaren Einfluss auf seine Hirnentwicklung hatten, sich neuronal „festsetzten".

Nunmehr erwartet man im Jugend- beziehungsweise Erwachsenenalter dieselben unmoralischen Verhaltensweisen von seinen Mitmenschen. Gegen „die Anderen" schützt man sich geradezu vorauseilend, ist infolgedessen extrem misstrauisch und erwartet gewissermaßen, dass man jederzeit angegriffen, enttäuscht, frustriert wird (wie früher der Fall).

Entsprechend unterstellt man den Anderen viel zu oft böse Absichten – und dann muss man sich natürlich vehement „wehren". Fatal an dieser Wahrnehmung sind vor allem die realen Folgen – für den Interaktionspartner.

Denn Personen mit diesem Schema haben meistens von den „Tätern von damals" gelernt, wie man wirkungsvoll Gewalt anwendet, und zwar in unzähligen „einfallsreichen" Variationen. Unter umgekehrten Vorzeichen – aus dem ehemaligen Opfer wird infolge einer Schema-Aktivierung manchmal ein „professioneller" Täter – werden Beziehungspartner nun wirkungsvoll geschädigt.

„Mitleid" ist für die Täter dann ein Fremdwort. Als Lehrkraft erkennt man den in brisanten Situationen relevanten Modus (*Innere Bestrafer – nach außen gerichtet*) anhand der Körpersprache und der gewählten Worte, die der Betreffende sagt, um sich zu rechtfertigen. Gerade im Praxisfeld Schule kann sich daher dieses Schema als „hartnäckiger Konfliktherd" entpuppen, der die Klasse das komplette Schuljahr über begleitet.

Neben der Tendenz, sich übermäßig gegen „die bösen Absichten" der Anderen zu „wehren", kommt es auch dann und wann zu einem gegensätzlichen Phänomen. Das heißt, es kommt spontan zu emotionalen Zusammenbrüchen, die mit einer extrem negativen Selbstwahrnehmung einhergehen („Ich bin nicht liebenswert, ich bin schuld!"). Dann sind manchmal suizidale Tendenzen beziehungsweise selbstverletzende Verhaltensweisen zu beobachten.

Nun einige Worte zu den Bewältigungsmechanismen.

1. **Erduldung**: Misstrauen, Unterstellungen, Konflikte, Stress – das alles steht im Vordergrund bei diesem Bewältigungsmechanismus. Der Betreffende umgibt sich mit Personen, die sein Schema bestätigen, ihn demnach mehr oder wenige unmoralisch behandeln. Sie „passen" aus dieser Perspektive. Viele weibliche Teenager mit diesem Schema fühlen sich ausschließlich von den sogenannten „harten Jungs" angezogen. In einer solchen Partnerschaft finden dann manchmal auch physische und psychische Gewalt, exzessive sexuelle Ausschweifungen und Suchtmittelmissbrauch statt.

2. **Vermeidung**: Wie auch bei den bisher beschriebenen Schemata der Fall, schützt sich der Betreffende nunmehr vor „den Anderen" und hält sich entsprechend bedeckt. Man bleibt vorwiegend zu Hause und scheut die Öffentlichkeit. Außerdem werden in der Regel ausschließlich Beziehung zu gleichgeschlechtlichen Personen unterhalten. Eine extreme Wahrnehmung dominiert: „Nie wieder lasse ich mich auf einen Mann/eine Frau ein!"

3. **Kompensation**: Wieder lassen sich zwei außergewöhnliche Kompensationstendenzen beobachten: (a) Die Mitmenschen werden in übertriebener Weise schlecht behandelt, ausgebeutet, niedergemacht; (b) oder aber man gibt sich extrem „harmlos", sobald man mit anderen Personen in Kontakt kommt.

*Transfer in den Schullalltag*

| Lehrer mit diesem Schema... | Schüler mit diesem Schema... |
| --- | --- |
| ... vermuten *immer*, dass einzelne Schüler schlecht über sie reden (und teilen dies auch *immer* ihren Kolleginnen und Kollegen mit) | ... sind schnell emotional auf 180, wenn die Erwartungen, die an die Mitschüler oder an die Lehrkraft gestellt werden, nicht *sofort* erfüllt werden |
| ... machen „professionell-sadistisch" bestimmte Heranwachsende im Klassenverband fertig | ... sind professionelle Mobber<br>... erleben regelmäßig emotionale Zusammenbrüche |
| **Relevante Schemamodi:** *Verletzbares Kind, Impulsiv-undiszipliniertes Kind, Distanzierter Beschützer, Innere Bestrafer (nach innen und außen wirkend)* | |

Beteiligte Tests: Aus Schülersicht: „Den Lehrer stressen – mit dem Ziel, dass er irgendwann aus der Haut fährt“; aus Lehrersicht: „Schüler mit autoritärem Auftreten zu *erwünschten* Reaktionen animieren“

Images: „Mit mir ist nicht gut Kirschen essen“, „Ich bin gefährlich“

Beteiligte Appelle: „Steh immer zu mir“, „Komme sofort meinen Bedürfnissen nach“

Relevante Psychospiele: „Provokation“ (andere so lange provozieren, bis sie „endlich“ aggressiv werden), „Heul doch!“ (in zahllosen Variationen physische und psychische Gewalt ausüben)

### Soziale Isolation

Infolge dieses Schemas offenbaren Personen alle „Qualitäten“ eines überzeugten Einzelgängers. Der Betreffende macht sein „eigenes Ding“, ist nicht sozial vernetzt. Das heißt, er gehört im Jugendalter auch gewöhnlich keiner Peergroup an.

Interesse an den Anderen im Wirkungsbereich besteht nicht. Lediglich die eigene Familie bildet eine Ausnahme. In diesem Schonraum ist man authentisch und führt normale Konversationen.

Vermehrt taucht dieses Muster bei Familien auf, die sich nach außen hin stark abgrenzen und quasi in ihrer eigenen Welt leben. Dies führt aufseiten der Heranwachsenden zu der Überzeugung, „irgendwie anders zu sein als die Anderen“.

Eine andere potenzielle Ursache: es haben in der Ursprungsfamilie schon Ausgrenzungsbestrebungen stattgefunden. Das heißt, der Betreffende bekam von den primären Bezugspersonen vermittelt: „Du bist irgendwie anders als die Anderen!“

Entsprechend kann sich das Muster bereits im Kindergarten- und Grundschulalter zeigen und sich selbst verstärken – wenn es den Pädagogen nicht gelingt, die sozialen Kompetenzen des Betreffenden zu fördern.

Erschwert wird dieses Unternehmen häufig deshalb, weil sich die Heranwachsenden von sich aus, also selbstmotiviert ausgrenzen. Die anderen Gruppenmitglieder bekommen unterschwellig diese Motivation natürlich mit und können durch „entgegenkommende" Verhaltensweisen dieses Muster verstärken.

Trifft man als Lehrkraft einer weiterführenden Schule auf Heranwachsende mit diesem Schema, so hat man es natürlich sehr schwer, den Betreffenden aus der Reserve zu locken.

Zu den Bewältigungsmechanismen ist Folgendes anzumerken:

1. **Erduldung**: Man ergibt sich seinem Lebensthema und bleibt Außenseiter. Manchmal schließt man sich einer Gruppe an, bleibt aber unauffälliger Mitläufer. Integration wird nicht angestrebt.
2. **Vermeidung**: Der Kontakt zu den Mitmenschen wird auf dem niedrigsten Niveau gehalten. Niemand wird in den engsten Kreis gelassen. Die Ausnahme stellt lediglich die Herkunftsfamilie dar.
3. **Kompensation**: Infolge dieses Mechanismus schaltet der Betreffende „um". Er möchte nun unbedingt aktives Mitglied einer Gruppe werden. Hat man dies geschafft, gelingt die Integration dennoch nur sekundär.

### *Transfer in den Schullalltag*

| Lehrer mit diesem Schema... | Schüler mit diesem Schema... |
| --- | --- |
| ... wirken auf die Heranwachsenden wie „Außerirdische" <br> ... kommunizieren ausschließlich auf der Sachebene | ... sind *die* Außenseiter der Klasse <br> ... lassen sich nie zu Gruppenaktivitäten animieren und arbeiten nicht im Unterricht mit |
| **Relevante Schemamodi:** *Distanzierter Beschützer, Innere Bestrafer (nach innen wirkend)* | |
| **Beteiligte Tests:** Aus Schülersicht: „Nicht dem Unterricht folgen"; aus Lehrersicht: „Nicht auf die Interessen der Schüler eingehen" | |
| **Images:** „Ich gehöre nirgendwo hin", „Ich bin anders als die Anderen" | |
| **Beteiligte Appelle:** „Lass mich in Ruhe", „Bitte keine Gruppenarbeit" | |

**Relevantes Psychospiel:** „Abgrenzung" („fremd" auf andere wirken und sich daran laben)

### Unzulänglichkeit/Scham

Auch Personen mit diesem Schema haben eine extreme Selbstwahrnehmung. Sie meinen sinngemäß: „Ich bin nicht okay, habe viele Fehler – und die Anderen werden irgendwann dahinter kommen!"

Entsprechend werden eigene Potenziale gar nicht gesehen. Eher neigt man zu negativen Selbstzuschreibungen, die man irgendwann auch dem sozialen Umfeld ausführlich kommuniziert.

Interessant zu beobachten ist bei dieser Lebensfalle wieder die Tendenz zur „selbst erfüllenden Prophezeiung". Der Betreffende manövriert sich immer wieder in Situationen, in denen er sich als „Depp vom Dienst" entpuppt.

So gibt es immer mal wieder Schüler, die bestimmte Probleme wie magisch anziehen. Entweder sagen sie regelmäßig „was typisch Dummes", damit die anderen Heranwachsenden zu einem entsprechenden Eindruck kommen (müssen). Oder aber sie versagen stets bei denselben Aufgaben („Sehen Sie, Herr X, ich kann's nicht!).

Die sozialen Kompetenzen sind in der Regel eher schwach ausgeprägt; eine große Angst vor Ablehnung besteht.

Gleichzeitig wird dieses Schema in strenger Gesetzmäßigkeit verwirklicht, indem man Personen des anderen Geschlechts „wie immer" so unvorteilhaft anspricht, sodass jene geradezu zu einer „Abfuhr" animiert werden.

Gibt man Menschen mit diesem Muster ein Feedback, selbst ein konstruktives, so wird es automatisch negativ interpretiert, egal wie es formuliert wurde. Auf der anderen Seite sind betreffende Schüler „passende Opfer" für diejenigen Heranwachsenden, die andere gerne diskreditieren oder mobben – wodurch das Schema des Außenseiters leicht wieder bestätigt wird.

In Hinsicht auf die Ursachen lässt sich feststellen: Die negative Selbstwahrnehmung wurde gewöhnlich im engsten sozialen Umfeld „erlernt".

Entsprechend berichten die Betreffenden immer wieder von bestimmten Erfahrungen (Herabsetzung, negative Rückmeldung durch die Eltern- oder Elternersatzpersonen oder durch andere Kinder und Jugendliche).

Im Folgenden einige Worte zu den Bewältigungsmechanismen:

1. **Erduldung**: Der Betreffende fühlt sich minderwertig, schlecht, unerwünscht. Diese Erwartungshaltungen werden auch unbewusst den Mitmenschen kommuniziert und durch bestimmte Strategien „realisiert" (den Clown spielen, peinlich sein, einen ungeschickten gesellschaftlichen Umgang pflegen, siehe auch YOUNG et al. 2008, 45). Das Umfeld wird entsprechend selektiert. Das heißt, man freundet sich mit Menschen an, die die Rolle der ehemaligen „Herabsetzer" spielen sollen. Dieser Mechanismus kann sich auch in einer unvorteilhaften Berufs- und Partnerwahl offenbaren. Eigene Potenziale werden nicht erkannt, man bleibt weit unter seinen Möglichkeiten, steht sich gewissermaßen selbst im Weg.

2. **Vermeidung**: Man passt sich übermäßig, ja chamäleonartig den Meinungen der Mitmenschen an. Dabei werden die eigenen Gedanken nicht verbalisiert, aus Angst, die Anderen könnten einen daraufhin ablehnen. In Gesprächen fällt auf, dass sie das Gegenüber lieber reden lassen. Parallel hierzu kann auch das Bestreben bestehen, den „sozialen Rückzug" anzutreten.

3. **Kompensation**: Nunmehr verfällt man ins andere Extrem. Jetzt werden aktiv die Mitmenschen runtergemacht, gedemütigt (Stichwort: Lästern!). Stets „findet" man etwas, an dem man herummäkeln kann. Auch das Selbstbild ändert sich: man fühlt sich in vielerlei Hinsicht kompetent und „fähig". Manchmal wird auch ein extremer Perfektionismus vertreten.

### *Transfer in den Schullalltag*

| Lehrer mit diesem Schema... | Schüler mit diesem Schema... |
| --- | --- |
| ... zweifeln oft an sich selbst („Mache ich alles richtig?") <br> ... kommen nicht sehr selbstbewusst im Unterricht „rüber" | ... machen vorauseilend den Eindruck, sehr „brav" und „unschuldig" zu sein <br> ... ziehen Mobbing wie magisch an <br> ... „versagen" regelmäßig bei Prüfungen |

**Relevante Schemamodi:** *Verletzbares Kind, Ärgerliches (bzw. Wütendes) Kind, Distanzierter Beschützer, Angepasster Unterwerfer, Innere Bestrafer (nach innen und außen wirkend)*

**Beteiligte Tests:** Aus Schülersicht: „Ich passe mich allen an – damit sie mich in Ruhe lassen"; aus Lehrersicht: „Ich vermittele Gutartigkeit, um mir Freunde zu machen"

**Images:** „Ich bin brav und will keinen Stress", „Ich bin nicht okay"

**Beteiligte Appelle:** „Hilf mir", „Überfordere mich nicht"

**Relevante Psychospiele:** „Depp" (peinlich auffallen und sich darüber beschweren, dass die Anderen lachen), „Interview" (in Unterhaltungen vorwiegend Fragen stellen, damit der Andere keine stellt)

## 2.1.2 Domäne 2: Beeinträchtigung von Autonomie und Leistung

In der Domäne *Beeinträchtigung von Autonomie und Leistung* sind folgende Schemata zusammengefasst:

> ➤ *Erfolglosigkeit/Versagen,*
> ➤ *Abhängigkeit/Inkompetenz,*
> ➤ *Verletzbarkeit,*
> ➤ *Verstrickung/Unentwickeltes Selbst.*

*Erfolglosigkeit/Versagen*

In der Entstehungsgeschichte dieses Musters finden sich meistens Bezugspersonen, die dem Betreffenden häufig vermittelten: „Du wirst es in Deinem Leben zu nichts bringen." Parallel einher mit dieser Angelegenheit gingen auch oft viel zu hohe Erwartungen seitens der Familie, die gar nicht erfüllt werden konnten.

Vielleicht wurde dem Heranwachsenden auch die notwendige Unterstützung bei wichtigen Angelegenheiten verwehrt; oder aber insbesondere diejenigen Situationen wurden ihm „erspart", in denen er seine Selbst-Wirksamkeit hätte entdecken und ausprägen können.

Es ist kein Geheimnis, dass es hinsichtlich der genannten Entwicklungsschritte eines kindlichen Schonraums bedarf; hier kann der junge Mensch mit Objekten hantieren (spielen) und erkennen: *Ich* bewege etwas, genauer gesagt: *Ich kann etwas bewegen.*

Was lässt sich in Hinsicht auf das hier beschriebene Muster weiterhin feststellen? – Betreffende erlebten meistens zahlreiche Misserfolge in den Bildungsinstitutionen, die maßgeblich zur weiteren Ausprägung des Musters und zur „Festigung des Themas" beitrugen. Im Detail lässt sich häufig gar nicht genau klären, was zuerst „da" war: die dauerhafte Frustration im sozialen Umfeld oder die Niederlagen im Kindergarten, in der Grundschule usw.

Im Erwachsenenalter dann bleibt das Thema stets aktuell. Stets „versagt" man bei den wichtigen Angelegenheiten des Lebens: in der Ausbildung, im Beruf, in der Partnerschaft, bei Erziehungsfragen usw.

Die Leistungsfähigkeit „der Anderen" wird in der Regel stark überbewertet, aber auch diese Wahrnehmung hat biografische Gründe. Meistens wurde sie „antrainiert".

Betreffende sind nur sehr schwer von ihrem Lebensstil abzubringen. Überflüssig zu erwähnen, dass auch sie weit unter ihren Möglichkeiten bleiben. Sie bleiben in ihrer Lebensfalle stecken.

Was lässt sich zu den Bewältigungsmechanismen sagen?

1. **Erduldung**: Mit „niedriger Drehzahl" bewältigt der Betreffende den Alltag. Unliebsame Situationen, beruflich und privat, werden als völlig normal angesehen. Das Thema Versagen taucht oft in den genannten Lebensbereichen auf. Man meint aufgrund von Wahrnehmungsverzerrungen, die Mitmenschen seien viel talentierter, leistungsfähiger als man selbst. Eine gewisse „Selbstsabotage" in Ausbildung, Schule und Beruf ist häufig auffällig („aus Versehen" regelmäßig zu spät erscheinen, „aus Zufall" wichtige Unterlagen vergessen usw.).

2. **Vermeidung**: Infolge dieses Mechanismus werden Risiken im Allgemeinen völlig gemieden. Außerdem besteht die starke Tendenz zum sozialen Rückzug. Anfallende Arbeiten in Beruf und Freizeit, die erledigt werden

müssen, schiebt man auf die lange Bank. Auf die Mitmenschen macht man einen stark introvertierten Eindruck.

3. **Kompensation**: Wer dieses Muster kompensiert, entwickelt plötzlich ungeahnte Kräfte, neigt entsprechend zum Perfektionismus. Von jetzt auf gleich werden anspruchsvolle Projekte begonnen. Meistens werden sie dann alle gleichzeitig bearbeitet. Um das eigene „Loser-Gefühl" zu kompensieren, werden unter Umständen auch die Leistungen der Mitmenschen kritisiert, genauer gesagt, infrage gestellt.

### *Transfer in den Schullalltag*

| Lehrer mit diesem Schema... | Schüler mit diesem Schema... |
|---|---|
| ... werden ihrer Berufsrolle nur selten gerecht, weil sie nicht überzeugend auftreten<br><br>... vergleichen sich ständig mit Kolleginnen und Kollegen | ... können ihre Fähigkeiten nicht zeigen<br><br>... fallen in der Klasse nicht groß auf<br><br>... treten öfter „unvorteilhaft" auf |

**Relevante Schemamodi:** *Verletzbares Kind, Manipulierer, Trickser, Lügner, Distanzierter Beschützer, Angepasster Unterwerfer, Innere Bestrafer (nach innen wirkend)*

**Beteiligte Tests:** Aus Schülersicht: „Nichts im Unterricht sagen – damit der Lehrer einen in Ruhe lässt"; aus Lehrersicht: „Friedhöflichkeit vermitteln – damit die Schüler einen in Ruhe lassen"

**Images:** „Ich kann nix", „An mich darf man keine Ansprüche stellen"

**Beteiligte Appelle:** „Überfordere mich nicht", „Bestrafe mich nicht"

**Relevante Psychospiele:** „Umstände" (die eigenen Leistungen „wegen vieler blöder Zufälle" nicht abrufen können), „Vergessen" (Hausaufgaben oft vergessen, Arbeitsaufträge nicht fristgemäß erledigen – und die eigene „Versagermentalität" dafür verantwortlich machen)

*Abhängigkeit/Dependenz*

Mit diesem Schema geht ein fundamentales Gefühl der Hilflosigkeit einher. Prinzipiell neigt der Betreffende (selbst bei Kleinigkeiten) zu etwa folgenden Kognitionen: „Ich kann das nicht" – „Das soll ein Anderer machen!" Mit allerhand Kunstkniffen wird dies in der Regel auch erreicht (siehe Kasten unten).

Steht aber hin und wieder dann doch eine Aufgabe an, die man selbst bewältigen muss, so wird sogleich das soziale Umfeld um Hilfe gebeten.

Es verwundert nicht, dass Freunde und Bekannte von Personen mit diesem Muster häufig eine massive „Helfermentalität" besitzen. Diese Voraussetzung führt meistens zum erwünschten Effekt.

Dieses Schema basiert in der Regel auf charakteristischen frühkindlichen Konditionierungsprozessen, die meistens von „vorauseilend hilfsbereiten" Bezugspersonen inszeniert wurden. Vielleicht intervenierten die Erzieher sogar automatisch, sobald sich das Kind auch nur einen Moment mit sich selbst beschäftigte oder verschiedene neue Dinge ausprobierte. Sogleich „entlastete" man den Heranwachsenden.

Eine andere entsprechende Konstellation, die zur Ausprägung dieses Schemas beitragen kann: Die Bezugspersonen „erstickten" die naturgegebene Neugier, indem sie vorauseilend etwaige „Kinderfehler" berichtigten, und zwar gemäß dem Motto „Lass mich das machen, Du kannst das noch nicht".

Solche (unbewussten) Erziehungsfehler tragen, wie YOUNG et al. (2008) vermuten, maßgeblich dazu bei, dass diese Lebensfalle bei Kindern entsteht. Der Heranwachsende kann unter diesen Voraussetzungen kein Gefühl für die eigenen Fähigkeiten entwickeln.

Ein entsprechend vorauseilend passives Wesen zeigt sich schon in Institutionen der kindlichen und frühkindlichen Bildung und Erziehung (DAMM 2010b).

Trägt man alldem Rechnung, dann wird schnell klar: Personen mit diesem Schema denken und fühlen im Erwachsenenalter wie „kleine hilflose Kinder". Schnell erleben sie Stress, wenn sie selbstverantwortlich agieren müssen; und noch schneller verlieren sie die Geduld, sobald ihnen etwas misslingt.

Viele empfinden auch eine tief verankerte Angst, etwas falsch zu machen – ebenfalls ein „Produkt" der oben beschriebenen fehlgeschlagenen Erziehung.

Wie gehen die Betreffenden mit diesem Schema um?

1. **Erduldung**: Wer sich diesem Muster fügt, der trifft im Alltag ungern selbst Entscheidungen. Die Anderen sollen dies für einen tun. Man wirkt auf die Mitmenschen regelrecht hilflos. Vor allem werden diejenigen Aufgaben, von denen man nicht weiß, ob man sie lösen kann, in manipulativer Weise an die Anderen abgetreten. Man hat es ja nicht anders gelernt.

2. **Vermeidung**: Der Betreffende ordnet sich nunmehr in bestehende Hierarchien ein, ohne sie jemals infrage zu stellen. Dies zeigt sich meistens sowohl in der Partnerschaft als auch im Beruf. Anders gesagt: man begehrt nie gegen „die Obrigkeit" auf. Auf der anderen Seite schiebt man Entscheidungen, die man treffen muss, lange auf.

3. **Kompensation**: Wird dieses Schema kompensiert, offenbart man aus heiterem Himmel eine Art Pseudoautonomie. Das heißt, man bemüht sich extrem darum, das Leben selbst in die Hand zu nehmen („Ich mach mein Ding jetzt selbst!"), bleibt aber gewissermaßen doch in seiner Rolle gefangen. Das Umfeld durchschaut solche „Ausbruchsversuche" gewöhnlich.

***Transfer in den Schullalltag***

| Lehrer mit diesem Schema… | Schüler mit diesem Schema… |
|---|---|
| … entwerfen Unterrichtsstunden, die die Schüler zu wenig beanspruchen; man will sie ja nicht „überfordern" <br> … geben wenig von sich Preis | … fühlen sich ganz schnell überlastet <br> … fordern vehement die Hilfe des Lehrers ein, bei jeder sich bietenden Gelegenheit |

**Relevante Schemamodi:** *Verletzbares Kind, Ärgerliches (bzw. Wütendes) Kind, Manipulierer, Trickser, Lügner, Distanzierter Selbstberuhiger, Innere Bestrafer (nach innen wirkend), Angepasster Unterwerfer*

**Beteiligte Tests:** Aus Schülersicht: „Ich offenbare mich als hilflos, um den Lehrer in die Helferrolle zu drängen"; aus Lehrersicht: „Ich erscheine harmlos, damit mich die Schüler nicht überfordern"

**Images:** „Alleine bin ich nicht fähig, etwas zu leisten", „Ich mache schnell alles falsch"

> **Beteiligte Appelle:** „Hilf mir", „Überfordere mich nicht"
>
> **Relevante Psychospiele:** „Blöd" (sich so lange doof anstellen", bis ein Anderer die Sache in die Hand nimmt), „Hilferuf" (manipulativ die Mitmenschen um Unterstützung bitten)

### *Verletzbarkeit*

Liegt das Schema *Verletzbarkeit* vor, neigt der Betreffende dazu, die Umwelt als viel zu gefährlich wahrzunehmen. Man nimmt darüber hinaus meistens an, dass „bald etwas Schlimmes passiert".

Die Aufmerksamkeit kreist stets um etwaige Gefahrensignale. In dieser Hinsicht liegen Parallelen zur sogenannten generalisierten Angststörung vor, die sich vor allem als „ständiges Sorgen-Machen" offenbart.

Zugegeben: Sicherlich ergeben sich immer mal wieder einige Gefahren im Alltag. Diese werden aber, wie schon erwähnt, von Personen mit diesem Schema stark überbewertet. Dies führt auch zu einer gewissen „Übervorsichtigkeit"; soziale Rückzugstendenzen sind entsprechend auch nicht selten zu beobachten.

Darüber hinaus werden, und das passt zum Schema, vor allem Medieninhalte konsumiert, die Unfälle, Krankheiten, Katastrophen usw. implizieren.

Auf die Mitmenschen wirkt man entsprechend vorsichtig, unselbstständig, ja furchtsam. Vor allem belastet wird das soziale Umfeld durch die typischen Gesprächsinhalte, die den eben erwähnten Medieninhalten 1:1 entsprechen. Der Betreffende kreist ständig um dieselben Themen und lässt sich nicht auf Gegenargumente ein.

Wie sieht es in Hinsicht auf die Ursachen dieser Lebensfalle aus? – Man kann davon ausgehen, dass dieses Muster, wie das vorherige auch, aufgrund von Konditionierungsprozessen entsteht. Aber auch durch das Prinzip „Lernen am Modell" ist meistens relevant (DAMM 2010b).

Nach den Erfahrungen von YOUNG et al. (2008) tragen vor allem überbeschützende, ängstliche, aber auch kontrollierende Eltern zur Ausprägung dieses Schemas bei.

Der Heranwachsende wird ständig mit dem Thema „Die Gefährlichkeit des Lebens" in zahllosen Variationen konfrontiert. Oft verinnerlichen die Betreffenden die Persönlichkeitsfacetten ihrer Vorbilder. Entsprechend kann auch eine sehr furchtsame Bezugsperson dieses Muster begünstigen.

Im Folgenden einige Ausführungen zu den Bewältigungsmechanismen:

1. **Erduldung**: Die meiste Zeit des Tages machen sich die Betreffenden zu viele Sorgen. Sie haben die Erwartung, dass es nicht mehr lange dauert, bis etwas sehr Schlimmes passiert. Daher werden „bestmögliche" Vorkehrungen getroffen. Man wirkt auf die soziale Umwelt gehemmt und verkrampft. Die ausschließliche Beschränkung auf die Gefahren des Alltags, die regelrecht gesucht und gefunden werden, kann dazu beitragen, dass sich der Bekanntenkreis massiv verkleinert.

2. **Vermeidung**: Situationen, die in der Wahrnehmung des Betreffenden als „zu gefährlich" erscheinen, werden mit aller Macht umgangen. Eine „Abwärtsspirale" wird in Gang gesetzt. Zunehmend verkleinert sich der Lebensradius. Meistens benötigt man dann eine „Begleitperson", um den Alltagsaufgaben nachzukommen.

3. **Kompensation**: Nunmehr sichert man sich massiv ab. Dies kann sich zum Beispiel darin zeigen, dass man plötzlich zahlreiche Versicherungen abschließt. Auf der anderen Seite fallen Betreffende auch manchmal ins andere Extrem und offenbaren eine ausgeprägte Risikofreudigkeit (ROEDIGER 2009a, 61).

***Transfer in den Schullalltag***

| Lehrer mit diesem Schema... | Schüler mit diesem Schema... |
| --- | --- |
| ... wollen Schüler vor den Gefahren des Alltags schützen | ... sind zu sehr mit sich selbst beschäftigt |
| ... leiden aufgrund von permanenter Angst unter zu viel Stress | ... wirken introvertiert<br>... machen einen sehr vorsichtigen, schüchternen Eindruck |
| **Relevante Schemamodi:** *Verletzbares Kind, Distanzierter Beschützer, Angepasster Unterwerfer, Zwanghafter Kontrolleur* | |

**Beteiligte Tests:** Aus Schülersicht: „Ich wirke übervorsichtig, um auf die Gefahren des Alltags hinzuweisen"; aus Lehrersicht: „Ich erzähle von Unfällen, um das Gespräch auf dieses Thema zu lenken"

**Images:** „Ich bin ein vorsichtiger Mensch", „Mir wird wahrscheinlich bald etwas Schlimmes passieren"

**Beteiligte Appelle:** „Sprich mit mir über mein Hauptthema", „Beruhige mich"

**Relevantes Psychospiel:** „Katastrophe" (von Krankheiten und Unfällen berichten – und dem Anderen die Themen und die entsprechende Wahrnehmung aufzwängen wollen)

### Verstrickung/Unentwickeltes Selbst

Diese Lebensfalle entsteht meistens dann, wenn mindestens eine Bezugsperson, vorwiegend in den ersten Lebensjahren (und auch später noch), mit dem Zu-Erziehenden eine Symbiose eingeht und ihn von sich abhängig macht.

Dabei schwingt immer eine klare Rollenverteilung mit: die Erzieherin verinnerlicht den „aktiven Part", das Kind den passiven. Das Verhältnis zwischen beiden ist in der Regel viel zu eng, intim – und bleibt es auch meistens ein Leben lang.

Die Persönlichkeit eines Menschen mit diesem Schema ist meistens in vielerlei Hinsicht unausgereift. Aus biografischen Gründen ist er sich gewöhnlich nicht darüber im Klaren, was seine Kompetenzen, Vorlieben und sonstigen Steckenpferde sind. Dasselbe gilt für Talente und Potenziale.

Das heißt, man kennt sich selbst nicht, weil man früher viel zu sehr mit seiner Bezugsperson emotional verstrickt war; jene ging vorauseilend auf die meisten Aktionen und Regungen ein und „erstickte" so die Entwicklung des kindlichen Selbst.

Wird der Betreffende erwachsen, verbindet ihn immer noch sehr viel mit seiner Bezugsperson von damals. Auch in räumlicher Hinsicht ist man sich gewöhnlich eher nah. Man kommuniziert täglich miteinander, teilt einander die intimsten Gedanken und Wünsche mit. Es gibt keine Abgrenzung.

Ergeben sich einmal Konflikte zwischen den beiden, wird infolge einer Schema-Aktivierung ein sehr strenges Gewissen angeregt, das auf allen psychisch-physischen Ebenen wirkt.

Es verwundert nicht: Aktuelle Beziehungspartner von Betreffenden „verblassen" gnadenlos, sobald sie in Konkurrenz mit der „Non-plus-ultra-Bezugsperson" geraten.

Letztlich noch einige Bemerkungen zu den Bewältigungsmechanismen:

1. **Erduldung**: Der Betreffende verschmilzt geradezu mit seiner wichtigsten Bezugsperson und „spielt" so das Spiel „Symbiose" mit. Er hat die passive, „schwache" Rolle inne. Ohne die Bezugsperson fühlt er sich schnell unwohl und „leer". Wird die Bindung einmal unterbrochen, so wird die Trennung als stressauslösend empfunden. Aktuelle Lebenspartner werden in der Regel mit denselben hohen Anforderungen – „Kontrolle, Nähe und Führung" – konfrontiert beziehungsweise überfordert. Umgekehrt fehlt es an Empathie, aber auch an Einsicht in die eigenen Ambitionen (man findet es „normal", dass der andere sich sehr „bemüht"). Tatsächlich kann es kein Partner auf Dauer mit dem „mütterlichen Ideal" aufnehmen, das sich im Kopf des Betreffenden festgesetzt hat. Daher werden Personen mit diesem Schema immer wieder von Beziehungspartnern „enttäuscht". Kommt es zu Paar-Konflikten, ergreift die „reale Übermutter" automatisch und „blind" Partei für das eigene Kind.

2. **Vermeidung**: Infolge von Vermeidungstendenzen verzichtet man auf Bindungen außerhalb der Ursprungsfamilie. Das Thema „Totale Abhängigkeit" wird auf diese Weise auf einen relativ kleinen Bereich eingegrenzt. Außerhalb des familiären Schonraums vermittelt den Eindruck, man sei unabhängig von anderen Menschen.

3. **Kompensation**: Extreme Abgrenzungstendenzen gegenüber der stärksten Bezugsperson zeigen Betreffende dann, sobald sie diese Lebensfalle kompensieren. Man will sein „eigenes Ding" durchziehen. Das soziale Umfeld nimmt einen nun als sehr extrovertiert und selbstständig wahr.

| Lehrer mit diesem Schema... | Schüler mit diesem Schema... |
| --- | --- |
| ... erwarten von bestimmten, meistens engagierten Kolleginnen und Kollegen die volle, uneingeschränkte Unterstützung in allen Sachlagen<br>... imponieren nicht gerade mit einer engagierten Unterrichtsvorbereitung<br>... können sich so gut wie gar nicht in die Schüler hineinversetzen<br>... sind manchmal übertrieben streng, penetrant und distanzlos | ... haben übertrieben hohe Ansprüche an manche Lehrer<br>... stellen immer Fragen, wie man was tun soll<br>... fühlen sich schnell überfordert<br>... haben anscheinend keine eigenen Interessen, Talente und Vorlieben<br>... klammern sich an leistungsstarke Schüler, um von ihnen zu profitieren |

**Relevante Schemamodi:** *Ärgerliches (bzw. Wütendes) Kind, Distanzierter Beschützer, Innere Bestrafer (nach innen und außen wirkend)*

**Beteiligte Tests:** Aus Schülersicht: „Ich stelle viele Fragen, damit der Lehrer mir hilft"; aus Lehrersicht: „Ich bin streng, damit die Schüler spuren"

**Images:** „Ich bin klein, mein Herz ist rein", „Ich brauche immer Unterweisung"

**Beteiligte Appelle:** „Hilf mir", „Überfordere mich nicht"

**Relevante Psychospiele:** „Unselbstständiges Kind in der Schule" (jede Aufgabe als zu schwierig empfinden, damit der Lehrer sie möglichst selbst löst), „Unselbstständiges Kind zu Hause" (jede Aufgabe als zu schwierig darstellen, damit die hauptsächliche Bezugsperson sie löst)

## 2.1.3 Domäne 3: Beeinträchtigung im Umgang mit Begrenzungen

Die im Folgenden thematisierte Domäne weist folgende Muster auf:

> ➤ *Anspruchshaltung/Grandiosität,*
> ➤ *Unzureichende Selbstkontrolle/Selbstdisziplin.*

### Anspruchshaltung/Grandiosität

Nachstehende Auffälligkeiten offenbaren Personen, die diesem Schema ausgeliefert sind: Egozentrismus, mangelhafte Empathie, ein extrovertiertes Wesen sowie den Hang zum Konkurrieren. Im Klassenverband etwa findet sich meistens mindestens *ein* Schüler, der Facetten dieses Musters aufweist. Der Betreffende hält sich „für etwas Besseres", sprich: er beansprucht die Führungsrolle in der Klasse. Es kann zu Machtkämpfen kommen.

Die betreffenden Teenager führen in der Regel keinerlei Gespräche, die von gegenseitigem Respekt oder Partnerschaftlichkeit geprägt sind. Der Interaktionspartner wird meistens mithilfe spezieller Strategien (siehe Kasten unten) zu „erwünschten" Reaktionen animiert. Genauer gesagt, der Andere soll die Fähigkeiten, das Aussehen, den Intellekt usw. des Betreffenden wertschätzen, das heißt, ihn bewundern. Ohnehin geht es dem Betreffenden um die Durchsetzung der eigenen Interessen – das steht an oberster Stelle. Die Mitschüler werden demnach nicht als Personen wahrgenommen, sondern als Mittel zum Zweck.

Gepflogenheiten, Regeln und Pflichten gelten für Betreffende nicht, sie nehmen sich aufgrund ihrer „Besonderheit" eben Sonderrechte heraus (was insbesondere „typische" Störungen nach sich zieht).

Hat man es im Unterricht mit Schülerinnen und Schülern zu tun, die diesem Schema ausgeliefert sind (das merkt man recht schnell), kann man sich auf ein paar Besonderheiten einstellen:

> ➤ (a) es dauert nicht lange, bis betreffende Teenager einige „beifallswillige" Fans um sich geschart haben,
> ➤ (b) sie neigen zum Konkurrieren und zu Mobbing,
> ➤ (c) und sie können es auf den Tod nicht ab, wenn ein Klassenkamerad bessere Noten bekommt als sie selbst.

Spätestens in letzterem Fall werden maladaptive Schemamodi ausgelöst (siehe unten).

In Hinsicht auf die Ursachen lässt sich feststellen: Meistens sind Schüler mit diesem Schema in ihrer Kindheit verzärtelt beziehungsweise auf den „Familienthron" befördert worden.

Sie waren beziehungsweise *sind* nach wie vor der „Star" in der Familie. Mangelhafte Grenzsetzungen seitens der Eltern kann andererseits die Ausprägung dieses Musters begünstigen; ebenso auch starke Status- und Erfolgsorientierung (ROEDIGER 2009a, 56).

Die Bewältigungsmechanismen gestalten sich folgendermaßen:

1. **Erduldung**: Der Betreffende richtet sich sein soziales Umfeld so ein, dass er seine Rolle als „Star" risikofrei spielen kann. In Gesprächen lässt er die Anderen an seiner „Großartigkeit" teilhaben. Selbstdarstellung steht ganz hoch im Kurs. Konkurrenten gegenüber gibt er sich unnachgiebig und streitlustig. Misserfolge werden schnell verdrängt. Wenn das nicht möglich ist, vielleicht gibt es die aktuelle Situation nicht her, „flippt" er schnell aus. Viele Mitmenschen werden herablassend behandelt. Die Selbstreflexion ist sehr schwach ausgeprägt.

2. **Vermeidung**: In diesem Fall umgeht der Betreffende bewusst Situationen, in denen er mit Sicherheit nicht glänzen kann. Meistens geht damit eine Phase des Einzelgängertums einher. Menschen, die in wichtigen Angelegenheiten talentierter, besser, leistungsstärker sind als der Betreffende, werden bestmöglich gemieden. Kommt es dennoch zu solchen unliebsamen Begegnungen, werden „unangenehme" Gesprächsinhalte gewissermaßen wahrnehmungstechnisch ausgeblendet.

3. **Kompensation**: Nunmehr erscheinen Personen mit diesem Schema sehr gönnerhaft. Sie schenken ihren Mitmenschen kleine Aufmerksamkeiten, um einen anderen Eindruck zu hinterlassen. Das Ganze wirkt auf die Anderen aber fadenscheinig. Denn meistens erwartet der Gönner dafür irgendeine Form von Anerkennung.

| Lehrer mit diesem Schema... | Schüler mit diesem Schema... |
| --- | --- |
| ... unterrichten viel zu lehrerzentriert und (noch nachteiliger) „beglücken" die Schüler in Überlänge mit ihrer „Lebenserfahrung", ihren Fähigkeiten, Zukunftsplänen usw.<br><br>... erwecken bewusst oder unbewusst aufseiten der Schüler Minderwertigkeitsgefühle beziehungsweise die Selbsteinschätzung, „dumm" oder unzulänglich zu sein | ... finden oft den Unterricht, die Arbeitsblätter und auch Klassenarbeiten „langweilig", „überflüssig", „nicht angemessen" usw.<br><br>... fragen sich oft, warum sie überhaupt „hier" sind<br><br>... provozieren den Lehrer gerne mit dem Ziel, Aufmerksamkeit zu erregen<br><br>... neigen zu Mobbing<br><br>... sind keine Teamplayer<br><br>... nutzen andere Schüler aus<br><br>... verwickeln den Lehrer in Diskussionen, in denen sie Schwachpunkte der Lehrkraft professionell ausnutzen |

**Relevante Schemamodi:** *Ärgerliches (bzw. Wütendes) Kind, Aggressiver Beschützer, Manipulierer, Trickser, Lügner, Distanzierter Beschützer, Schikanierer- und Angreifer-Modus*

**Beteiligte Tests:** Aus Schülersicht: „Ich stelle den Lehrer bloß, damit er merkt, dass ich etwas Besonderes bin"; aus Lehrersicht: „Ich erzähle viel von mir, damit mich die Schüler bewundern"

**Images:** „Ich bin großartig", „Du bist eine Niete"

**Beteiligte Appelle:** „Bewundere mich", „Erkenne meine Einzigartigkeit an"

**Relevante Psychospiele:** „Heldensage" (ausufernde Beiträge formulieren, um mehr „Platz einzunehmen"), „Toller Hecht und arme Sau" (Gespräche führen, in denen man sich selbst emporhebt und den Anderen gleichzeitig runter drückt)

### *Unzureichende Selbstkontrolle/Selbstdisziplin*

Auch dieses Muster ist im Schulalltag ziemlich populär, in diesem Fall aber meistens nur auf Schülerseite (im Gegensatz zu vorherigem Muster). Meistens liegt dieses Schema bei Heranwachsenden vor, die permanent wenig Willen zeigen, die Aufgaben des Schulalltags zu meistern. Die Leistungsbereitschaft ist entsprechend sehr schwach ausgeprägt.

Die Betreffenden haben in der Regel eine sehr geringe Frustrationstoleranz und können negative Emotionen wenig bis gar nicht regulieren. Der Unmut kommt quasi „ungebremst" während der Unterrichtsstunde zum Vorschein.

Schüler, die in dieser Lebensfalle festsitzen, haben eigentlich so gut wie immer „keinen Bock" und wissen gar nicht recht, warum eigentlich. Das „Kein Bock"-Syndrom bezieht sich üblicherweise auf die meisten Tage im Schuljahr und so gut wie auf jedes Schulfach. Sie kommen regelmäßig zu spät – insofern sie überhaupt sich „herablassen", anwesend zu sein –, und man hat als Lehrkraft manchmal den Eindruck, man müsse sich dafür entschuldigen, dass diese Heranwachsenden die Schulpflicht über sich ergehen lassen müssen.

Mitarbeit im Unterricht findet in der Regel nicht statt. Für Klassenarbeiten bereitet man sich mehr schlecht als recht vor – und macht dann die Lehrkraft für die daraus resultierenden schlechten Zensuren verantwortlich. Findet einmal eine Gruppenarbeit statt, wird die Gelegenheit genutzt – und man hält sich zurück und „chillt".

Eine *permanente* Null-Bock-Einstellung ist selbstverständlich das Resultat der bisherigen Biografie. Im Prinzip sind die Betreffenden gar nicht für sie verantwortlich. In der Regel wurden Person mit diesem Schema vom sozialen Umfeld wenig bis gar nicht gefordert. Wahrscheinlich fand insgesamt wenig Reizstimulation statt. Entsprechend bauten die Jugendlichen auch keine Frustrationstoleranz auf, geschweige denn ein „gesundes" Maß an Emotionsregulation. Eventuell waren die Eltern sogar in dieser Hinsicht die „passenden Vorbilder".

Aber auch gegenteilige Verhältnisse sind denkbar: Der Heranwachsende wurde mit zu hohen Anforderungen überhäuft und dadurch in eine Art starre Abwehrhaltung gezwungen, die sich verselbstständigt hat und nunmehr leicht vor allem durch autoritär auftretende Lehrkräfte aktiviert wird. Liegen solche Voraussetzungen vor, so erreicht man durch strenges Auftreten rein gar nichts.

Nun zu den Bewältigungsmechanismen:

1. **Erduldung**: Anfallende Lebensaufgaben werden mit wenig Motivation und grob fahrlässig angegangen und – wenn möglich – nicht abgeschlossen. Schnell wirft man die Flinte ins Korn, wenn etwas Unvorhergesehenes passiert oder „die Sache" etwas länger dauert. Mit den gerade geltenden Regeln nimmt man es nicht so genau. Der Betreffende geht im Allgemeinen stets den Weg des geringsten Widerstandes. Ersatzbefriedigungen suchen und finden Betreffende manchmal in den leicht zugänglichen legalen Drogen.

2. **Vermeidung**: Infolge dieses Mechanismus werden meistens jegliche Konflikte gemieden, die aufgrund der offensichtlichen Verweigerungshaltung entstehen könnten. Man gibt, wenn der Frust zunimmt, die schulische oder eine andere Ausbildung auf. Ein Anzeichen des nahenden Endes kann dann vorliegen, wenn der Betreffende zunehmend auch Situationen ausweicht, in denen er etwas leisten muss. Eines Tages ist das „Maß" voll: Man macht „den ganzen Scheiß" nicht mehr mit. Der Betreffende hegt dann oft Fantasien, aus dem Gefüge einer Leistungsgesellschaft völlig auszusteigen. Oder aber man schraubt die eigenen Ansprüche an den Lebensstandard auf null („Hartz IV reicht doch!").

3. **Kompensation**: Wird dieser Bewältigungsmechanismus aktiviert, zeigen Personen mit diesem Schema plötzlich enormen Arbeitseifer. Mit „der Brechstange" geht man nun einige Projekte an, die man mit *Verve* abschließen will. Plötzlich ist man auch dazu imstande, negative Emotionen kurzfristig auszublenden beziehungsweise zu kontrollieren.

*Transfer in den Schulalltag*

| Lehrer mit diesem Schema... | Schüler mit diesem Schema... |
| --- | --- |
| ... präsentieren 30 Berufsjahre lang dieselben Arbeitsblätter<br>... haben jedes Jahr viele Krankheitstage<br>... kommen ihren Verpflichtungen gegenüber dem Dienstherrn „gerade so" nach | ... kommen regelmäßig zu spät<br>... sind unbeeindruckt von Versuchen, sie „auf den rechten Weg" zu bringen<br>... machen oft „blau" |

Relevante Schemamodi: *Manipulierer, Trickser, Lügner, Ärgerliches (bzw. Wütendes Kind), Impulsiv-undiszipliniertes Kind, Distanzierter Beschützer*

**Beteiligte Tests:** Aus Schülersicht: „Ich halte mich im Unterricht zurück, damit der Lehrer nicht auf die Idee kommt, Ansprüche an mich zu stellen"; aus Lehrersicht: „Ich wirke anspruchslos, damit die Schüler keine Bedürfnisse anmelden"

**Images:** „Ich will doch nur meine Ruhe haben", „Wenn Du Druck auf mich ausüben willst, entziehe ich mich Deinem Machtbereich"

**Beteiligte Appelle:** „Bitte stelle keine Anforderungen an mich", „Lass mich in Ruhe"

**Relevante Psychospiele:** „Ja – nee" (Aufgaben übernehmen und dann alle im Stich lassen), „Harmlos" (im Unterricht nett sein, damit die Anderen einen in Ruhe lassen)

## 2.1.4 Domäne 4: Übertriebene Außenwirkung/Fremdbezogenheit

Folgende Schemata komplettieren die 4. Domäne:

> *Unterwerfung/Unterordnung,*
> *Aufopferung,*
> *Streben nach Zustimmung und Anerkennung.*

### *Unterwerfung/Unterordnung*

Viele Personen, die im Alltag ihre eigenen Bedürfnisse zwanghaft zurückhalten und stets vorauseilend (überzogen) entgegenkommend sind, stehen unter dem Einfluss des Schemas *Unterwerfung/Unterordnung*.

Die Betreffenden erscheinen übertrieben freundlich und offenbaren gewissermaßen eine „Herdentiermentalität". Das heißt, sie gliedern sich kritiklos in die vorhandenen Hierarchien ein und lassen sich „einfach so" führen. Etwas

Anderes kommt gar nicht infrage. Und: dieses Thema hat Tradition.

Gegenüber Respektspersonen – Lehrer gehören aus Sicht vieler Schüler zu dieser Klientel – zeigen Individuen mit diesem Muster ein unterwürfiges Verhalten.

Anhand der Körpersprache wird die Motivation zur Unterordnung unbewusst vermittelt (Kopf senken, oft lächeln, (zu) häufig nicken). Ebenso neigt man auch viel zu oft dazu, dem Anderen zuzustimmen („Ja, ja, ja"). Widerspruch ist geradezu undenkbar.

In Gesprächen mit Respektspersonen zeigen Personen mit diesem Schema eine typische Wahrnehmung. – Sie konzentrieren sich ausschließlich auf den Interaktionspartner. Ständig geht es um die Fragen: Wie empfindet er? Findet er mich okay? Was denkt er jetzt über mich? Und danach: Wie empfand er? Fand er mich wirklich okay? Was dachte er wirklich über mich? usw.

Hinter diesen Angelegenheiten schwelt der Wunsch, dass der Andere bloß keine negativen Gedanken über den Betreffenden ausbrüten möge. Dadurch könnte ja, so die Auffassung, enormer Schaden entstehen. Das heißt, die Respektsperson könnte dem Betreffenden übel mitspielen, ihn verletzen, sich an ihm rächen o.Ä.

Viel zu häufig geht den Betreffenden durch den Kopf, wie diese oder jene Alltagsbegegnung „gelaufen" ist („Hatte der Chef schlechte Laune? Wenn ja: vielleicht wegen mir!?"). Auch in der Nacht denkt man ausführlich über solche Angelegenheiten nach, und man kommt entsprechend nicht zur Ruhe.

Wird dieses Schema zu ausführlich „ausgelebt", kommt es in der Regel zu passiv-aggressivem Verhalten (andere verdeckt schädigen, Anforderungen von Mitmenschen schlampig erfüllen), psychosomatischen Beschwerden beziehungsweise zu unkontrollierten emotionalen Wutausbrüchen. Letzteres trifft dann meistens die „Lieben" im engsten sozialen Kreis, die das Ganze nun gar nicht kapieren.

Gerade an diesem Schema sieht man, wie fatal sich frühkindliche Konstellationen in der Ursprungsfamilie auswirken können. Denn – und das liegt nahe – man kann annehmen, dass Personen mit diesem Schema „gelernt" haben, dass es in psychischer und physischer Sicht besser für sie ist, sich an die Meinungen, Bedürfnisse und Stimmungen der „Respektspersonen" anzupassen. Da bekanntlich die ersten Respektspersonen in diesem Sinne erfahrungsgemäß die eigenen Eltern sind, kann man sich leicht ausmalen, welche Elternbilder in der frühen Kindheit präsent waren und infolgedessen verinnerlicht wurden.

Nun ein Blick auf die Bewältigungsmechanismen:

1. **Erduldung**: Vorauseilend stellt man sich „hochprofessionell" auf die Belange aller Respektspersonen in Reichweite ein. Dies ist mit einem Übermaß an „hausgemachtem" Stress verbunden, weil zu viel psychische Energie in die übermäßige Emotions- und Handlungsregulation investiert wird. Der hier erwähnte Bewältigungsmechanismus kann Auswirkungen auf die Partner- und Berufswahl haben (dominante Partner beziehungsweise straff organisierte hierarchische Beschäftigungen werden dann präferiert). Die eigenen Anliegen und Bedürfnisse werden vorauseilend unter den Teppich gekehrt.

2. **Vermeidung**: Wer das Schema vermeidet, der versucht alles, um relevante Situationen, in denen man mit Respektspersonen zu tun hat, auszuklammern. Hierzu gibt es verschiedene Möglichkeiten, etwa die beruflichen Anforderungen „übergenau" erfüllen, vorauseilend „überhöflich" sein usw. Das heißt, man bemüht sich extrem um Anpassung und Gleichklang in Bezug auf das soziale und berufliche Umfeld. Nur nicht anecken – so lautet die Devise. Dies führt in der Regel irgendwann zu großer Unzufriedenheit. Die Ursachen hierfür erkennt der Betreffende jedoch nicht.

3. **Kompensation**: Jetzt verfällt man ins andere Extrem. Der Betreffende offenbar regelrecht ein rebellisches Wesen. Er erscheint gegenüber den Arbeitskollegen beziehungsweise Mitschülern aggressiv, extrovertiert und aufgestachelt. Die Art der Kompensation hängt aber stark mit der Persönlichkeit des Betreffenden zusammen. Der bis hierhin beschriebene Stil ist vor allem bei extrovertierten Charakteren auffällig. Eher introvertierte Charaktere präferieren die oben schon erwähnten passiv-aggressiven Verhaltensweisen.

| Lehrer mit diesem Schema... | Schüler mit diesem Schema... |
| --- | --- |
| ... „knicken" bei physisch-imposanten Schülern ganz schnell ein, lassen sich also einschüchtern | ... sind in der Klasse „Mitläufer" |
| ... sind streng und blind autoritäts-gläubig | ... kritisieren nie den Lehrer, weder dessen Methoden, noch dessen Auftre-ten |
| ... haben wenig „Rückgrat" | ... befolgen immer die Aufforderungen des Lehrers |

**Relevante Schemamodi:** *Distanzierter Beschützer, Angepasster Unterwerfer, Manipulierer, Trickser, Lügner*

**Beteiligte Tests:** Aus Schülersicht: „Ich gehe total auf Dich ein, damit Du mir nicht schadest"; aus Lehrersicht: „Ich biedere mich an, damit ihr mich nicht be-nachteiligt"

**Images:** „Ich komme in Frieden", „Ich bin zu 100 Prozent loyal"

**Beteiligte Appelle:** „Denke gut über mich", „Bestrafe mich nicht"

**Relevante Psychospiele:** „Ja, ja, ja" (allem zustimmen, was der Gesprächs-partner sagt, mit dem Ziel, nicht negativ aufzufallen), „Diener" (vorauseilend unterwürfiges Verhalten zeigen, damit der Andere „gezwungenermaßen" den dominanten Part einnehmen kann)

### Aufopferung

Eine stark ausgeprägte Aufmerksamkeit bringen Personen mit diesem Schema ihren Mitmenschen auch entgegen – aber In diesem Fall dreht es sich vor allem darum, deren Bedürfnisse ausreichend zu befriedigen, und zwar *aktiv*. Das Wohl und Wehe des Anderen steht im Vordergrund.

Die Betreffenden sind davon überzeugt, dass sie „aus freiem Willen" den Bedürfnissen ihrer Mitmenschen nachkommen. Doch dem ist nicht so. Biografi-sche Erfahrungen sind für die Ausprägung dieser Lebensfalle verantwortlich.

Oft wurde das Thema „Für die Anderen da sein" von mindestens einem Elternteil vorgelebt. Oder aber der Betreffende musste schon (zu) früh Verantwortung in Hinsicht auf die Existenzsicherung der Familie übernehmen, etwa aufgrund von bestimmten Belastungen ein Geschwister „mit erziehen".

Menschen mit diesem Schema können sich unglaublich gut in andere einfühlen. Ein echtes Plus im „Alltagswahnsinn". Braucht jemand im Umfeld Hilfe – er wird nicht lange warten müssen. Der „Helfer" schreitet sogleich ein, um „Gutes" zu tun.

Doch es gibt natürlich auch eine Kehrseite der Medaille: Man kann sich oft nicht ausreichend abgrenzen, leidet entsprechend „zu viel" mit den Anderen mit, teilt gewissermaßen ihr Leid. Probleme werden, wie man so schön sagt, mit nach „Hause genommen" und unter Umständen zu oft mit dem eigenen Partner „durchgekaut". Mit diesem Schema einher geht gewöhnlich die Unfähigkeit, selbst einmal Hilfe in Anspruch zu nehmen. Stets will man den „starken Part" übernehmen. Bekommt man einmal unverhofft eine Form von Dank entgegengebracht, so muss man es dem Anderen gleich doppelt „heimzahlen", das heißt, ihn in irgendeiner Weise „übertrumpfen".

In Alltagsgesprächen fallen Personen mit diesem Schema vor allem positiv durch ihre ausgeprägte Zuhörer-Mentalität auf. Sie erfüllen quasi von Natur her die Beratervariablen Empathie, Kongruenz, Akzeptanz, die von einem Begründer der sogenannten Humanistischen Psychologie, CARL ROGERS, ausführlich beschrieben wurden.

Auch im Unterricht treffen Lehrer auf Schüler, die dieses Schema offenbaren (meistens in sozialpädagogisch ausgerichteten Bildungsgängen). Sie stechen besonders durch eine extrem ausgeprägte Hilfsbereitschaft aus dem Klassenverband hervor. Verantwortung für Schulalltags-Aufgaben übernehmen sie vorauseilend.

Sie setzen sich auch für die Belange ihrer Mitschüler ein – und manchmal übertreiben sie es. Und dann gibt es Konflikte. Denn viele Klassenkameraden wollen nicht behandelt werden wie „kleine Kinder".

Kommt es infolge dieses Schemas zu solchen typischen Unstimmigkeiten, erleben Schüler mit diesem Muster schwer wiegende emotionale Krisen, die sie nicht verstehen („Ich habe es doch nur gut gemeint!").

Wie sieht es in Hinsicht auf die Bewältigungsmechanismen aus?

1. **Erduldung**: Das Engagement, das man gegenüber den Mitmenschen aufbringt, ist enorm. Daraus schöpft man seinen Selbstwert. Im Prinzip geht es den Betreffenden sogar schnell schlecht, wenn sie sich *nicht* für andere einsetzen können. Entsprechend kümmert man sich ausgiebig um „Hilfsbedürftige" und übernimmt dabei die Rolle des „Steuermanns". Dank annehmen, die „Fünfe mal gerade lassen", mal eine Auszeit nehmen; oder etwa selbst einmal Hilfe in Anspruch nehmen – das alles sind Dinge der Unmöglichkeit. Die eigenen Bedürfnisse spielen keine Rolle im Alltag (aus Sicht des Betreffenden). Wer diesen Bewältigungsmodus permanent erlebt, wählt zumeist einen sozialen Beruf, sucht sich einen Partner, der irgendwie „hilfsbedürftig" ist. Dies sind keine Zufälle.

2. **Vermeidung**: Jetzt schwört der Betreffende dem Thema ab und meidet entsprechend Beziehungen, die „eingleisig" verlaufen könnten. „Hilfsbedürftige" werden gemieden. Man igelt sich eventuell zu Hause ein, bleibt Single und schwört sich: „Nie wieder!"

3. **Kompensation**: Eine Rückbesinnung auf die *eigenen* Anliegen findet infolge dieses Musters statt. Nun lautet die Devise: *Egoismus* statt Altruismus. Die eigenen Bedürfnisse und deren Befriedigung stehen jetzt im Vordergrund. Dieser Bewältigungsmechanismus provoziert aufseiten des sozialen Umfelds, das gegenteilige Tendenzen gewohnt ist, völliges Unverständnis. Konflikte entstehen (die der Betreffende zu seinen Gunsten entscheidet).

***Transfer in den Schullalltag***

| Lehrer mit diesem Schema… | Schüler mit diesem Schema… |
| --- | --- |
| … lassen die Lebens- beziehungsweise Leidensgeschichten der Schüler viel zu nahe an sich heran (und nehmen sie mit nach Hause) | … kümmern sich sehr um die Belange des Klassenverbands |
| … haben Probleme damit, Noten unter „ausreichend" zu verteilen | … neigen dazu, die Klasse als „ihre" Klassen anzusehen (was irgendwann Konflikte mit der Gruppe nach sich zieht) |
| … unterhalten auch außerhalb des Unterrichts zu einigen Schülern regen Kontakt | … unterstützen den Lehrer bereitwillig und vorauseilend bei Klassenfahrten, Projekten, Ausflügen usw. |

| | ... leiden manchmal unter psychosomatischen Krankheiten |
|---|---|

**Relevante Schemamodi:** *Verletzbares Kind, Distanzierter Beschützer, Distanzierter Selbstberuhiger, Manipulierer, Trickser, Lügner, Zwanghafter Kontrolleur, Innere Antreiber (nach innen und außen wirkend)*

**Beteiligte Tests:** Aus Schülersicht: „Ich offenbare eine Helfer-Mentalität, damit der Lehrer und die Klasse mein Engagement anerkennen"; aus Lehrersicht: „Ich vermittele eine Helfer-Mentalität, damit ich meinen Schülern Gutes tun kann"

**Images:** „Ich bin für Dich da", „Ich habe viele Kompetenzen"

**Beteiligte Appelle:** „Erzähle mir Deine Probleme", „Sei nicht selbstständig"

**Relevante Psychospiele:** „Ich bin die Mama" (sich ständig nach Problemen erkundigen und sofort „aktiv" werden, sobald man welche in Erfahrung bekommt!), „Ich bin unkaputtbar" (auf die Mitmenschen einen selbstsicheren Eindruck machen und gleichzeitig von Krisen erzählen, die man erfolgreich durchgestanden hat)

### Streben nach Zustimmung und Anerkennung

Eine möglichst positive Außenwirkung wird angestrebt von Personen, die unter dem Einfluss des Schemas *Streben nach Zustimmung und Anerkennung* stehen. Man denkt, fühlt und handelt extrem außenorientiert. Weil der seelische Schwerpunkt entsprechend „nach außen" verlagert ist, wird, im jeweiligen Kontext, vorauseilend sozial erwünschtes Verhalten gezeigt. Das Ganze hat ein Ziel: Einen hohen sozialen Status erlangen beziehungsweise „ausstrahlen". In den Augen der Anderen will man als „tadellos" dastehen. Der Nachteil dabei: Man vernachlässigt seine eigenen Bedürfnisse, Meinungen und sonstigen Anliegen. Man ist nicht „bei sich". Oft schießen Betreffende weit über das Ziel hinaus, sie wirken dann regelrecht penetrant. Vielleicht erwähnt man viel zu oft, was am Tag alles geleistet wurde. Das Thema „Fishing for Compliments" wird dann regelrecht ausgereizt, was sich dann kontraproduktiv auswirkt (Stichwort: peinlich). Man orientiert sich am gerade aktuellen „Lifestyle", trägt die entsprechenden Klamotten, und man spricht ausschließlich über das, was gerade „in" ist. Weitere relevante Lebensinhalte sind: Geld, Status, vollbrachte Leistungen, Erfolg (YOUNG et al. 2008, 316). Man agiert wie ein Chamäleon, hängt stets „sein Fähnchen in den Wind". Den Anderen gegenüber offenbart man ein gewisses „Gönnertum". Gleichzeitig verfällt man dann und wann in eine unterwürfige Rolle (siehe oben), um zum Ziel zu kommen (positive Aufmerksamkeit/Bewunderung). Meistens haben Personen mit diesem Schema von ihren Bezugspersonen „gelernt", dass es wichtig ist, in den Augen der „Anderen", „Nachbarn", „Freunde" usw. gut dazustehen. Die Betreffenden erlebten also Vorbilder, die wahrscheinlich selbst einmal dieses Schema offenbarten.

Einige Worte zu den Bewältigungsmechanismen:

1. **Erduldung**: Der seelische Schwerpunkt liegt außerhalb des Betreffenden. Der „Schein ist mehr als das Sein". Statussymbole sind das A und O im Leben. Man ist leistungsbereit und -kompetent, passt aber seine Arbeitsbereiche den Interessen des sozialen Umfelds an. Ohne das anschließende Lob der Allgemeinheit ist die eigene Leistung nichts wert. Manchmal wird penetrant die Anerkennung der Anderen geradezu erzwungen („Schaut mal alle her, was ich vorhin kreiert habe!"). Das Innenleben, die eigenen Bedürfnisse und Anliegen bleiben infolge dieses Schemabewältigungsmechanismus auf der Strecke.

2. **Vermeidung**: Einen „Gang zurück schaltet" der Betreffende infolge dieses Bewältigungsmechanismus. Nun steht die Anpassung ganz im Vordergrund des Interesses. Man hält sich also zurück und will auf keinen Fall negativ auffallen. Daher werden auch diejenigen Personen im sozialen Umfeld gemieden, die dafür bekannt sind, das „Herz auf der Zunge" zu tragen.

3. **Kompensation**: Im Falle der Kompensation ergeben sich zwei „Richtungen". Entweder (a) der Betreffende übertreibt es völlig hinsichtlich des Themas „Fishing for Compliments"; oder aber (b) er stößt das soziale Umfeld durch Non-Konformismus vor den Kopf, macht „sein eigenes Ding" und löst sich von seinen selbst auferlegten gesellschaftlichen Zwängen.

| Lehrer mit diesem Schema... | Schüler mit diesem Schema... |
| --- | --- |
| ... erzählen ihren Schülern viel zu oft aus dem eigenen Leben (und wollen dafür Anerkennung)<br>... unterrichten zu lehrerzentriert | ... engagieren sich für die Interessen der Klasse (und wollen dabei nicht auf den Beifall verzichten)<br>... sind sehr modebewusst<br>... kennen den gerade aktuellen Lifestyle bestens |

**Relevante Schemamodi:** *Distanzierter Beschützer, Manipulierer, Trickser, Lügner, Innere Antreiber (nach innen wirkend)*

**Beteiligte Tests:** Aus Schülersicht: „Ich bin *in* und demonstriere das ausführlich – dafür möchte ich Bewunderung"; aus Lehrersicht: „Ich erzähle von eigenen Lebensleistungen und möchte dafür Bestätigung"

**Images:** „Ich hab es drauf", „Ich möchte Anerkennung"

**Beteiligte Appelle:** „Ich möchte Lob von Dir", „Übertrumpfe mich nicht"

**Relevante Psychospiele:** „Modenschau" (die neuesten Klamotten tragen und dafür Applaus bekommen wollen), „One for you, two for me" (etwas für die Anderen leisten und dafür *extrem* viel Anerkennung einheimsen wollen)

## 2.1.5 Domäne 5: Übertriebene Wachsamkeit und Gehemmtheit

Diese Domäne beinhaltet folgende Schemata:

> *Emotionale Gehemmtheit,*
> *Überhöhte Standards,*
> *Negatives hervorheben,*
> *Bestrafungsneigung.*

### Emotionale Gehemmtheit

Von ihrem Bedürfnis-/Motivsystem im hohen Grad entfremdet sind Personen mit dem Schema *Emotionale Gehemmtheit.* Ihr Lebensstil ist im Allgemeinen sehr „vernunftorientiert" und geradlinig. Ihre Existenz verläuft stets in geregelten Bahnen. Spontaneität und Impulsivität sind entsprechend Fremdwörter im Sprachschatz eines solchen Menschen.

Positive Impulse (Lachen, extatisch herumschreien, in den Himmel „hochjauchzen" usw.) werden genauso unterdrückt wie negative (Aggression, Frust, Miesepetrigkeit). Nach außen hin wirkt man eigentlich immer gleich, nämlich „gefühlskontrolliert".

Hinter diesem Auftreten steht eine archaische Angst, für die Äußerung der wahren Bedürfnisse, Emotionen und Impulse bestraft zu werden. Diese Furcht hat biografische Gründe (siehe unten).

Personen mit diesem Muster denken und äußern sich sehr präzise, stets auf der Sachebene; und sie durchdenken jede alltägliche Aufgabe mit demselben hohen Aufwand. Dies ist zwar sehr zeitintensiv, trägt aber gleichzeitig dazu bei, dass man als sehr gewissenhaft und „ordentlich" wahrgenommen wird – was insgeheim auch beabsichtigt ist.

Es verwundert nicht: Daher sind Personen mit diesem Muster meistens in straff hierarchisch gegliederten (Beamten-)Berufen zu finden, in denen es etwas zu „ordnen", „kontrollieren", zu „bestimmen" gibt.

Die Hemmung des Selbst wird nämlich in der Regel auch nach außen gekehrt, und dann sind die Mitmenschen die Ziele, die es zu „ordnen", „kontrollieren" und zu „bestimmen" gilt.

Zu den Ursachen dieses Schemas ist anzumerken: Meistens entstand es infolge einer autoritären Erziehung, und zwar schon in der frühen Kindheit. Dem Betreffenden war es entsprechend nicht gestattet, seine Emotionen, Stimmungen und Launen zu *zeigen.*

Er musste lediglich „zeitnah" funktionieren, „brav" sein, das heißt, den zahlreichen elterlichen Anordnungen Folge leisten. War dies einmal nicht der Fall, gab es Konsequenzen, sprich Bestrafungen in vielerlei Variationen.

Dieses Erziehungsmuster wurde dann verinnerlicht, quasi neuronal „eingebrannt". Nunmehr steht der Betreffende zeitlebens unter dem Einfluss dieses Schemas, das lediglich eine kindliche Wahrnehmung repräsentiert.

So gesehen sind Personen mit diesem Schema „brave Kinder", die Angst vor Bestrafung haben, sobald sie mal „aus der Reihe tanzen", und sich selbst und andere mit Nachdruck und einer ordentlichen Portion Intellekt kontrollieren (müssen).

Fazit: Die Ratio wird überbetont, die Emotionen werden als unnötig eingeschätzt, verdrängt und auch an den Anderen geringgeschätzt. Und jene wiederum wissen gar nicht, wo „das Problem" liegt. So manche „vernünftige Diskussion" stellt aus psychodynamischer Sicht daher eine verdeckte Aggressionsabfuhr dar, etwa wenn der Betreffende seinen Gesprächspartner über längere Zeit (mit einer sadistischen Note) gebetsmühlenartig an seine Pflichten erinnert. In diesem Fall ist dann der Schemamodus *Innere Bestrafer (nach außen wirkend)* aktiviert. Der Betreffende „wird" dann zu derjenigen Bezugsperson, die maßgeblich an der Ausprägung dieses Schema beteiligt war.

Wie sieht es in Sachen Bewältigungsmechanismen aus?

1. **Erduldung**: Der Betreffende realisiert die Lebensmaxime „Ordnung, Struktur und Ratio sind das Nonplusultra". Emotionale Äußerungen finden nicht statt, man wirkt auf seine Umwelt „kalt", ja geradezu emotionslos. Im Beruf ist man sehr diszipliniert und erfüllt „gewissenhaft" seine Pflicht. Spontaneität und Humor haben im Leben keinen Platz. Man duldet sie auch nicht bei den Gesprächspartnern, sei es im beruflichen oder privaten Bereich.

2. **Vermeidung**: Um die Schema-Auslösung zu vermeiden, bieten sich verschiedene Möglichkeiten an. Der Betreffende umgeht gewöhnlich Situationen, die von Natur her einen emotionalen Ausdruck beziehungsweise Spontaneität erfordern. Man richtet sein Leben entsprechend „emotional ungefährlich" ein. Das Prinzip wird auch bei der Auswahl des Freundeskreises angewendet. Denn: „Gleich und gleich gesellt sich gern."

3. **Kompensation**: Die Praxis des dritten Bewältigungsmechanismus bewirkt, dass der Betreffende plötzlich „auftaut". Etwas übertrieben wird der Emotionalität gehuldigt. Impulsivität und Spontaneität werden zwar zelebriert, aber manchmal wirkt man dabei immer noch ein wenig verkrampft. Häufig kommt es infolge des „Ausbruchs" auch zu Alkoholmissbrauch.

| Lehrer mit diesem Schema... | Schüler mit diesem Schema... |
| --- | --- |
| ... wirken wie „blutleere" Roboter<br>... sind viel zu streng<br>... verplempern zu viel Zeit mit Ermahnungen und dem Verbalisieren schlechter Zukunftsprognosen<br>... korrigieren immer auch die Rechtschreibung in Klassenarbeiten akribisch mit<br>... arbeiten viele Jahre mit demselben Unterrichtsmaterial<br>... wirken altmodisch | ... sind einen lehrerzentrierten Unterricht gewohnt und sind im Falle einer schülerzentrierten Stunde rasch überfordert („Was sind Sie denn für ein Lehrer!?")<br>... brauchen eine „enge" Führung und klar formulierte Arbeitsaufträge<br>... fühlen sich bei autoritären Lehrern wohl |

**Relevante Schemamodi:** *Distanzierter Beschützer, Aggressiver Beschützer, Angreifer- und Schikanierer-Modus, Selbsterhöher, Innere Antreiber (nach innen und außen wirkend), Innere Bestrafer (nach innen und außen wirkend)*

**Beteiligte Tests:** Aus Schülersicht: „Ich drücke mich intellektuell aus, damit ich sehe, ob der Lehrer ebenso rational eingestellt ist"; aus Lehrersicht: „Ich formuliere Gebote und Verbote, um die Schüler zu kontrollieren"

**Images:** „Ich bin ticke ausschließlich rational, mit emotionalem Auftreten ist bei mir nichts zu holen", „Du bist nicht okay"

**Beteiligte Appelle:** „Funktioniere so, wie ich es will", „Bewundere mich dafür, dass ich so rational bin und mich stets zusammenreißen kann"

**Relevante Psychospiele:** „Anklageschrift verlesen" (den Gesprächspartner in Überlänge und unnachgiebig, leicht sadistisch zurechtweisen und seine Fehler herausstellen), „Früher war alles besser" (über die „gute alte Zeit" philosophieren und den aktuellen Gesprächspartner im Hier und Jetzt damit als minderwertig darstellen)

### Überhöhte Standards

Extrem perfektionistisch in allen Lebenslagen erscheinen… – so agieren Personen mit dem Schema *Überhöhte Standards*. Alle Alltagsangelegenheiten werden mit demselben überdurchschnittlichen Engagement bewältigt. Es gilt das Motto „Wenn etwas gemacht wird, wird es *richtig* gemacht" beziehungsweise „Es gibt immer was zu tun".

Entsprechend dauerhaft gestresst wirken die Betreffenden, sowohl unter der Woche als auch am Wochenende. Die Liste an „unerledigten, aber sehr wichtigen Angelegenheiten" ist endlos und wird in „Ruhephasen" abgearbeitet. Man lebt daher nie im Hier und Jetzt, sondern die Aufmerksamkeit kreist stets um die Zukunft.

Der Maßstab, mit dem die eigenen Leistungen, aber auch die der Mitmenschen bewertet werden, ist viel zu hoch. Und der Betreffende meint dennoch: „Das ist doch normal!"

Das ganze Leben dreht sich also darum, etwas zu *tun*, perfektionistisch zu sein und Zeit zu sparen.

Da diese Verhaltensweisen eine lange Tradition haben, offenbart sich vor allem in der Freizeit und insbesondere im Urlaub ein sehr negatives Phänomen: Ruhephasen avancieren ganz schnell zu Stressphasen. Man weiß nichts mit sich anzufangen, weshalb man etwa plötzlich – um bei Beispiel Urlaub zu bleiben – anfängt, den fremden Pool zu schrubben, den Garten zu pflegen, die Küche im Fremdenzimmer zu putzen o.Ä.

Meiner Erfahrung nach gibt es überdurchschnittlich viele Personen im sozialen Beruf, die dieses Schema ausgeprägt haben, besonders im Praxisfeld Schule. Die Betreffenden sind übertrieben engagiert, kennen kein „Ende" und überarbeiten sich (selbstmotiviert). Sie meinen dann, sie hätten Stress, der quasi „von außen" an sie herangetragen werden würde. Doch tatsächlich ist dieser Stress „hausgemacht". Das wird aber nicht gesehen. Die Gefahr des Burn-out ist im Falle dieses Schemas sehr präsent.

Einige Worte zu den Ursachen: In der Regel erlebten Personen mit diesem Schema in ihrer Kindheit Bezugspersonen, die demselben Muster verhaftet waren. Der Heranwachsende wurde entsprechend mit hohen Erwartungen konfrontiert.

Erfüllte er sie, etwa in der Schule, wurde *seine Leistung* anerkannt (nicht er als Person). Das Familienleben war meistens fokussiert auf die Themen „Arbeiten", „etwas leisten", „Perfektionismus".

Diese Konstellationen führen meistens dazu, dass die Heranwachsenden eine extreme Außenorientierung entwickeln, die die Entfaltung des eigenen Selbst behindert beziehungsweise erstickt.

So kommt es, dass Betreffende mit diesem Schema völlig überfordert sind, wenn sie einmal eine „Auszeit" nehmen.

Nun zu den Bewältigungsmechanismen:

1. **Erduldung**: Stets wird der maximale Erfolg im Alltag angestrebt, sei es in Hinsicht auf berufliche (Karriere), aber auch private Angelegenheiten (Geburtstagsfeier planen, etwas kreieren o.Ä.). Man ist übertrieben ehrgeizig und perfektionistisch. Sobald sich herausstellt, dass ein x-beliebiges Projekt nicht zu 100 Prozent geklappt hat, bahnt sich eine emotionale Krise an. Infolgedessen konzentriert sich der Betreffende auf seinen „großen Fehler" und ist dabei am Boden zerstört. Die Leistungen, die bisher erbracht wurden, zählen auf einmal nicht mehr. Man beurteilt sich selbst und die Mitmenschen anhand eines überdurchschnittlich hohen Standards, der im Prinzip gar nicht dauerhaft erreicht werden kann.

2. **Vermeidung**: Wird dieses Schema vermieden, so schleicht sich langsam, aber sicher der Schlendrian ein. Laufende Projekte werden nur noch „mit halber Kraft" bearbeitet beziehungsweise so lange aufgeschoben, bis man sie erledigen *muss*. Man fährt seinen Standard runter. Anspruchsvolle Aufgaben werden umgangen.

3. **Kompensation**: Nunmehr verabschiedet sich der Betreffende völlig von seinen hohen Maßstäben, die er bis dato sich selbst und den Anderen auferlegt hat. Eine Art Verweigerungshaltung entsteht. Eventuell steigt man auch völlig aus seinem Thema aus und begnügt sich mit beruflichen Engagements, die nicht anspruchsvoll sind.

*Transfer in den Schullalltag*

| Lehrer mit diesem Schema... | Schüler mit diesem Schema... |
| --- | --- |
| ... bereiten ihren Unterricht zu 100 Prozent „perfekt" vor<br>... vermitteln den Schülern die einseitige Philosophie, dass es im Leben alleine auf Leistung und Perfektionismus ankommt | ... definieren sich vor allem über Noten<br>... werden schnell nervös, wenn Arbeitsprozesse nicht zügig bearbeitet werden<br>... fühlen sich ganz schnell minderwertig, wenn sie nicht zu den Klassenbesten gehören oder einmal „nur" eine Zwei schreiben |

**Relevante Schemamodi:** *Selbsterhöher, Innere Antreiber (nach innen und außen wirkend)*

**Beteiligte Tests:** Aus Schülersicht: „Ich mache den bestmöglichen Eindruck auf den Lehrer, um ihn mit meiner Leistungsbereitschaft zu beeindrucken"; aus Lehrersicht: „Ich erscheine tadellos und leistungsstark, damit die Schüler mich wertschätzen"

**Images:** „Mir liegt viel am Beifall der Anderen", „Ich bin perfektionistisch – und stolz darauf"

**Beteiligte Appelle:** „Bewundert meine Leistungen", „Werde so wie ich"

**Relevante Psychospiele:** „Notenschwemme" (in jeder Stunde Noten verteilen, damit sich die Schüler anstrengen), „Monolog" (den Gesprächspartner durch die Beschreibung des eigenen Perfektionismus beeindrucken wollen)

### Negatives hervorheben

Personen mit dem Schema *Negatives hervorheben* frönen ausgiebig dem Pessimismus. In Alltag offenbart sich dieses Muster vor allem in der Annahme, dass in jeder Hinsicht „das Glas" halbleer ist, und zwar in allen Lebensbereichen.

Der Betreffende erwartet eine „baldige Krise", und die Hinweise darauf scheinen Personen mit diesem Muster jederzeit wahrzunehmen. Dafür verantwortlich ist eine selektive Wahrnehmung.

Gesprächspartner werden in der Regel weitschweifig davon überzeugt, dass eigentlich „alles scheiße ist".

Themen, die nach meiner Erfahrung oft in Erscheinung treten, können betitelt werden mit: „Unsere Gesellschaft steht vor dem Aus", „Die korrupten Politiker", „Der unnötige Euro", „Der Niedergang der moralischen Werte", „Früher war alles besser" o.Ä.

Andere Varianten drehen sich nach YOUNG et al. (2008, 320) um „Schmerz, Tod, Verlust, Enttäuschung, Verrat, Misserfolg und Konflikt".

Mit logischen Argumenten kann man die negative Einstellung des Anderen nicht korrigieren. Die allgemeinen Zustände dürfen gar nicht positiv „sein". Und so findet man immer ein „Haar in der Suppe".

Ein weiteres relevantes Phänomen, das im Rahmen dieses Schemas auftaucht: Die eigenen negativen Erfahrungen werden als *extrem* verwerflich dargestellt. Es ist klar: Natürlich ist der Alltag nicht frei von unliebsamen Begegnungen, Unstimmigkeiten, Problemen usw. Damit muss man leben.

Hört man aber Personen mit diesem Schema zu, kommt man leicht zu dem Eindruck, dass die Welt „einer Hölle" gleicht. Der Betreffende kommt gar nicht auf die Idee, dass er selbst die Kleinigkeiten überproportional negativ darstellt, und zwar in der Art, als hätten sie immense Auswirkungen für ihn (dabei treffen sie jeden).

Täglich wird gegrübelt, was das Zeug hält. Die negativen Gedanken lösen auch Anspannungszustände und Stress aus – dieser Zusammenhang ist dem Betreffenden nicht bewusst. Die unliebsamen Körperzustände werden in die „Alles Scheiße"-Einstellung eingeflochten, kommen also gerade recht.

In Hinsicht auf die Ursachen dieses Schema spielen wahrscheinlich vor allem lernpsychologische Aspekte eine Rolle. Das heißt, häufig erlebten die Betreffenden „passende" Vorbilder mit derselben Einstellung dem Leben gegenüber; deren Anschauungen wurden dann entsprechend psychisch verinnerlicht.

ROEDIGER (2009a) konstatiert, dass die Eltern wahrscheinlich selbst ängstlich waren und den Lebensradius des Betreffenden entsprechend reduzierten. Oder aber das Schema kann durch einen schwerwiegenden frühen Verlust „eingepflanzt" werden. Später hinaus bezieht (projiziert) man die traumatische Erfahrung dann auf alle Lebensbereiche.

Einige Worte zu den Bewältigungsmechanismen:

1. **Erduldung**: Der Betreffende „malt" sein Leben, seinen Alltag grau in grau. Alles, was er erlebt, ist mit einem Makel behaftet, sprich negativ. Kommt es doch einmal zu erfreulichen Situationen, sieht man sogleich das Schlechte darin und verdrängt das Drumherum schnell. Man beschäftigt sich vorwiegend mit den nichtigen Aspekten des Daseins, was sich etwa auch in den zumeist präferierten Medieninhalten zeigt, und erwartet sie vorauseilend. Personen mit diesem Schema betreiben aktiv Vorsorge für den „großen Moment".

2. **Vermeidung**: Infolge dieses Bewältigungsmechanismus versucht der Betreffende, seine Ängste und Befürchtungen „abzudämpfen". Manchmal wird dies sowohl durch sozialen Rückzug (Einkapselung) als auch durch wahrnehmungsveränderte Substanzen erreicht. Die eigenen Hoffnungen und Erwartungen werden auf ein Minimum reduziert. Spontaneität findet nicht mehr statt.

3. **Kompensation**: Der Betreffende fällt ins andere Extrem und vertritt plötzlich einen uneingeschränkten Optimismus. Er legt wieder Wert auf soziale Kontakte und nimmt aktiv am Leben teil. Häufig kommt es zu Risikoverhaltensweisen.

***Transfer in den Schullalltag***

| Lehrer mit diesem Schema... | Schüler mit diesem Schema... |
|---|---|
| ... wirken auf die Schüler sehr demotiviert | ... finden erst einmal alles Mögliche schlecht |
| ... können die Klasse nicht für den Unterrichtssoff begeistern | ... agieren eher im Hintergrund |
| ... strapazieren die Geduld der Heranwachsenden mit langen Ausführungen über die „Gefahren des Alltags" | ... versuchen ihre Mitmenschen davon zu überzeugen, dass „alles scheiße" ist |

**Relevante Schemamodi:** *Verletzbares Kind, Selbsterhöher, Distanzierter Beschützer, Innere Bestrafer (nach innen wirkend)*

**Beteiligte Tests:** Aus Schülersicht: „Ich stoße die Anderen mit meiner Meinung vor den Kopf, um sie zu provozieren"; aus Lehrersicht: „Ich schütze die Klasse durch die Lebenstipps, die ich ihr gebe"

**Images:** „Ich bin alles leid", „Ich muss mich schützen"

**Beteiligte Appelle:** „Hör mir zu und versuche bloß nicht, mir meine Sicht der Dinge ausreden zu wollen", „Überfordere mich nicht"

**Relevante Psychospiele:** „Katastrophe" (die Mitmenschen warnen, damit sie sich schützen – so wie ich mich schütze), „Überzeuger" (die Anderen von der Realität – „Alles ist Scheiße" – überzeugen wollen, damit sie sich so schlecht fühlen wie ich)

### Bestrafungsneigung

Und auch das im Folgenden thematisierte Schema kommt aufseiten der Lehrerschaft wahrscheinlich überdurchschnittlich häufig vor. Es hat den Namen *Bestrafungsneigung.*

Wer von diesem Muster beeinflusst ist, der fühlt sich dazu berufen, sämtliche Fehler der Mitmenschen zu ahnden. Und davon gibt es aus Sicht des Betreffenden genug. Auch man selbst hat hohe moralische, perfektionistische Ansprüche an sich selbst. Nicht die kleinste, selbst unbedeutende Verfehlung bleibt ungeahndet.

Natürlich verursacht dieses Schema sehr hohe Kosten, sobald es aufseiten der Lehrkraft vorliegt – aber nur aufseiten der Schüler. Denn natürlich muss es im Klassensaal mucksmäuschenstill sein, Disziplin steht an erster Stelle. Eine sehr einseitige Angelegenheit.

Kommt es dann irgendwann unvermeidlicherweise zu „Fehlern" auf Schülerseite, bestraft die Lehrkraft den Betreffenden umgehend. Dabei ist Ersterer unnachgiebig, unempathisch und vor allem *ungeduldig.* Es darf aus Sicht des Betreffenden einfach keine Unvollkommenheiten und „Ausraster" geben.

Viel zu viel Aufmerksamkeit wird aufgebracht für „menschliches Versagen", vor allem im beruflichen, aber auch im privaten Bereich. Stichwort: Korrektur von Leistungsfeststellungen.

Man kann sich vorstellen, wie lange Lehrer mit einem solchen Schema brauchen, um eine Klassenarbeit zu korrigieren. Kein einziger (!) Fehler darf unkommentiert auf den Arbeitsblättern stehen. Denn dann wäre ja gleichzeitig auch der Pädagoge in Sachen Korrektur selbst *fehlerhaft...*

Im Alltag erscheinen Personen mit diesem Schema moralisierend und intolerant. Humor ist nicht existent. Vorwiegend wird auf der Sachebene kommuniziert. Beliebte Gesprächsthemen sind: „fehlerhafte Arbeitsabläufe", „mit Fehlern beladene Mitmenschen", „Kontrolle".

Ist man selbst einmal in der Situation, dass man als „Sünder" von Menschen mit diesem Schema mit seinen Taten konfrontiert wird, nützt vor allem eins nicht: eine Entschuldigung aussprechen. Die zählt nicht. Das Einzige, was zählt, ist die Bestrafung. Mildernde Umstände gibt es auch nicht. Doch in solchen Fällen gilt es, inneren Abstand herzustellen. Es würde nämlich jeden anderen an derselben Stelle genauso treffen.

Interessant sind Stimmlage, Mimik und Gestik, die Personen mit diesem Muster zeigen, sobald sie in „ihrem Element sind". Sie sprechen mit einem sehr hohen rationalen Anteil, schauen sehr streng und gestikulieren „von oben herab". Dies ist kein Zufall!

Denn die Ursachen dieses Schemas sind meistens ganz eindeutig: Der Betreffende lebte mit autoritären Eltern zusammen, die einen Hang zum Bestrafen hatten.

Infolge des Prozesses „Identifikation mit dem Angreifer" (KÖNIG 2003) „bildet" sich die relevante Person neuronal im Gehirn des Heranwachsenden ab.

Der Betreffende „wird" in Situationen (Jahre später), in denen er den Fehlern der Anderen nachspürt und sie bestraft, „zu" einer wichtigen Bezugsperson von früher (die auch maßgeblich für die Entstehung dieses Musters verantwortlich war).

Wie sieht es in Hinsicht auf die Bewältigungsmechanismen aus?

1. **Erduldung**: Der Betreffende geht in der Rolle des „Ordnungshüters" völlig auf. (Entsprechend oft findet man Personen mit diesem Muster in hierarchisch straff geführten Institutionen oder sogenannten „Kontrollberufen".) Die meiste Zeit des Alltags wird mit der Suche nach „Unvollkommenheit" ausgefüllt. Eigene Vergehen und auch die der Mitmenschen werden unnachgiebig geahndet, oft übertrieben hart bestraft. Dieses Streben wird geradezu kultiviert. Gerade im Beruf zeigt sich folgende Auffälligkeit: Nach „unten" wird getreten, nach „oben" gebuckelt. Dahinter steckt meistens ein sehr pessimistisches Menschenbild, das aber lediglich aus biografischen Erfahrungen resultiert. Man kann es beschreiben mit der Formel: „Der Mensch ist von Geburt ab böse und muss zum Guten (hart) erzogen werden."

2. **Vermeidung**: Die geltenden Regeln werden übergenau befolgt, um sich unliebsame Folgen zu ersparen. Man macht einen großen Bogen um die „Respektspersonen".

3. **Kompensation**: Das Lebensthema scheint nunmehr nicht mehr existent zu sein. Die hohen Maßstäbe, die für einen selbst und die Anderen gegolten haben, zählen jetzt nicht mehr. Meistens wirkt man auf die Mitmenschen plötzlich sogar gönnerhaft und nett. Doch dieses Auftreten überzeugt gewöhnlich nicht, es wirkt aufgesetzt.

***Transfer in den Schulalltag***

| Lehrer mit diesem Schema... | Schüler mit diesem Schema... |
|---|---|
| ... legen zu viel Wert auf Disziplin, Ordnung und Anstand | ... neigen dazu, ihre Mitschüler für „Verfehlungen" zu bestrafen |
| ... verbringen sehr viel Zeit damit, Tadel zu formulieren und auszuteilen | ... sind viel zu selbstkritisch |
| | ... drehen schnell durch, wenn sie keine guten Leistungen im Unterricht erzielen |
| **Relevante Schemamodi:** *Selbsterhöher, Schikanierer- und Angreifer-Modus, Distanzierter Beschützer, Innere Antreiber (nach innen und außen wirkend), Innere Bestrafer (nach innen und außen wirkend)* | |

**Beteiligte Tests:** Aus Schülersicht: „Ich bin überkritisch, damit die Anderen merken, auf was es mir ankommt"; aus Lehrersicht: „Ich gebe den Takt vor, damit ihr euch anpasst; ich habe die alleinige Macht!"

**Images:** „Ich bin eine Moses-Persönlichkeit, das heißt, alle müssen mir folgen", „Ich bin unnachgiebig bei Fehlern"

**Beteiligte Appelle:** „Halte Dich an meine Regeln", „Bemühe Dich"

**Relevante Psychospiele:** „Gerichtssaal" (den Gesprächspartner in Überlänge für seine Vergehen anklagen und über ihn richten), „Moses" (Monologe über Regeln, Moral und Anstand halten, damit die Anderen „folgen")

# 3. Wissenschaftliche Fundierungen

Im Folgenden werden weitere relevante wissenschaftlichen Grundlagen der Schemapädagogik beschrieben. Es handelt sich dabei namentlich um die *Neurobiologie* (Kapitel 3.1), *Bindungstheorie* (Kapitel 3.2) und *Motivationstheorie* (Kapitel 3.3). Bereits an anderer Stelle (DAMM 2010a, 97ff; 2010b, 68ff.) wurden die genannten Grundlagen schon dargestellt; trotzdem kann im vorliegenden Rahmen nicht darauf verzichtet werden. Das vorliegende Buch richtet sich ja speziell an Lehrkräfte; und den meisten Pädagogen dürften die erwähnten Inhalte – mit Ausnahme der Bindungstheorie – eher weniger bekannt sein.

Wer hingegen die nachfolgenden Themen, die zweifellos so manche Verhaltensauffälligkeit von Schülern schon „von sich aus" tiefgründiger erklären, schon studiert hat und kein „Update" mehr braucht, kann bedenkenlos bis zum 4. Kapitel vorblättern.

## 3.1 Neurobiologie

Die große Bedeutung der ersten Bindungserfahrungen für das ganze Leben wurde von wenigen Jahren von der Neurobiologie in vollem Umfang untermauert (etwa LEDOUX 2001; SIEGEL 2006; MORRIS 2008). Es besteht auch ein Zusammenhang zwischen bestimmten Voraussetzungen in der frühen Kindheit und den hier thematisierten Schemata. Hierzu einige Bemerkungen zur neurowissenschaftlich orientierten Säuglingsforschung. Interessant ist: Bereits vor der Geburt bilden sich schon diejenigen Areale im Gehirn aus, die für das emotionale

Erleben maßgeblich verantwortlich sind, etwa die vegetativen Zentren im Rückenmark, das Stammhirn und das limbische System. Gleichzeitig finden auch schon Lern-, genauer gesagt, Konditionierungsprozesse statt. Selbstredend ausschließlich auf der emotionalen Ebene. Dies geschieht noch überwiegend bis zum dritten Lebensjahr, weshalb Babys und Kleinkinder entsprechend ausschließlich auf der emotional-lymbischen Ebene reagieren. (Die Emotionsregulation muss erst mithilfe einer einfühlsamen Bezugsperson erlernt werden.)

### *Soziale Erfahrungen und ihre Auswirkungen*

Eine Verstärkung von kindlicher „Über-Emotionalität" vonseiten der Eltern, aber auch traumatische Erlebnisse können – gerade in den ersten Lebensjahren – bereits eine gewisse Hypersensibilität, -aktivität und Stressanfälligkeit begünstigen.

Insbesondere aber offenbaren sich Traumata später hinaus als Phobien. Ein extremes Beispiel: Wird ein Kind etwa gegen seinen Willen mehrmals in einen dunklen Raum gesperrt, wo es stundenlang Stress erlebt, entsteht im Gehirn eine Assoziation zwischen dieser Umgebung und dem panischen Stresserleben.

Diese (unauslöschliche) Assoziation kann sich später als sogenannte Platzangst offenbaren und den Betreffenden blitzschnell ereilen, ohne dass er dem Stresserleben etwas entgegenzusetzen hätte. (Dasselbe gilt auch für soziale Erfahrungen.) Grund: Die *Ursachen* sind dem Betreffenden nicht bewusst, da sich erst ab dem 3. Lebensjahr die für die kognitiven Prozesse verantwortlichen Hirnareale ausbilden. Die bewusstseinsfähige, für das „Rationale" im Menschen zuständige Großhirnrinde wächst darüber hinaus sehr langsam. Die ersten sechs Lebensjahre sind relevant (ROTH 2001). In dieser Zeitspanne „explodiert" förmlich die Anzahl der Nervenzellen im Gehirn, weil nun die „Feinverdrahtung" stattfindet, der „emotionale Rohbau" steht dann schon. Parallel hierzu nimmt „die komplexeste Struktur des Universums" alle(!) Eindrücke auf.

Die Qualitäten der frühen Beziehungserfahrungen haben daher Auswirkungen auf das ganze Leben. Sie werden aufgrund des „Schwammprinzips" nämlich zu Selbstkonzepten (etwa: „Ich bin in Ordnung!") und zu sozialen „Erwartungshaltungen" (zum Beispiel: „Andere wollen mir immer was Böses!"). Anders gesagt: zu Schemata.

***Die soziale Umwelt „wandert" in das Gehirn des Heranwachsenden***

Noch einmal: Das Neugeborene – und diese Tatsachen waren bis vor zwei Jahrzehnten noch gar nicht bekannt – ist extrem *weltoffen* und *kompetent*. Die stets wachsende Anzahl an Gehirnzellen saugt „wie Löschpapier" (MORRIS 2008) jede kleinste Information aus der Außenwelt auf.

Damit diese Eindrücke organisiert werden können, werden im Gehirn neuronale Verbindungen ausgebildet. Je öfter nun bestimmte Erfahrungen gemacht werden, gute wie schlechte, desto widerstandsfähiger werden diese Verbindungen; manche werden regelrecht zu „Bahnen". Das Gehirn des Säuglings passt sich so gesehen seiner Umwelt an. *Das heißt, das Gehirn „verdrahtet" sich so, wie die soziale Umwelt es vorgibt.*

Hingegen steht es um soziale Assoziationen, die wenig oder gar nicht stattfinden, sehr schlecht: sie verschwinden. Das Prinzip lautet „Use it or lose ist". (Daher ist es auch so wichtig, dem Kind viele Anregungen zu geben, Lebenslust und Freude zu vermitteln, viele Erfahrungen zu ermöglichen, besonders positive.)

Fazit: Gemäß der sogenannten Social-brain-Hypothese (RUSSEL FERNALD) bilden sich die sozialen Erfahrungen mit dem engsten Umfeld nach und nach im Gehirn ab, sie „brennen" sich ein.

Dies geschieht insbesondere in den ersten drei Lebensjahren. Ob in dieser Zeit nachteilige Schemata entstehen, hängt vor allem davon ab, ob die negativen sozialen Erfahrungen mit starken Emotionen einhergehen. Gerade Stress-Erlebnisse im sozialen Bereich provozieren etwa Angst – und werden dann lebenslang im sogenannten Mandelkern (Amygdala) abgespeichert. Betreffende sind dann unter Umständen fortwährend beeinträchtigt. Später hinaus können nämlich x-beliebige Situationen, die den Betreffenden „nur" emotional(!) an nachteilige kindliche Zustände erinnern, das gesamte Angsterleben wieder auslösen. Dieses Prinzip gilt gerade für schädliche Schemata.

***Neurobiologie und Schemapädagogik***

Diese Erkenntnisse erklären nun auch den Umstand, dass manche Schüler immer wieder dieselben Konflikte mit sich selbst und anderen erleben. Der Betreffende kennt „es" nicht anders.

Die neuronalen Netzwerke, die für die Dilemmata im Hier und Jetzt verantwortlich sind, entstanden schon sehr früh. Und sie üben nach wie vor ihren Einfluss aus.

Neue „Reize", etwa fremde Mitschüler, Lehrer usw., werden manchmal durch bestimmte Verhaltensmuster an die bereits vorhandenen (negativen) Erwartungshaltungen angepasst. In Hinsicht auf den Schulalltag heißt das: Wir Lehrer haben immer auch mal einen Schüler vor uns sitzen, der unser Erscheinungsbild, unsere Körpersprache, unsere Ermahnungen kognitiv und vor allem emotional nachteilig einschätzt, *weil er diese Phänomene mit früher gebildeten Assoziationen in Verbindung bringt, das heißt, mit bestimmten Personen.*

Sehr nachteilig ist, dass ihm dieser Zuordnungszusammenhang gar nicht bewusst ist. Sein neuronales Muster (Schema) entstand wahrscheinlich in einer noch „unbewussten Zeit".

Daher sagen manche übertriebene Reaktionen, die ein Schüler im Unterricht offenbart, eigentlich nur etwas über *seine* Persönlichkeit aus (*„Sie* [= eine wichtige Person von früher] hatten doch schon immer etwas gegen mich!").

Ohnehin lässt sich feststellen: Der Schulalltag mitsamt seinen potenziellen Schüler-Schüler- und Schüler-Lehrer-Konflikten stellt ein „passendes Projektionsfeld" dar, in dem nachteilige Schemata und Schemamodi/Rollen aus der Kindheit und Jugend jederzeit aktiviert werden können.

Und genau das passiert auch. Damit müssen wir leben, sprich, sinnvollerweise eine entsprechende schemapädagogische Perspektive entwickeln.


## 3.2 Bindungstheorie

Auch die sogenannte Bindungstheorie beschäftigt sich mit den sozialen Verhältnissen in der Kindheit und den daraus resultierenden Auswirkungen für den Einzelnen.

Eng mit dieser Theorie verbunden sind unter anderem die Namen JOHN BOWLBY (1973) und MARY AINSWORTH (1968). Das Fazit der Bindungsforscher lautet: Die Qualität der Bindung, die zwischen der Mutter und ihrem Kind besteht, ist maßgeblich ausschlaggebend für die spätere Entwicklung und Beziehungsfähigkeit des Heranwachsenden. Denn die erlebte Beziehungsqualität wird nach und nach zu eigenen Erwartungsmustern (hier zu: „Arbeitsmodellen").

Bindung – das scheint ein evolutionärer Mechanismus zu sein, wir Menschen teilen ihn mit allen Säugetieren. Das Bindungsbedürfnis offenbart sich vor allem darin, dass Menschen- (und Tier-)Babys eigenmotiviert eine bestimmte Bezugsperson auswählen, meistens die Mutter, und mit ihr eine Beziehung aufbauen (wollen).

Dies ist zunächst einmal sinnvoll, schließlich steht das Überleben des Individuums in den ersten Lebensmonaten im Vordergrund (Menschenbabys sind ja von Geburt an erst einmal „hilflose Nestflüchter").

Auf der anderen Seite hilft die Bezugsperson dem Säugling dabei, nach und nach die Kompetenz zur Emotionsregulation zu entwickeln. Dazu ist das Menschenkind lange Zeit gar nicht imstande. Wenn es etwa „gestresst" ist, schreit es einfach. Die Bezugsperson hat dann die Aufgabe, aus dem „schlechten Gefühl" durch aktives Beruhigen schrittweise ein „positives" anzuregen.

Die Mutter hat entsprechend eine sehr große Verantwortung. Sie ist in Sachen Emotionsregulation *das* Modell schlechthin – im Guten wie im Schlechten (SCHORE 2007).

Das heißt, es liegt an ihrem Charakter und Auftreten, wie sich die noch im Aufbau befindlichen Schaltkreise im Gehirn ihres Kindes ausgestalten.

In der Regel geschieht dies *spiegelbildlich*. Die kindliche Emotionsregulation entspricht so gesehen irgendwann der mütterlichen, und sie verfestigt sich. Sind Mütter oft gestresst, überfordert usw., so stressen und überfordern sie auch durch affektive Kommunikation („Jetzt sei doch mal ruhig, verdammt noch mal!") ihren Nachwuchs.

Und das hat meistens lebenslange Auswirkungen, da sich die Erfahrungen, wie oben schon erwähnt, in das kindliche Gehirn regelrecht „einbrennen", sprich zu Schemata werden können.

Die Qualität der Bindung hat auch Folgen für den sogenannten eigenen *Bindungsstil*. Damit ist die allgemeine Beziehungsprägung gemeint, die Kinder und auch Erwachsene in ihre eigenen Beziehungen zu ihren Mitmenschen einbringen.

Viele Studien zum Thema Bindungsstil wurden im Rahmen der Bindungsforschung durchgeführt. *Verschiedene* Bindungsstile können beispielsweise mit der sogenannten „fremden Situation" nachgewiesen werden. Dabei werden Kinder für kurze Zeit von ihrer Mutter getrennt und dabei beobachtet.

Folgende vier Stile wurden in zahllosen Forschungsprojekten immer wieder beobachtet:

- ➢ *sicherer* Bindungsstil,
- ➢ *unsicher-ambivalenter,*
- ➢ *unsicher-vermeidender* sowie der
- ➢ *desorganisierte* Bindungsstil.

Die **sicher gebundenen Kinder** haben mit der temporären Trennung von der Mutter kein Problem. Die meisten sind lediglich ansatzweise traurig, sobald ihre Erzieherin den Raum verlässt. Sie interessieren sich aber schnell für ihre Umwelt, explorieren (erforschen) sie und beschäftigten sich spielend mit sich selbst. Kommt die Bezugsperson wieder in den Raum, treten sie freudig mit ihr in Kontakt, suchen die körperliche Nähe und lassen sich trösten. In diesem Fall kann man von einer förderlichen Beziehung zwischen Mutter und Kind sprechen.

Anders sieht die Sachlage beim **unsicher-ambivalenten Bindungsstil** aus. Die betreffenden Kinder sind in Anwesenheit ihrer Mutter angespannt, gestresst. Sobald sie sich von ihnen abwendet, beschäftigen sie sich entweder mit sich selbst oder aber sie weinen heftig und wollen klammern. Tritt die Erzieherin dann wieder an sie heran, zeigen sie ambivalente Reaktionen. Bindungsforscher nehmen an, dass die Mütter solcher Kinder ein eher ambivalentes Erziehungserhalten zeigen, auf das sich der Nachwuchs nicht einstellen kann (extreme Nähe vs. übertriebene Distanz).

Kinder, die einen **unsicher-vermeidenden Bindungsstil** ausgeprägt haben, reagieren auf eine Trennung wenig bis gar nicht. Die Kleinen beschäftigen sich mit sich selbst. Taucht ihre Bezugsperson wieder auf, zeigen sie sich ebenfalls unbeeindruckt. Sie erwarten demnach wenig bis gar nichts von ihrer Mutter. Man nimmt an, dass hinter einem solchen Stil die Erfahrung steht, dass man eher auf sich alleine gestellt ist.

Extreme Verhältnisse liegen beim sogenannten **desorganisierten Bindungsstil** vor. Die betreffenden Kinder offenbaren bereits im Beisein ihrer Mutter Verhaltensauffälligkeiten, die auf eine schwach ausgeprägte Emotionsregulation schließen lassen. Sie sind gewissermaßen einmal aggressiv, dann hilflos und aus heiterem Himmel plötzlich ängstlich. Werden Heranwachsende mit diesem

Bindungsstil von ihrer Bezugsperson verlassen, bleibt das überhöhte Aktionsniveau bestehen. Bei der Rückkehr der Mutter werden wieder unerwartete Verhaltensweisen offenbart (schreien, weinen, Fluchttendenzen). Sie lassen sich nicht von ihrer Erzieherin beruhigen. Hinter diesem Phänomen wird eine stark gestörte Mutter-Kind-Beziehung vermutet. Vielleicht wird zu Hause seitens der Erwachsenen ambivalent agiert. Eventuell spielen auch Gewalt- und Missbrauchserfahrungen eine Rolle. In Hinsicht auf die Ursachen sind sich Bindungsforscher noch uneins (SCHORE 2008).

### Bindungstheorie und Schemapädagogik

Die Bindungsforschung hat die Bedeutung der Kindheit für das weitere Leben vielfach herausgestellt. Die Erkenntnisse lassen auch gut mit der Schemapädagogik verbinden, wenngleich noch theoretisch. Empirische Untersuchungen in diese Richtung wurden zwar noch nicht durchgeführt, aber man kann sicherlich davon ausgehen, dass die vier verschiedenen Bindungsstile mit diversen Schemata und Schemamodi korrelieren.

In der folgenden Tabelle sind solche (hypothetischen) Zusammenhänge aufgeführt, die, wie schon erwähnt, erst noch wissenschaftlich untersucht werden müssen. Die Übersicht soll vor allem in Bezug auf die Beobachtungsphase hilfreich sein, wenn es darum geht, Verhaltensauffälligkeit mit verschiedenen Schemata und Schemamodi zu erklären. Dies ist die Grundlage der später folgenden schemapädagogischen Interventionen.

| Bindungstyp | Beteiligte Schemata | Beteiligte Schemamodi |
| --- | --- | --- |
| **sicher** | Kein maladaptives Muster vorhanden | Glückliches Kind<br>Gesunder Erwachsener |
| **unsicher-ambivalent** | Abhängigkeit/Inkompetenz<br>Unzulänglichkeit/Scham<br>Verstrickung/Unentwickeltes Selbst<br>Unterwerfung/Unterordnung | Verletzbares Kind<br>Innere Antreiber (nach innen und außen wirkend)<br>Manipulierer, Trickser, Lügner<br>Unterordnender Modus<br>Impulsiv-undiszipliniertes Kind |

| **unsicher-vermeidend** | Emotionale Vernachlässigung<br>Emotionale Gehemmtheit<br>Soziale Isolation<br>Aufopferung | Ärgerliches Kind<br>Distanzierter Beschützer<br>Distanzierter Selbstberuhiger<br>Zwanghafter Kontrolleur |
|---|---|---|
| **desorganisiert** | Misstrauen/Missbrauch<br>Bestrafungsneigung<br>Negatives hervorheben<br>Anspruchshaltung/ Grandiosität<br>Unzureichende Disziplin/ Selbstkontrolle<br>Soziale Isolation | Aggressiver Beschützer<br>Selbsterhöher<br>Schikanierer- und Angreifer-Modus<br>Manipulierer, Trickser, Lügner<br>Zerstörer-/Killermodus<br>Innere Bestrafer (nach innen und außen wirkend) |

## 3.3 Motivationstheorie

Die Motivationstheorie ist unter anderem eine wichtige Grundlage der Klärungsorientierten Psychotherapie (siehe Kapitel 1.3). Im Rahmen der Schemapädagogik spielt sie auch eine große Rolle. Denn die Kenntnis ihrer Grundlagen ermöglicht einen tiefen Einblick in Verhaltensauffälligkeiten von Klienten (beziehungsweise Schülerinnen und Schülern). In der Motivationstheorie wird davon ausgegangen, dass jeder Mensch bestimmte Bedürfnisse/Motive[7] aufweist, denen er in seinem Leben so gut wie täglich nachkommen will.

Die wichtigsten Bedürfnisse sind (nach SACHSE 2006): Anerkennung/Akzeptierung, Wichtigkeit, Verlässlichkeit, Solidarität, Autonomie, Grenzen/Territorialität. Diese Motive werden schon in der frühen Kindheit ausgestaltet (wahrscheinlich schon in der vorsprachlichen Entwicklungsphase) und dem sozialen Umfeld gegenüber automatisch zum Ausdruck gebracht.

Gehen die Mitmenschen einfühlsam auf die erwähnten Bedürfnisse ein, so

---

[7] Die Bezeichnungen Motiv und Bedürfnis werden oft gleichbedeutend verwendet. Man bezeichnet damit eine Präferenz für eine bestimmte emotionale Erfahrung (KUHL 2001). Im Folgenden werden die beiden Begriffe ebenfalls synonym verwendet.

führt dies zur Aktivierung von positiven Gefühlen und Affekten. Glückhormone werden etwa alleine schon durch Anerkennung und Wertschätzung ausgeschüttet (BAUER 2007a).

Eine Frustration der Motive andererseits kann, vor allem wenn sie dauerhaft stattfindet, schwer wiegende Auswirkungen haben. Denn der Betreffende entwickelt daraufhin effiziente reaktionäre Strategien, um seinen Grundbedürfnissen *dennoch* nachzukommen (HECKHAUSEN & HECKHAUSEN 2006). Die entsprechenden „Anpassungsreaktionen" nehmen bereits – wahrscheinlich besonders bei „schwierigen Menschen" früher der Fall – in der vorsprachlichen Entwicklungsphase ihren Anfang und werden mit zunehmendem Alter ausdifferenziert. Der Betreffende handelt also letztlich nicht mehr authentisch, wenn er seine Bedürfnisse anmeldet. Er ist des Weiteren mittlerweile von seinem „wahren Motivsystem" aufgrund von biografischen Erfahrungen kognitiv entfremdet, wohl aber bestehen die affektiven Regungen weiterhin. Dieses Dilemma wird „bedürfnisorientiert" gelöst, und zwar (aktiv) manipulierend.

Die manipulativen Techniken, die Betreffende nunmehr automatisch und unbewusst offenbaren, werden von SACHSE (2006) „Interaktionsspiele" genannt (siehe Kapitel 1.3). Sie führen aus Sicht des Betreffenden zum „Ziel", weil sie den gerade aktuellen Gesprächspartner dazu zwingen, ein bestimmtes Verhalten gegenüber dem Anderen zu offenbaren.

Gleichzeitig verursachen sie aber hohe Kosten im Umgang mit Bezugspersonen (= Lehrern). Denn der „schwierige Schüler" kommuniziert aus biografischen Gründen seine Motive gewissermaßen verdeckt. (Zu den manipulativen Techniken gehören neben den Psychospielen, wie schon erwähnt, auch Appelle, Tests und Images.)


### *Motivationstheorie und Schemapädagogik*

Wenn es der Lehrkraft nun gelingt, die Verhaltensauffälligkeiten eines Schülers mitsamt den erwähnten manipulativen Techniken zu „einem Bild" zusammenzufügen, so erkennt sie dadurch auch das dahinterstehende Grundbedürfnis, das jeweils befriedigt werden soll. Mit dieser wichtigen Erkenntnis lässt sich Beziehungskredit aufbauen (man weiß nämlich, was der Andere eigentlich will). Und dieser wiederum ist notwendig, um aufseiten des „schwierigen" Schülers irgendwann ein Problembewusstsein zu erwecken.

# 4. Schemapädagogische Kompetenzen

Ein großes Manko in der Lehrerausbildung besteht darin, dass nach wie vor überwiegend auf die Vermittlung didaktisch-methodischer Konzepte Wert gelegt wird. – Es dreht sich vor allem darum, wie und unter welchen Voraussetzungen Schülerinnen und Schüler am besten lernen. Die Eigenarten der Lehrer-Schüler-Kommunikation werden in der Regel „stiefmütterlich" behandelt. Auch in den großen Nachschlagewerken zur Pädagogischen Psychologie ist dieser „Trend" feststellbar. Schwerpunktmäßig findet man hier Themen wie „Lehren und Lernen", „Lernstrategien", „Was ist guter Unterricht?" usw.

Ich nehme an, es hat traditionelle Ursachen, wieso die Kommunikation und die Beziehungsgestaltung im Klassenraum wenig Berücksichtigung finden.

Noch bis vor wenigen Jahrzehnten stellte sich die Frage nach den Kriterien von gelingenden beziehungsweise misslingenden Beziehungen in der Schule gar nicht. Es ging darum, den Heranwachsenden Wissen „einzutrichtern". Der Lehrer frönte dem Frontal-Unterricht und hatte in der Regel keine Probleme damit, Unterrichtsstörungen in den Griff zu bekommen. Doch seit Jahren nehmen die Probleme an Bildungseinrichtungen zu. Dies liegt unter anderem auch daran, weil sich die Klientel verändert hat. Im Lebensraum Schule sieht es nun so aus, dass circa 30 Prozent aller schulpflichtigen Kinder und Jugendlichen gesundheitliche Beschwerden haben, die chronisch sind. Über 15 Prozent(!) aller Heranwachsenden leiden unter mindestens einer psychiatrischen Störung (BAUER 2007c). Die sogenannte Heterogenität im Klassenzimmer hat ebenfalls zugenommen, ebenso auch der Anteil an Schülerinnen und Schülern mit Migrationshintergrund, weshalb nunmehr auch, vor allem in Großstädten, mehr und mehr interkulturelle Kompetenzen gefragt sind.

Dies alles und noch mehr hat massive Auswirkungen auf die Lehrer-Schüler- und Schüler-Schüler-Kommunikation im Klassenzimmer, lapidar gesagt.

Gerade in der Gegenwart zeigt sich daher, dass der Lehrerberuf ein „Beziehungsberuf" ist. – Es ist nicht mehr damit getan, in einer autoritären Art frontal zu unterrichten. Daher sagt auch BAUER (ebenda, 14): „Alles schulische Lehren und Lernen ist eingebettet in ein interaktives und dialogisches Beziehungsgeschehen." Das heißt, dass Lehrer, die erfolgreich bilden und erziehen wollen, auch entsprechende Kompetenzen vorweisen müssten, *die zum Gelingen von Beziehungen beitragen*. Doch solche Kompetenzen werden in der Regel nicht an Universitäten und auch nicht an Studienseminaren gefördert.

Schemapädagogik setzt nun genau an der Beziehungsgestaltung an, sie fokussiert die innerpsychischen Prozesse, die (unbewusst) auf Lehrer- und Schülerseite stattfinden und zu Beziehungsstörungen führen können.

## 4.1 Eigene Schemata und Schemamodi berücksichtigen

Nicht nur „schwierige" Schülerinnen und Schüler offenbaren negative Schemata und kostenintensive Schemamodi (Persönlichkeitsfacetten), sondern auch Lehrer. Das klingt zunächst „unbequem", muss aber in seiner Tragweite berücksichtigt werden.

Die in der Einleitung beschriebenen Wahrnehmungsverzerrungen (externale Kausalattribuierung, Übertragungsprozesse, Wiederholungszwang usw.) beziehungsweise manipulativen Verhaltensweisen (Psychospiele) sind latent bis offensichtlich auch existent auf Lehrerseite.

Da sie unbewusst ablaufen und – wieder – nicht im Lehramtsstudium und auch in der Regel nicht im Referendariat thematisiert werden, ergibt sich schnell die Schlussfolgerung: Auch Lehrer tragen nicht selten dazu bei, dass es in ihrem Unterricht zu massiven Beziehungsstörungen kommt, *die sie selbst verursachen*.

In der folgenden Tabelle sind zwecks Orientierung beispielhaft einige Schemata auf Lehrerseite sowie deren potenziellen Auswirkungen aufgeführt:

| **Schema** | **Verhaltenstendenzen/Konflikte** |
| --- | --- |
| Aufopferung | Die Lehrkraft ist zu sehr an den Bedürfnissen der Schüler orientiert. Sie hat immer ein offenes Ohr, „leidet“ aber zu sehr mit. Die Teenager werden zu sehr „entlastet“ und dadurch zu wenig gefordert. Die Gefahr liegt darin, dass im Unterricht zu viele Probleme „gewälzt“ werden. |
| Emotionale Gehemmtheit | Liegt dieses Schema vor, offenbart man ein sehr rationales Wesen. Man ist zu „verkopft“, hat wenig Zugang zur eigenen Gefühlswelt sowie zu den innerpsychischen Prozessen der Heranwachsenden. Unterrichtsthemen werden häufig zu abstrakt behandelt und dadurch didaktisch-methodisch „in den Sand gesetzt“. Konflikte können sich ergeben, wenn die Schüler zu dem Schluss kommen: „Der Herr X kann nichts erklären, bei dem kapiert niemand was!“ |
| Bestrafungsneigung | Dieses Muster ist verantwortlich für viele Beziehungsstörungen. Der Betreffende löst durch sein zu strenges Auftreten viele negative Schemata und Schemamodi bei den Heranwachsenden aus. Die Gefahr liegt darin, dass durch dieses Schema wenig Lernprozesse auf Schülerseite angeregt werden. Angst- und Stresszustände führen zur Ausschüttung bestimmter Botenstoffe im Gehirn, die die kognitive Leistungsfähigkeit hemmen (ROTH 2009). |

Es schadet aus den genannten Gründen nicht, sich mal mit seinen eigenen Schemata auseinanderzusetzen. Das Erkennen und Hemmen verschiedener nachteiliger Muster trägt schon von sich aus zur Reduktion von verschiedenen Unterrichtsstörungen bei.

Die Schema-Fragebögen, die zu Diagnosezwecken in der Schematherapie eingesetzt werden, können in dieser Hinsicht sehr hilfreich sein. Sie sind zwar urheberrechtlich geschützt, können aber im Internet unter bestimmten Voraussetzungen bezogen werden (www.eroediger.de). Nach meiner Meinung reicht aber auch schon die Kenntnis der in diesem Buch skizzierten innerpsychischen Muster aus, um entsprechende Schema-getriebene „Tendenzen" bei sich selbst zu erkennen. (Ein Band, der diese Thematik beinhaltet ist in Vorbereitung.)

Die Auslösung von dysfunktionalen Mustern kann bei entsprechender Selbsterkenntnis im Schulalltag vor allem durch Achtsamkeit sich selbst gegenüber verhindert beziehungsweise „abgeschwächt" werden.

Dasselbe Prozedere bietet sich auch bei den schon beschriebenen Schemamodi (Persönlichkeitsfacetten) an. Man kann davon ausgehen, dass es auch einige Lehrkräfte gibt, die neben den *Kind-* und *Innere Eltern-Modi* auch *überkompensierende Modi* im Schulalltag offenbaren. Diese sind nun ganz gewiss an bestimmten Konflikten beteiligt, die man mit den Schülern erlebt.

Hierzu ebenfalls drei Beispiele.

| **Schemamodus** | **Verhaltenstendenzen/Neigungen** |
|---|---|
| Schikanierer- und Angreifer-Modus | Ausgelöst wird dieser Modus zumeist durch Provokationen von Heranwachsenden. Der *Schikanierer- und Angreifer-Modus* ist quasi als erster „Rache"-Impuls spürbar. Sobald er aktiviert ist, wird der Schüler impulsiv und überlang zurechtgewiesen. Dadurch spielt man aber eventuell nur ein Psychospiel mit. |

| Distanzierter Beschützer | In diesem Modus sind Lehrer kritik- und beratungsresistent, etwa bei Konflikten mit Schülern. Sie wehren jegliche Kritik von Teenagern ab, wobei sie intellektualisieren („Du irrst Dich, denn...!"). Dadurch werden Kompromisse unmöglich gemacht. |
| --- | --- |
| Innere Antreiber (nach außen gerichtet) | Die Schüler werden infolge dieses Mechanismus weit über das Maß hinaus überfordert – was zu Frustrationen führt. |

Sobald die Lehrkraft die Kompetenz erwirbt, konstruktiv mit eigenen Schemata und Schemamodi umzugehen, erhält sie auch gleichzeitig mehr „Freiheitsgrade" in Hinsicht auf den Umgang mit Heranwachsenden.

Denn wer sich selbst besser versteht, das heißt, bestimmte Verhaltensweisen („Macken") einigen zugrundeliegenden innerpsychischen Mustern zuordnen kann, der versteht auch die Schülerinnen und Schüler besser – und: er durchschaut eher die Psychodynamik von („schwierigen") Verhaltensweisen.

Auf der anderen Seite gelingt nun auch eher das wichtigste Projekt im Schulalltag: die Beziehungsgestaltung.


## 4.2 Beziehungen komplementär gestalten können

Da viele Lehrer zunehmend mit einer „schwieriger" werdenden Klientel zu tun haben werden, deren Grundbedürfnisse in der frühen Kindheit massiv frustriert wurden, gehören *Empathie*, *Kongruenz* und *Akzeptanz* zur „Grundausstattung" von Schemapädagogen. Diese Variablen sind Mittel zum Zweck (Aufbau von Beziehungskredit).

Ein weiterer Tipp: Der Lehrer nutzt die ersten paar Minuten des Alltagsunterrichts, um einige informelle Gespräche anzuregen („Na, was Interessantes bisher passiert heute?" – „Wie war das Wochenende?" – „Wie hat der FCK gespielt?" usw.).

Er kann auch von eigenen Erlebnissen berichten, sie sollten aber die Lebenswirklichkeit der Heranwachsenden tangieren („Hey, vorhin wurde ich von dem neuen 3er-BMW überholt; wie viele PS hat der eigentlich?"). Erfahrungsgemäß motiviert das einen oder mehrere Heranwachsende dazu, ihr „Statement" abzugeben. Nach einigen Minuten kann man dann verkünden: „So, aber jetzt wollen wir beginnen, heute geht es um …"

Beziehungsfördernd wirkt sich auch erfahrungsgemäß die Intervention aus, verschiedene Situationen inner- und außerhalb des Unterrichts aufzugreifen, in denen ein oder mehrere Schüler über ein bestimmtes Thema diskutieren. Vielleicht bekommt man ein paar „Gesprächsfetzen" mit und kann gezielt nachfragen (das kann auch mal während einer Gruppenarbeitsphase passieren). Wenn ausreichend Beziehungskredit vorhanden sein sollte, wird der Pädagoge miteinbezogen, egal, um welche Angelegenheit es sich auch dreht.

Es schadet also nicht, wenn der Lehrer bei „typischen" Schülerthemen wie „Handy", „Internet", „Computerspiele" mitreden kann. Erfahrungsgemäß trägt auch „interkulturelles Wissen" viel zum Aufbau einer stabilen Arbeitsbeziehung bei (etwa Kenntnisse über religiöse Feste o.Ä.).

Falls bestimmte Inhalte, die von Schülern eingebracht werden, aufseiten der Lehrkraft auf Abwehr stoßen – zum Beispiel im Falle von Themen wie Gewalt, Sex, Pornovideos usw. –, wird dem ersten Impuls („Spinnst Du!?") widerstanden, vor allem zu Beginn des Schuljahres (erst nach einem geglückten Beziehungsaufbau sind konfrontative Methoden effizient). Denn eine offensichtliche Abwehr würde bewirken, dass die betreffenden Schüler die Lehrkraft in eine bestimmte Schublade „stecken" – was den Beziehungsaufbau behindert beziehungsweise Unterrichtsstörungen provoziert. Kritik wirkt nur dann, wenn die eigene Person aus den Augen der Schüler „Gewicht" hat.

Ein anderes, sehr wichtiges Thema vor dem Hintergrund des komplementären Beziehungsaufbaus sind die oben schon erwähnten manipulativen Techniken, die dazu dienen, Grundbedürfnisse anzumelden und durchzusetzen.

Durch Images, Appelle, Tests und Psychospiele versuchen „schwierige" Heranwachsende unbewusst(!), die Lehrkraft dazu zu bewegen, auf die Motive Anerkennung/Akzeptierung, Wichtigkeit, Verlässlichkeit, Solidarität, Autonomie beziehungsweise Grenzen/Territorialität einzugehen.

Auf der anderen Seite soll der Lehrer mittels der genannten „Tricks" auch Reaktionen zeigen, die die Schüler *erwarten*. In diesem Zusammenhang sind *negative* Reaktionen gemeint (Ermahnen, Ausflippen usw.).

Mit solchen Manipulationsversuchen sollte sensibel und vor allem *flexibel* umgegangen werden. Es lohnt, sich in dieser Hinsicht eine Art innere Gelassenheit anzutrainieren. Denn man muss sich immer wieder bewusst machen: Die Heranwachsenden verfolgen diese Strategien nicht bewusst, sie entstanden aus einer „Not" heraus. Das heißt, Schemapädagogen wissen: Man muss schon viele Frustrationen erfahren, damit man diese Strategien überhaupt erst reflexweise ausprägt.

Gelingt die komplementäre Beziehungsgestaltung, geschieht etwas sehr Erstaunliches, ja Wichtiges: Die meisten Schüler – niemals alle – entwickeln eine gewisse Sympathie für die Lehrkraft, die mal mehr, mal weniger bewusst ist (und die natürlich auch einer gewissen Dynamik unterworfen ist und nie „einfach so" über das ganze Schuljahr hinweg bestehen bleibt).

Grund: Der Lehrer hat in informellen Gesprächen demonstriert, dass er sich in der Lebenswirklichkeit der Heranwachsenden zurechtfindet und „mitreden" kann, als gleichberechtigter, interessierter Partner.

Dieses Engagement, das vor allem zu Beginn des Schuljahres praktiziert werden sollte, verlangt nicht viel vom Pädagogen ab – entgegen so mancher Kritik von Lehrkräften. Es mag viele Kolleginnen und Kollegen geben, die sagen: „Wieso sollte ich auf die Lebenswirklichkeit der Schüler eingehen? Die sind in der Schule und müssen was leisten. Fertig!"

Diesem Argument möchte ich entgegenhalten, dass in der Schulklasse keine „Aktenordner" sitzen, in die man „einfach so" Blatt für Blatt Wissensinhalte einheften kann. (Auch) Schüler sind Personen, in denen emotionale Prozesse vor dem Hintergrund der gerade vorhandenen Beziehungsqualität ablaufen; und *diese* bestimmen Motivation und Lernbereitschaft (BAUER 2007, 13). Teenager brauchen eine Bezugsperson (= Lehrer), die sie hinsichtlich ihrer persönlichen Anliegen *spiegelt*, und die Vorbild, Respektsperson, Freund und „Führer" in einem ist. Wer entsprechend zu Schuljahresbeginn einige Zeit, Geduld und Aufmerksamkeit investiert, kann bereits am Anfang vorauseilend präventiv wirken – und somit haben alle etwas davon, zumeist bis zum Ende des Schuljahres.

## 4.3 Maladaptive Schemata und Bewältigungsversuche diagnostizieren, Schemamodi gemeinsam mit dem Schüler bearbeiten

Infolge einer (erfolgreichen) komplementären Beziehungsgestaltung sind in der Regel mehr Schüler motiviert, am Unterricht teilzunehmen und Leistung zu bringen als ohne. Denn eine emotional-positive Verbindung *motiviert*.

Doch natürlich kann man als Lehrkraft mittels einer komplementären Beziehungsgestaltung die maladaptiven Schemata und Schemamodi auf Schülerseite nur „abfedern". Das heißt, im Alltagsunterricht kommt es dennoch zu entsprechenden Auslösungen; diese betreffen aber überwiegend die Schüler-Schüler- und weniger die Lehrer-Schüler-Interaktion.

Entsprechende Aktivierungen führen oft zu Mobbing, Provokationen, Gewaltbereitschaft und sollten, insofern sie regelmäßig zu schwerwiegenden Konflikten führen (siehe auch Kapitel 5ff.), registriert und in die bestehenden Schema- und Schemamodi-Tabellen eingeordnet werden (siehe Kapitel 2.1). Erfahrungsgemäß gelingt dieses Unternehmen bei den Schemamodi eher, eindeutiger und schneller als bei den Schemata. Uns Schemapädagogen fehlen im Alltagsunterricht die Methoden, um bei den Schülern alle relevanten maladaptiven Schemata zu diagnostizieren, etwa via Fragebögen. Doch das ist auch gar nicht gewollt.

Schemapädagogen sind keine Therapeuten! Dennoch hilft uns das Wissen um die verschiedenen maladaptiven Muster immens. Wir können die Persönlichkeit des Heranwachsenden tiefgründiger verstehen und uns auf stets wiederkehrende Auffälligkeiten einstellen.

Dadurch wird pädagogisches Handeln professionalisiert.

### *Maladaptive Schemata und Schemamodi erkennen*

Lediglich die „Schema-Richtung" sollte vom Schemapädagogen registriert werden, in die die „typischen Verhaltensauffälligkeiten" (Schemamodi/Rollen) von Schüler X weisen. Als Orientierung dient die in diesem Buch skizzierte Übersicht der maladaptiven Schemata und Schemamodi von YOUNG et al. (2008) (siehe auch ROEDIGER 2009a, b; DAMM 2010a, b).

Wenn Schüler X nun überdurchschnittlich oft bestimmte Schemamodi in einer bestimmten Kombination offenbart, so kann dies ein Hinweis auf ein zugrundeliegendes Schema sein. Vielleicht sieht er sich (zu) oft als Mobbing-Opfer (*Modus Verletzbares Kind*), mobbt aber selbst jede Woche Schwächere, anscheinend ohne es zu merken (*Schikanierer- und Angreifer Modus*). Häufig ergibt sich in diesem Fall von selbst die „Diagnose": Schema *Misstrauen/Missbrauch*. Diese „Annahme" behält der Schemapädagoge selbstverständlich für sich beziehungsweise bespricht sie mit Kolleginnen und Kollegen, die ebenfalls schemapädagogisch arbeiten.

Schemata werden nicht direkt mit den Schülern thematisiert, da dies leicht zu Irritationen, im schlechtesten Fall zu einer Re-Traumatisierung führen kann.

Relevant im Schulalltag sind hingegen die nachteiligen Schemamodi (Persönlichkeitsfacetten).

### *Schüler für ihre maladaptiven Schemamodi sensibilisieren*

Kostenintensive Persönlichkeitsanteile tragen maßgeblich zu Unterrichtsstörungen bei, sobald sie ausgelöst werden. Das Dilemma ist aber: Solange Heranwachsende nichts von ihren nachteiligen Persönlichkeitsfacetten wissen – maladaptive Schemamodi sind ja *abgespaltene* Teile des Selbst –, wundern sich Betreffende schnell, sobald der Lehrer etwa von „Unterrichtsstörungen" oder von „problematischen Verhaltensweisen" spricht („Ich mach doch gar nix!"). Das heißt, die Betreffenden sehen infolge der in der Einleitung schon behandelten Wahrnehmungsverzerrungen entstehende Unstimmigkeiten als durch den Anderen verursacht an („Der hat angefangen!"). Ebenfalls ist ihnen nicht bewusst, dass die Auseinandersetzungen, die sie gerade in der Klasse erleben, gewöhnlich eine lange Tradition haben. (Tatsächlich bestehen die Art der Probleme schon länger, das heißt, sie tauchten schön öfter in der bisherigen Schulzeit auf.)

Diese Einsichten fördern, damit der Modus des *Gesunden Erwachsenden* und die Emotionsregulation im Unterricht gestärkt werden – das sind die Ziele der sogenannten *Schemamodus-Arbeit*. Sie gelingt erfahrungsgemäß nur vor dem Hintergrund einer erfolgreichen komplementären Beziehungsgestaltung. Erst dann sind die „schwierigen" Schüler motiviert, sich auf das Thema „ganzheitlich" einzulassen. Die Teenager nehmen den Lehrer infolgedessen als wichtige Bezugsperson wahr, vielleicht sogar als „gutes Mutter-" beziehungsweise „gutes Vater-Image". Es erübrigt sich eigentlich zu sagen, dass die Schemamodus-Arbeit nur mit wenigen Heranwachsenden im Klassenverband durchgeführt wird, eben mit denjenigen, die die meisten Unterrichts- und Beziehungsstörungen fabrizieren. „Mehr" geht auch gar nicht.

Auf der Grundlage der beschriebenen komplementären Beziehungsgestaltung wirken schemapädagogische Interventionen in der Regel – auch bei „schwierigen" Schülern.

Es kommt im ersten Schritt zunächst darauf an, für einen bestimmten Schemamodus eine passende Bezeichnung zu finden. Dieser vorläufige „Arbeitsbegriff" wird im Rahmen eines ersten Schemamodus-Gesprächs dem Schüler angeboten. Möglicherweise nennt der Betreffende daraufhin einen „passenderen Begriff". Es ist wichtig, dass die Bezeichnung des Schemamodus, um den es maßgeblich geht, gemeinsam mit dem Schüler konstruiert wird. Daher sollte das „erste Angebot" auch möglichst in der Sprache formuliert, die dem Jugend-Slang entlehnt ist.

In folgender Tabelle sind einige Beispiele aufgeführt:

| Schemamodus | Eventuelle Bezeichnung des Schülers |
|---|---|
| *Unterordnender Modus (Angepasster Unterwerfer)* | „Loser" „Opfer", „Mädchen", „Verlierer" |
| *Gefühlsvermeidende Modi*<br>a) *Distanzierter Beschützer*<br>b) *Distanzierter Selbstberuhiger*<br>c) *Aggressiver Beschützer* | <br>„Diskutierer", „Ausweicher"<br>„Verdränger", „Frustabbauer"<br>„Selbstschützer", „Ochs" |
| *Überkompensierende Modi (Übertreiber)*<br>a) *Selbsterhöher*<br>b) *Schikanierer- und Angreifer-Modus*<br>c) *Manipulierer, Trickser, Lügner*<br>d) *Zerstörer-/Killer-Modus*<br>e) *Zwanghafter Kontrolleur* | <br>„Checker", „Gott", „Poser"<br>„Assi", „Disser"<br>„Verarscher", „Spieler", „Player"<br>„Killer", „Assi", „Brutalo", „Kicker"<br>„Kontrollierer" |

| *Maladaptive Eltern-Modi* | |
| --- | --- |
| *Innere Antreiber* (nach außen wirkend) | „Antreiber", „Mama" |
| *Innere Antreiber* (nach innen wirkend) | „Innerer Antreiber", „Innere Mama" |
| *Innere Bestrafer* (nach außen wirkend) | „Bestrafer", „Richter" |
| *Innere Bestrafer* (nach innen wirkend) | „Selbstverletzer", „Selbstzerstörer" |

Das jeweilige Etikett des Schemamodus wird in der Regel recht schnell konstruiert. Erfahrungsgemäß vergibt der Heranwachsende die finale Bezeichnung für seine Teil-Persönlichkeit.

Das erste Schemamodus-Gespräch sollte in einem möglichst informellen Rahmen stattfinden, darüber hinaus unter vier Augen. Mindestens einige Minuten sollten dafür eingeplant werden. Die Einführung in das Thema kann entweder humorvoll-emphatisch oder sachlich-konfrontativ gestaltet werden. Ich empfehle die humorvoll-empathische Variante, ansonsten empfindet sich der Heranwachsende eventuell schnell als defizitär. Ergibt sich dummerweise letzterer Fall, werden seitens des Teenagers schnell „selbstwertdienliche" Schemamodi aktiviert (*Distanzierter Beschützer, Aggressiver Beschützer*) – und dann braucht es einen „neuen Anlauf". (Konfrontative Methoden sind sowieso nur effizient, falls vorher ausreichend Beziehungskredit „erwirtschaftet" wurde).

Im Folgenden sind einige Beispiele für die humor-empathische Version aufgeführt:

| **Problem** | **Beteiligter Schemamodus** | **Intervention zur Einführung in die Schemamodus-Arbeit** |
| --- | --- | --- |
| Mobbing | Schikanierer- und Angreifer-Modus | „Manchmal spricht schon so ein kleiner Mobber-[Vornamen des Schülers einfügen] aus Dir, gell?" |

| Endlosdiskussionen führen wollen | Manipulierer, Trickser, Lügner | „Na, heute hat Dein innerer Diskutier-[Vornamen des Schülers einfügen] viel Aufmerksamkeit auf sich gezogen, ne?" |
|---|---|---|
| Mitmenschen permanent provozieren | Schikanierer- und Angreifer-Modus | „Manchmal kommt schon der Krawall-[Vornamen des Schülers einfügen] aus Dir raus, nicht?" |

Der an dem jeweiligen Problem beteiligte Schemamodus wird also bestenfalls in die Sprache des Schülers übersetzt, damit er kognitiv leichter erfasst werden und entsprechend als „spätere Arbeitsgrundlage" dienen kann. Dieser Begriff wird mit dem Vornamen des Schülers verknüpft, damit jener die *subjektive* Relevanz erkennt. Der Schemapädagoge beschreibt einfühlsam und wertungsfrei, wie er den Schüler im Mobbing-, Diskutierer- beziehungsweise Krawall-Modus wahrnimmt. Vielleicht bietet sich auch ein Rollenspiel an, um dem Heranwachsenden seine Rolle zu verdeutlichen. Außerdem werden die Folgen für den Unterricht beschrieben.

Erfahrungsgemäß entwickeln die Betreffenden rasch die Motivation, sich über das Thema zu unterhalten. Es geht ja um *sie*, *sie* bekommen Aufmerksamkeit.

Schuldgefühle beziehungsweise Gewissensbisse werden in diesem Stadium (noch) nicht erweckt, da der Lehrer mit dem Schüler quasi über einen „Dritten", den Schemamodus, spricht. Der Teenager spürt natürlich mehr oder weniger bewusst seine „Verwandtschaft" zu seinem inneren Selbstanteil, der ihm im nicht-aktivierten Zustand gewöhnlich kognitiv weniger präsent ist.

## 4.4 Problembewusstsein beim Schüler durch kognitive und konfrontative Methoden erwecken

Nun kommt es darauf an, schrittweise ein Problembewusstsein aufseiten des Betreffenden zu erwecken. Um dem Thema mehr „Gewicht" zu verleihen, spricht die Lehrkraft den Schüler zeitversetzt immer mal wieder humorvoll-empathisch auf entsprechende Schemamodus-Aktivierungen an.

Kommt es in dieser Zeit im Beisein des Pädagogen zu den „typischen" Unterrichtsstörungen, kann er bereits (vorsichtig) konfrontativ vorgehen, etwas so:

> „Oh, nee, siehst Du, jetzt passiert das, worüber wir beide gestern gesprochen haben."
> „Ah, guck an: da spricht der Bekannte aus Dir!"

Dies verwirrt den Anderen meistens. In diesem frühen Stadium der Schemamodus-Arbeit ist davon abzuraten, die neu benannte kostenintensive Persönlichkeitsfacette vor den Mitschülern anzusprechen, sollte man disziplinarisch aktiv werden. Leicht fühlt sich der Betreffende bloßgestellt, und dann fängt man quasi wieder bei null an. Ist hingegen ausreichend Beziehungskredit vorhanden, „ziehen" solche Aussprüche bereits. Das heißt, dem Schüler wird die Aktivierung seiner problematischen Persönlichkeitsfacette in der aktuellen(!) Situation bewusst. Solche Aha-Erlebnisse sollten unbedingt in einem weiteren informellen Gespräch eine Rolle spielen, damit die Eigenarten einer Schemamodus-Aktivierung reflektiert und thematisiert werden können. Dadurch wird aufseiten des Heranwachsenden gleichzeitig der Modus des *Gesunden Erwachsenen* gestärkt. Bei solchen Unterhaltungen wird nach wie vor über den „Dritten" (Schemamodus) und nicht über den Schüler „als Person" gesprochen. Außerdem werden Empathie, Kongruenz und Akzeptanz offenbart. Humor sollte auch nicht fehlen. Denn solche Gespräche „hängen an einem seidenen Faden". Manchmal wird dem Betreffenden nämlich schlagartig bewusst (weil die innerpsychische Abwehr möglicherweise umgangen wird), dass er als Person(!) „doch" zu unmoralischen Verhaltensweisen in verschiedenen Situationen neigt.

Diese „Erkenntnis" kann schlagartig verschiedene Kind-Modi auslösen, etwa den Modus *Verletzbares Kind*. Das kann den „pädagogischen Rahmen" sprengen. Daher ist behutsames Vorgehen angesagt.

Erfahrungsgemäß ist es auch sinnvoll, authentisch von eigenen Schemamodus-Aktivierungen zu berichten:

> ➢ „Weißt Du, ich hab früher auch so meine Dinger gedreht.“
> ➢ „Ich weiß, warum man manchmal so Psychospiele mit anderen spielt.“

Konkreter braucht man nicht in die Thematik einzusteigen. Solche Andeutungen reichen aus, um den Anderen gefühlsspezifisch positiv zu berühren. Es kommt in dieser sensiblen Situation lediglich darauf an, einen „emotionalen Gleichklang“ herzustellen. Natürlich muss am Ende einer solchen Unterhaltung dem Schüler klar sein: Seine störenden Verhaltensweisen, die durch einen inneren „Dritten“ provoziert werden, sind unmoralisch, „asozial“, und sie werden vom Lehrer nicht mehr toleriert. Denn: „Du an meiner Stelle würdest das auch nicht auf Dauer tolerieren, oder?“ *Das Gegenüber versteht dann schon...*

Meistens geloben die Betreffenden nach diversen Eingeständnissen „Besserung“. Alles erscheint verheißungsvoll. Doch die „Besserungsabsichten“ sind leider meistens nicht so leicht umsetzbar. Schließlich haben sich die maladaptiven Schemamodi über Jahre hinweg entwickelt und verfestigt und können infolgedessen im „normalen Unterricht“ von jetzt auf gleich wieder ausgelöst werden. Aber der Pädagoge hat durch die Schemamodus-Arbeit gewissermaßen „einen Fuß in die Tür bekommen“. Denn: Der „schwierige“ Schüler weiß nach authentischen Unterhaltungen nunmehr im Allgemeinen potenziell um seine „bösen“ Selbstanteile. *Und der Lehrer weiß auch darum.*

Daran sollte man den „schwierigen“ Schüler immer mal wieder erinnern. Gerade wenn es „Rückfällen“ kommt. Im Falle einer erneuten Schemamodus-Aktivierung sind nunmehr konfrontative Methoden im strengsten Sinn des Wortes angebracht. Diese können bedenkenlos formuliert werden – inklusive einer „Erinnerung an den Beziehungsaufbau“. Etwa so:

> ➢ „THOMAS, ich kann Dich gut leiden – LASS ES! Du hast die Verantwortung übernommen! Und jetzt erzähl mir keinen Scheiß!“
> ➢ „THOMAS, das ist in dieser Stunde schon der zweite Rückfall! DU WEISST, WAS ICH MEINE! Schluss jetzt!“

Natürlich ist ganz klar: Es kann durch die Anwendung von konfrontativen Methoden zu Reibungen mit dem Betreffenden kommen. Aber die hätte man auch (in stärkerer Ausprägung), wenn man keine Schemamodus-Arbeit praktizieren würde.

Über kurz oder lang aber – dafür spricht vieles – fruchten schemapädagogische Methoden. Ergänzend hierzu bietet sich auch eine spezielle Intervention an: die sogenannte aktivierende Ressourcenkonfrontation (persönliche Mitteilung von STEFAN WERNER).

### *Aktivierende Ressourcenkonfrontation vor dem Hintergrund des Schemamodus-Modells*

Im Rahmen dieser Methode werden die maladaptiven Schemamodi (Persönlichkeitsfacetten) wie beispielsweise Mobber-, Schläger-, Erpresser-Thomas usw. während eines Gesprächs unter vier Augen ressourcenorientiert umbewertet. Genauer gesagt, es findet eine Stärkenfokussierung statt, die von der Lehrkraft angeregt wird.

Beginnen kann der Pädagoge die Zusammenarbeit mit einem entsprechenden Satz, der den Perspektivwechsel einleitet, etwa: „Welche Stärken hat der Mobber-Thomas in Dir? Immerhin bringt er Dir ja auch Vorteile!"

Erfahrungsgemäß stößt eine solche Umbewertung den Betreffenden vor den Kopf. Er ist verblüfft, weil er solche Sätze nicht kennt. Es braucht ein bisschen Zeit, bis der Interaktionsprozess in Gang kommt.

Über kurz oder lang werden dann aber „Stärken" des entsprechenden Schemamodus vom Schüler genannt, etwa: „Mein innerer Mobber-Thomas ist durchsetzungsfähig und stark!" Am Ende eines solches Gespräch, das einen konfrontativen Charakter haben sollte, muss ein Erkenntnisprozess stattgefunden haben („Und wieso nutzt Du dann nicht Deine Stärken, um für die Gruppe zu arbeiten?!).

Unterstützt werden kann der Prozess auch durch sogenannte zirkuläre Fragen, die den Gesprächspartner dazu animieren, über sich selbst nachzudenken, zum Beispiel: „Was braucht der Mobber-Thomas in Dir, damit er endlich seine Talente wie Durchsetzungsfähigkeit und Stärke in den Unterricht einbringt?"

Nun hinterfragt der Betreffende „als Person" nun seine Rolle in der Schule.

Häufig kommt heraus, dass er „auf die ganze Scheiße keinen Bock" hat o.Ä. Solche Momente werden genutzt, um dem Schüler Beziehungsangebote zu machen („Ich unterstütze Dich in Zukunft im Unterricht – und Du nutzt die Stärken des Mobber-Thomas zukünftig, um ordentlich mitzuarbeiten").

Man sieht: In einem solchen Gespräch ist es möglich, Ressourcenaktivierung, Wertschätzung und Konfrontation miteinander zu kombinieren.


## 4.5 Unterstützung beim Transfer der erarbeiteten Lösungen in den Alltag

Es gibt mehrere Möglichkeiten, aufseiten des Schülers – nach solchen Schemamodus-zentrierten Unterhaltungen – den Modus des *Gesunden Erwachsenen* zu fördern. Das ist das Ziel. Der Heranwachsende soll befähigt werden, seine maladaptiven Schemamodi im Unterrichtsalltag wahrzunehmen und zu kontrollieren.

Diesbezüglich bekommt er von Lehrkraft auch nunmehr die alleinige Verantwortung auferlegt („Du hast auch einen *Selbstkontrolle*-Thomas in Dir; und der hat die Macht über den Mobber-Thomas, zumindest in meinem Unterricht. Klaro?").

Gelingt dem Teenager das Unternehmen, auch nur ansatzweise, resultieren daraus weniger Unterrichtsstörungen. Lob, Anerkennung und „Bewunderung" sollten dann noch nach derselben Unterrichtsstunde ausgesprochen werden, um die Verhaltensänderungen positiv zu verstärken. Parallel hierzu muss natürlich permanent vor allem eins stattfinden: Beziehungsarbeit, und zwar mit möglichst vielen Schülern.

Die Förderung des *Gesunden Erwachsenen-Modus* von „schwierigen" Schülern steht aber weiter im Vordergrund. Hierzu eignen sich die schon beschriebenen **Schemamodus-zentrierten Gespräche**.

Eine weitere Methode stammt aus der „klassischen" Schematherapie (YOUNG et al. 2008), auf die schon hingewiesen wurde. Es handelt sich dabei um das **Schemamodus-Memo**.

Natürlich wird das Memo nicht als „Schemamodus-Memo" benannt, sondern mit einem anderen Begriff betitelt, möglichst in „Schülersprache", etwa so: „Thomas, wir füllen jetzt mal eine Erinnerungskarte aus." „Diese Erinnerungskarte" soll die kognitiven Kompetenzen des Heranwachsenden fördern, sprich: den Modus des *Gesunden Erwachsenen.*

Gemeinsam wird das Memo dann ausgefüllt, wieder in der Sprache des Schülers. Der Betreffende bekommt es danach ausgehändigt. Die Karte hat gegebenenfalls ein passendes Format. Das heißt, der Schüler sollte sie bei sich führen können, etwa in der Geldbörse.

Das Memo besteht aus vier Teilen. Es beinhaltet (1.) eine relevante Schemamodus-auslösende Situation, (2.) den „Aha-Effekt", (3.) das bewusste Erleben der gerade aktivierten Teilpersönlichkeit und (4.) die „Lösung" (Verhaltensänderung).

Beispiel: Folgendes Schema wurde von „Thomas" (17 Jahre) formuliert. Es geht um das Problem: Mobbing.

Die Erinnerungskarte von Thomas

**1. Benennen einer Situation, in der ich andere „disse"**
„Wenn ich Schüler X nur sehe, das ist ein Streber!"

**2. Erkennen der aktivierten Teil-Persönlichkeit**
„Ich weiß, dann sprich der Mobber-Thomas aus mir, er hat das schon öfter gemacht."

**3. Anerkennen des unangepassten Denkens und Realitätsprüfung**
„Schüler X kann nix dafür, dass er ein Strebertyp ist, es ist mein Problem, dass ich ihn nicht leiden kann. Es gibt viele Strebertypen."

**4. Trennen vom alten und Festigung des neuen Verhaltens**
„Meistens habe ich solche Mitschüler immer gleich gemobbt. Jetzt versuche ich, den Mobber-Thomas zu kontrollieren. Ich lenke mich irgendwie ab, konzentriere mich auf den Unterricht."

Mithilfe einer solchen Erinnerungskarte kann der Betreffende seinen maladaptiven Modus besser „bemerken", wenn er aktiviert wird, und infolgedessen eher kontrollieren. Er wird motiviert sein, prosoziales Verhalten zu zeigen – *wenn eine stabile Beziehung zur Lehrkraft besteht.*

Vertiefen kann man die Thematik auch mit dem sogenannten **Schemamodus-Tagebuch**. Diese Methode kommt etwa dann infrage, wenn der Heranwachsende ein starkes Interesse an der Bearbeitung einer bestimmten Persönlichkeitsfacette hat.

Hierzu kann man dem Betreffenden etwa einen Hefter mit mehreren leeren Blättern aushändigen. Er soll seine Erlebnisse (etwa mit dem „Mobber-Thomas") aufschreiben und dabei möglichst „tagesaktuell" arbeiten.

Erfahrungsgemäß möchten die Betreffenden dann, dass der Lehrer „mal einen Blick" in das Skript „riskiert". Vor dem Hintergrund der komplementären Beziehungsgestaltung sollte er es auch tun (dahinter steht ja das Bedürfnis nach Anerkennung).

So viel zunächst den schemapädagogischen Methoden. Nun folgen die schon angesprochen Praxisbeispiele aus dem Unterrichtsalltag. Die meisten Lehrkräfte kennen die Probleme, die angesprochen werden. Die einzelnen Fälle werden schemapädagogisch beleuchtet.

# 5.   Schemapädagogik im Klassenzimmer

Im Folgenden werden verschiedene populäre Probleme im Schulalltag beispielhaft erörtert. Zu Beginn eines Themas wird zunächst ein relevantes Exempel aus dem Unterricht geschildert. (Die Anonymität der Beteiligten wurde selbstverständlich gewahrt.) Danach finden sich Fakten. Im Anschluss daran wird der allgemeine Ablauf schemapädagogischen Denkens und Handelns beschrieben, und zwar in Anlehnung an das jeweilige Problem: *Komplementärer Beziehungsaufbau, Ausbau von vorhandenen Kompetenzen, Problemaktualisierung, Problemklärung, Unterstützung beim Transfer der erarbeiteten Lösungen in den Schulalltag.*

Am Ende des jeweiligen Kapitels findet der Leser noch einmal das Eingangsbeispiel, das nunmehr die Darstellung der psychodynamischen Hintergründe sowie eine schemapädagogische Analyse enthält.

Es geht konkret um:

- Mobbing,
- Arbeitsverweigerung,
- Gewaltbereitschaft und Gewalt,
- Psychospiele,
- Politischer Extremismus,
- selbstverletzendes Verhalten,
- (Anwendung schemapädagogischer Methoden in der) Streitschlichtung.

## 5.1 Mobbing

Letizia (24) lebt seit sechs Jahren in Deutschland und stammt ursprünglich aus Litauen. Die deutsche Sprache beherrscht sie relativ gut, ihre Muttersprache „schimmert" entsprechend meistens durch. Sie ist eine von fünf Mitschülerinnen mit Migrationshintergrund, die die Fachschule für Sozialpädagogik besuchen. Der Schulbetrieb läuft drei Monate, Letizia offenbart sich als introvertierte junge Frau, die offensichtlich wenig Zugang zur Klassengemeinschaft findet. Sie hatte sich bereits in der ersten Schulwoche in die erste Reihe gesetzt, direkt in die Mitte.

Ihre Bereitschaft zur mündlichen Mitarbeit wächst. Gleichzeitig fällt dem Klassenlehrer auf, dass zwei Schüler, die in der letzten Reihe sitzen, auffällig oft grinsen und unverhohlen lästern, sobald Letizia den Mund aufmacht. Karim (19) und Stefanie (18) sind Anhänger der „linken Szene" – und sehr stolz darauf, „anders zu sein als die Masse".

Es kann schon mal vorkommen, dass sie den Lehrer, der sie gerade unterrichtet, mit ausufernden Diskussionen über Politik aus dem Konzept bringen (wollen).

Der Klassenlehrer kommt den Bedürfnissen aller genannten Schüler nach. Er wertschätzt die Beiträge von Letizia offen und lobt die kritische Haltung von Karim und Stefanie, obwohl er sie innerlich nicht nachvollzieht.

Eines Tages bekommt der Klassenlehrer einen Anruf von Letizia. Sie ist am Boden zerstört, den Tränen nahe. Sie berichtet davon, dass Karim und Stefanie sie „regelrecht fertigmachen" würden. Die Lästereien würden ihr nichts ausmachen. Aber vor wenigen Tagen sei sie aus der Pause in den Klassensaal gekommen und hätte gemerkt, dass jemand auf ihren Stuhl gespuckt hätte. „Außerdem bewerfen die mich im Unterricht mit benutzten Taschentüchern!" Der Lehrer hört ihr aktiv zu und bemüht sich darum, sie zu verstehen.

Am nächsten Tag betritt der Klassenlehrer mit ernstem Gesichtsausdruck den Saal, zeigt stumm auf Karim, Stefanie und Letizia und gibt ihnen zu verstehen, dass alle mal nach draußen kommen sollen. Während sie dem Lehrer folgen, sagt Stefanie zu Karim laut: „Die blöde Fotze hat gepetzt!"

Während des „klärenden Gesprächs" weisen sich die Parteien gegenseitig die Schuld zu. Nach etwa 45 Minuten des aktiven Zuhörens und Moderierens scheinen sich die Beteiligten emotional wieder zu entspannen. Nachdem anfangs die üblichen „Floskeln" ausgetauscht wurden, kommt nunmehr zur Sprache, dass „das eigentlich gar nicht persönlich gemeint ist"; dass „eigentlich die Lehrer daran schuld sind, weil die so einen langweiligen Unterricht machen". Und ja: „Wir waren schon ein bisschen fies zu ihr." Es kommt plötzlich so etwas wie gute Laune auf, auch bei Letizia.

Der Lehrer sagt zu den beiden in genau diesem Moment: „Na, manchmal kommen schon ein bisschen der Mobber-Karim und die Mobber-Stefanie aus euch raus, stimmts?"

Karim und Stefanie bejahen dies. Der Lehrer überträgt den beiden die Verantwortung für die Kontrolle der „inneren Mobber". Gemeinsam füllen sie Schemamodus-Karten aus (siehe unten). Letztlich weist der Lehrer die beiden Mobber auf die disziplinarischen Konsequenzen hin, die er im Falle erneuten Mobbings ergreifen will. („Aber das habt ihr ja nicht nötig, ihr seid ja schlau genug, um euch zu kontrollieren!")

### *Allgemeines*

Mobbing ist populär, etwa ein Drittel der Schüler – über alle Schulformen hinweg betrachtet – ist davon betroffen (TAGLIEBER 2005). Wahrscheinlich wurde schon jeder Lehrer einmal Zeuge dieses niederträchtigen Phänomens.

Mobbing ist eine Art „systematisches Fertigmachen". Natürlich hat nicht jede Auseinandersetzung Mobbing-Charakter. Bestimmte Kriterien müssen erfüllt sein, sodass von Mobbing gesprochen werden kann: Sogenannte „schädigende Handlungen" müssen stattfinden, „die an einen oder mehrere Schüler gerichtet sind"; und eine gewisse Regelmäßigkeit muss gegeben sein.

Erfahrungsgemäß mobben männliche Schüler direkt und offensichtlich, weibliche Heranwachsende neigen anscheinend mehr zum Lästern und zur „Heimtücke", indem sie etwa den sozialen Ruf des Betreffenden durch üble Nachrede schädigen.

Es gibt viele „Mobbing-Spielarten". Man kann jemanden psychisch als auch physisch schädigen, auf unzählige Arten. Häufig beginnt Mobbing mit Lästerattacken, wobei meistens auch Vorurteile eine große Rolle spielen. Jegliche Form des „Fremdseins" ist womöglich ein universeller Ansatzpunkt von Mobbing.

Nach diesen ersten „Tests" folgen weitere „Level", die das Phänomen weiter zementieren. Gleichzeitig werden die Aktionen der Täter heftiger, unmoralischer und sadistischer.

Die Mobbing-Ursachen sind hinreichend bekannt (KASPER 2003). „Täter" berichten, wenn man einen „Draht" zu ihnen mithilfe einer komplementären Beziehungsgestaltung aufgebaut hat, sogar selbst davon,

> dass (a) „das Ganze eigentlich gar *nicht persönlich* gemeint, sondern nur *Frustabbau* ist“,

> (b) dass „der Unterricht ansonsten *langweilig* wäre“ oder etwa,

> (c) dass „man früher auch so seine *Opfer-Erfahrungen* gemacht hat“.

Das heißt, hinter Mobbing verbirgt sich manchmal schlicht und einfach „nur“ (a) blinder Frustabbau, wobei jemand, der unterlegen und zur falschen Zeit am falschen Ort ist, zum Aggressionsventil stigmatisiert wird, (b) Langeweile; oder aber (c) der „Täter“ war früher selbst Opfer und wiederholt das „Thema“ nunmehr – dieses Mal aber in der „vorteilhafteren“ Rolle. Gerade der letzte Aspekt findet sich meiner Erfahrung nach häufig bei Tätern. Dummerweise ist den Betreffenden in der Regel nicht bewusst, dass sie ihre eigenen Schattenseiten zum Problem eines Mitschülers machen.

Erwähnt werden müssen auch die potenziellen Auswirkungen von Mobbing, in körperlicher und psychischer Hinsicht. Zunächst ist festzustellen, dass Mobbing aufseiten des Opfers massiven negativen Stress auslöst. Das Stresserleben ist gekoppelt an die Produktion verschiedener Botenstoffe im Gehirn. Adrenalin und Cortisol etwa werden ausgeschüttet – was dazu führt, dass der Betreffende ständig unter „Strom steht“.

Von daher ist es für ihn so gut wie unmöglich, sich auf den Unterricht zu konzentrieren, geschweige denn: gute Leistungen zu erbringen (BAUER 2007c). Nicht minder schwerwiegend sind die möglichen gesundheitlichen Folgen, etwa: Kopfschmerzen, Magenbeschwerden, Schlafstörungen, allgemeine Störungen des vegetativen Nervensystems (TAGLIEBER 2005).

Der Betreffende ist irgendwann in einer scheinbar ausweglosen Situation. Er ist meistens alleine in seiner „Sündenbockrolle“ gefangen, die gesamte Klasse ist daran irgendwie beteiligt. Denn die meisten Mitschüler sind nicht gewillt, ihm zu helfen, da sie eben auch Angst haben, selbst zu Opfern zu werden. Daher übernimmt man lieber die Rolle des *Mitläufers*, teilt also auch gelegentlich aus. Oder aber der Part des „Anheizers“ wird übernommen, und man stachelt die eigentlichen Täter noch mehr an.

Als Lehrer ist es nicht immer einfach, die teils unterschwelligen Mobbing-Phänomene in der Klasse wahrzunehmen. Nicht immer wendet sich der Betroffene an den Klassenlehrer.

Doch es gibt einige Anzeichen, die man im Hinterkopf behalten kann:

> Ein oder mehrere Schüler isolieren sich mehr und mehr (vielleicht suchen sie auch die Nähe zum Klassenlehrer, indem sie sich eines Tages plötzlich in die erste Reihe setzen).
> Die Mitarbeit eines Schülers ebbt plötzlich ab, einzelne Beiträge werden verbal und nonverbal von stets denselben Mitschülern negativ „begleitet".
> Die Fehlzeiten einzelner Schülerinnen und Schüler erhöht sich signifikant im laufenden Schuljahr.

Es erübrigt sich eigentlich zu erwähnen: Selbstverständlich darf der Lehrer im Falle von Mobbing in „seiner" Klasse nicht wegschauen. Er muss intervenieren, sollte ein Opfer zu ihm Kontakt aufnehmen; und er muss auch dann aktiv werden, sobald er den Eindruck hat, in der Gruppe wird jemand zum Sündenbock gemacht. Der oder den Tätern muss dann Einhalt geboten werden!

Doch vor dem Hintergrund des Menschenbilds der Schematheorie ergibt sich hierbei ein Problem. Wenn ein Täter „jetzt gerade" mobbt, steht er unter dem Einfluss eines starren „neuronalen Musters". Genauer gesagt, eine spezielle Persönlichkeitsfacette ist aktiviert (in diesem Fall: *Schikanierer- und Angreifer-Modus).* Das heißt, während „seiner fünf Mobbing-Minuten" steht er unbewusst emotional und(!) kognitiv unter dem Einfluss seines Modus.

Als Lehrkraft kann man Betreffende, die während des Unterrichts auf dem „Mobbing-Trip" sind, daher schwerlich mit dem „gesunden Menschenverstand" stoppen, geschweige denn so etwas wie ein schlechtes Gewissen einreden.

Man kann Täter in so einem Fall erfahrungsgemäß (immerhin) nur von ihrem Verhalten abbringen, wenn man den Maßnahmenkatalog chronologisch durchgeht. Damit ist aber nichts auf lange Sicht gewonnen, im Gegenteil. Durch autoritäres Auftreten etwa bewirkt man in der Regel nichts anderes als die Aktivierung des Schemamodus *Distanzierter Beschützer* aufseiten des Täters. Während der Aktivierung dieser Abwehrhaltung („Ich mach doch gar nix!") gehen die Bemühungen des Lehrers ins Leere. Und in einer anderen Situation Stunden später wird wieder der *Schikanierer- und Angreifer-Modus* aktiviert – und das Spiel beginnt von vorn...

Außerdem: Der Täter wird alleine das Opfer für etwa einen Rauswurf verantwortlich machen und vielleicht auf dem Weg nach Hause auflauern, um „Rache" zu nehmen (Stichwort: externale Kausalattribuierung). Durch Bestrafung verschärft man unter Umständen die Lage für das Opfer.

Außerdem muss man bedenken, dass Täter verschiedene Sanktionen, die vom Lehrer inszeniert werden, meistens schon früher „gut ertragen haben", genauer gesagt, sie haben sich wahrscheinlich bereits an sie gewöhnt. Mobber haben meistens eine entsprechende „Karriere" vorzuweisen. Denn: Der hier thematisierte Schemamodus entsteht bereits sehr früh in der Biografie des Betreffenden.

Hieraus folgt, dass man das Phänomen Mobbing vor dem Hintergrund der Psychodynamik sehen muss. Deshalb ist es auch in diesem Fall unbedingt notwendig, eine komplementäre Beziehungsgestaltung einzurichten – auch wenn einem das widerstrebt.

Durch die Anpassung an die (meist verdeckte) Motivebene des Schülers ist es möglich, den Betreffenden irgendwann effizienter zu konfrontieren beziehungsweise: man kann „überzeugender" schemapädagogisch mit ihm arbeiten. Der Beziehungskredit macht es möglich.

### Eigene Schemata und Schemamodi berücksichtigen

Findet Mobbing im Unterricht *offensichtlich* statt, kann es zur Auslösung von bestimmten Schemata und Schemamodi bei der betreffenden Lehrkraft kommen. In diesem Fall ist also Achtsamkeit gefragt, damit man nicht vorschnell (falsch) reagiert.

Typische Impulse können so aussehen, dass man (a) Mobbing automatisch und „großzügig" übersieht (*Modus Distanzierter Beschützer*), oder aber (b) den Täter aggressiv angeht (*Schikanierer- und Angreifer-Modus*).

Die Aktivierung des einen wie des anderen Modus (eventuelle Schemagrundlage: *Aufopferung*) sollte bemerkt und reflektiert werden. Im ersten Fall würde man dem Betreffenden nämlich signalisieren: „Du kriegst von mir grünes Licht!" Im zweiten Fall hätte man immerhin erreicht, dass die Unterrichtsstunde „gesittet" über die Bühne geht; aber tiefgreifende Veränderung findet nicht statt.

Bevor es um den komplementären Beziehungsaufbau konkret geht, sollen an dieser Stelle relevante Schemata und Schemamodi benannt werden, die mit Mobbing häufig einhergehen.

| Relevante Schemata | Relevante Schemamodi |
|---|---|
| **Auf Täterseite:** | **Auf Täterseite:** |
| Misstrauen/Missbrauch | Impulsiv-undiszipliniertes Kind |
| Anspruchshaltung/Grandiosität | Distanzierter Beschützer |
| Bestrafungsneigung | Selbsterhöher |
| | Schikanierer- und Angreifer-Modus |
| | Manipulierer, Trickser, Lügner, Zerstörer-/Killer-Modus |
| | Innere Bestrafer (nach außen wirkend) |
| **Auf Opferseite:** | **Auf Opferseite:** |
| Misstrauen/Missbrauch | Verletzbares Kind |
| Soziale Isolation | Ärgerliches (bzw. Wütendes) Kind |
| Unterwerfung | Unterordnender Modus |
| Abhängigkeit/Inkompetenz | Innere Bestrafer (nach innen wirkend) |

### *Komplementärer Beziehungsaufbau*

Im oben geschilderten Fallbeispiel ist es dem Pädagogen gelungen, sowohl zum Opfer als auch zu den Tätern eine komplementäre Beziehungsgestaltung zu verwirklichen.

Die beiden Mobber kommunizierten zuvor ihr Interesse an politischen Fragestellungen, der Klassenlehrer ging dann und wann auf die Diskussionen „wohlwollend" ein. Damit befriedigte er eventuell ihr Bedürfnis nach Solidarität und Wichtigkeit.

Als die benachteiligte Schülerin sich bei ihm meldete, praktizierte er das Prinzip der Nachbeelterung, was erfahrungsgemäß sehr schnell Beziehungskredit entstehen lässt (das einzig Gute daran, wenn man mit Schülern kommuniziert, die gerade den Modus *Verletzbares Kind* erleben).

Sicherlich ist es aus Sicht des Lehrers im moralischen Sinne nicht ganz einfach, zu Schülern, die andere schädigen, eine besondere Beziehung aufzubauen, durch die sich die Betreffenden „als Person" auch noch akzeptiert und respektiert fühlen.

Doch man muss sich bewusst machen: Der am Mobbing hauptsächlich beteiligte *Schikanierer- und Angreifer-Modus* ist nur *eine* Persönlichkeitsfacette von Tätern. Die Betreffenden haben auch „liebenswerte" Seiten, die sie aus biografischen Gründen eben vielleicht nicht leicht zeigen können.

Durch eine komplementäre Beziehungsgestaltung „weicht" man gewissermaßen die Abwehr, genauer gesagt, die maladaptiven Schemamodi von Tätern auf.

Infolgedessen steigt die Wahrscheinlichkeit, dass man mit einigen Kind-Modi in Kontakt kommt – was schließlich dazu führt, dass man infolge einer komplementären Beziehungsgestaltung „einen Fuß in der Tür hat".

Wenn das gelingt, hat nicht nur der Pädagoge in Hinsicht auf das Phänomen Mobbing „seine Ruhe" im Unterricht (das Opfer übrigens auch). Der Beziehungskredit „ragt" auch in andere Unterrichtsstunden bei Kolleginnen und Kollegen „hinein". Denn die Täter kontrollieren erfahrungsgemäß den *Angreifer- und Schikanierer-Modus* „wegen Lehrer X" (zu dem sie eine Beziehung aufgebaut haben).

### *Ausbau von vorhanden Kompetenzen*

Die Ressourcenorientierung darf bei einem ernsten Thema wie Mobbing nicht aus den Augen gelassen werden. Das heißt, Opfer wie auch Täter erleben im Unterrichtsalltag immer mal wieder Situationen, in denen der Modus *Glückliches Kind* aktiviert wird.

Dies ist etwa dann der Fall, wenn die Betreffenden über Glücksmomente berichten, die sie etwa beim Sport, Blog-Schreiben für die eigene Homepage, bei der letzten Party, in Verein X, beim letzten Besuch der Mutter usw. hatten.

Der Lehrer registriert solche Momente und wägt ab, in welche „Richtung" man die Schülerinnen und Schüler beraten kann. Erfahrungsgemäß nehmen Schüler von „ihrem" Lehrer auch mal etwas an. Eventuell kann man Info-Material aus dem Internet herunterladen, ausdrucken und dem Betreffenden aushändigen.

Durch entsprechende Anregungen und „Arbeitsaufträge" („Informier Dich mal!") werden die Schüler in ihrer Selbst- und Sozialkompetenz gefördert – und so wird gleichzeitig das Phänomen Mobbing reduziert.

*Problemaktualisierung*

Doch trotz der Bemühungen des Lehrers um eine harmonische Atmosphäre in der Klasse – maladaptive Schemamodi-Aktivierungen finden gewöhnlich im Alltagsunterricht immer mal wieder statt, gerade wenn es um das Thema Mobbing geht.

Nun ist ein Pädagoge, der zu „seiner" Klasse durch eine komplementäre Beziehungsgestaltung viel Sympathie aufgebaut hat, in einer vorteilhaften Lage: Er kann sich in Sachen Konfrontation viel mehr „herausnehmen".

Natürlich sollte die anfangs erwähnte Flexibilität nicht aus den Augen gelassen werden. Das heißt, humorvoll-empathische Interventionen können mit ernsthaft-konfrontativen verknüpft werden, sollte man bemerken, dass die (ehemaligen) Täter wieder in irgendeine Richtung aktiv werden.

Die Fachkraft kann zum Beispiel auch mit den Tätern im Rahmen des Schemamodus-Gesprächs (siehe unten) einen „Code" vereinbaren, der für die zukünftigen Stunden gilt. Ertappt der Pädagoge die Betreffenden beim Mobben, so beginnt er eventuell das Spiel „Anzählen": „Karim und Stefanie – eins!" Zuvor kündigt er an, dass er bei „Drei" die Schüler des Saales verweist o.Ä.

Entsprechende „Rückfälle" müssen unter Umständen in einem persönlichen Gespräch noch einmal thematisiert werden.


*Problemklärung*

Infolge der gemeinsamen Schemamodus-Arbeit erkennen Schüler, die zum Mobbing neigen, dass in ihnen ein „kleiner Mobber-X" „sitzt". Diesen müssen sie laut Ansage des Lehrers nunmehr kontrollieren. Sie haben die Verantwortung dafür. Bereits beim erstmaligen Auftreten des Phänomens muss daher die Schemamodus-Arbeit ansetzen.

Kommt es trotz einer Vereinbarung wieder zu Mobbing, macht die Lehrkraft die „inneren Mobber" dafür verantwortlich und erklärt, warum es wieder zum entsprechenden „Rückfall" kam: „Siehst Du, Dein innerer Mobber hat Dich wieder in Schwierigkeiten gemacht. Wie kam das? Hm?"

Um den Modus des *Gesunden Erwachsenen* zu stärken, kann der Lehrer auch eine sogenannte „Biografie-Brücke" bauen: „Du musst Dich langsam in den Griff bekommen, in den letzten Schuljahren ging es ja bei Dir schon mal um dasselbe Thema!" Erfahrungsgemäß fühlen sich „professionelle Mobber" dann ertappt. Meistens trifft nämlich die (ungeprüfte) Behauptung zu. Man kann getrost davon ausgehen, dass sich die Angelegenheit schön öfter zeigte.

Das Ziel ist klar: Täter müssen ihre inneren Strukturen, die für das Mobbing verantwortlich sind, irgendwann selbst erkennen und benennen können. Erst dann kann so etwas wie Selbstkontrolle, die vor dem Hintergrund des Schemamodells vom Modus des *Gesunden Erwachsenen* ausgeht, stattfinden.

Gleichzeitig kann der Lehrer auch einmal seine Frustration zum Ausdruck bringen, wenn die Täter wieder in ihre alten Rollen fallen, am besten per Ich-Botschaft: „Karim, ich kann Dich echt leiden – und ich bin so enttäuscht darüber, dass Du jetzt wieder einen auf Assi machst!"

**Unterstützung beim Transfer der erarbeiteten Lösungen in den Schulalltag**
Zur Förderung des Modus des *Gesunden Erwachsenen* finden, wie oben schon erwähnt, die Schemamodus-Gespräche statt. Darüber hinaus sollte im Falle von Mobbing auch ein Schemamodus-Memo ausgefüllt werden, sobald aufseiten der Betreffenden der Modus des *Gesunden Erwachsenen* aktiviert ist. Der Lehrer macht Täter darauf aufmerksam, dass die „Erinnerungskarte" nunmehr verbindlich ist: „Und das ist jetzt Ernst, klar?"

Er verstärkt sozial erwünschtes Verhalten positiv, und zwar durch Lob und Anerkennung.

**Deutung des Eingangsfalls**

Letizia (24) lebt seit sechs Jahren in Deutschland und stammt ursprünglich aus Litauen. Die deutsche Sprache beherrscht sie relativ gut, ihre Muttersprache „schimmert" entsprechend meistens durch. Sie ist eine von fünf Mitschülerinnen mit Migrationshintergrund, die die Fachschule für Sozialpädagogik besuchen. Der Schulbetrieb läuft drei Monate, Letizia offenbart sich als introvertierte junge Frau, die offensichtlich wenig Zugang zur Klassengemeinschaft findet (***Hinweis auf das Schema Soziale Isolation***). Sie hatte sich bereits in der ersten Schulwoche in die erste Reihe gesetzt, direkt in die Mitte.

Ihre Bereitschaft zur mündlichen Mitarbeit wächst. Gleichzeitig fällt dem Klassenlehrer auf, dass zwei Schüler, die in der letzten Reihe sitzen, auffällig oft grinsen und unverhohlen lästern, sobald Letizia den Mund aufmacht (***Schikanierer- und Angreifer-Modus***). Karim (19) und Stefanie (18) sind Anhänger der „linken Szene" – und sehr stolz darauf, „anders zu sein als die Masse" (***eventuell Hinweis*** *auf das Schema Anspruchshaltung/Grandiosität*). Es kann schon mal vorkommen, dass sie den Lehrer, der sie gerade unterrichtet, mit ausufernden Diskussionen über Politik aus dem Konzept bringen (wollen) (*Image „Wir wissen mehr als Du", Psychospiel „Diskussion", Schemamodus Selbsterhöher*). Der Klassenlehrer kommt den Bedürfnissen aller genannten Schüler nach. Er wertschätzt die Beiträge von Letizia offen (*komplementäre Beziehungsgestaltung*) und lobt die kritische Haltung von Karim und Stefanie, obwohl er sie innerlich nicht nachvollzieht (*komplementäre Beziehungsgestaltung*).

Eines Tages bekommt der Klassenlehrer einen Anruf von Letizia. Sie ist am Boden zerstört, den Tränen nahe (*Modus Verletzbares Kind*). Sie berichtet davon, dass Karim und Stefanie sie „regelrecht fertigmachen" würden. Die Lästereien würden ihr nichts ausmachen. Aber vor wenigen Tagen sei sie aus der Pause in den Klassensaal gekommen und hätte gemerkt, dass jemand auf ihren Stuhl gespuckt hätte. „Außerdem bewerfen die mich im Unterricht mit benutzten Taschentüchern!" (*Schikanierer- und Angreifer-Modus*)

Der Lehrer hört ihr aktiv zu und bemüht sich darum, sie zu verstehen (*Prinzip der Nachbeelterung*).

Am nächsten Tag betritt der Klassenlehrer mit ernstem Gesichtsausdruck den Saal, zeigt stumm auf Karim, Stefanie und Letizia und gibt ihnen zu verstehen, dass alle mal nach draußen kommen sollen. Während sie dem Lehrer folgen, sagt Stefanie zu Karim laut: „Die blöde Fotze hat gepetzt!" (*Selbsterhöher*). Während des „klärenden Gesprächs" weisen sich die Parteien gegenseitig die Schuld zu (*externale Kausalattribuierung*). Nach etwa 45 Minuten des aktiven Zuhörens und Moderierens scheinen sich die Beteiligten emotional wieder zu entspannen. Nachdem anfangs die üblichen „Floskeln" ausgetauscht wurden, kommt nunmehr zur Sprache, dass „das eigentlich gar nicht persönlich gemeint ist"; dass „eigentlich die Lehrer daran schuld sind, weil die so einen langweiligen Unterricht machen". Und ja: „Wir waren schon ein bisschen fies zu ihr." (*Modus des Gesunden Erwachsenen*). Es kommt plötzlich so etwas wie gute Laune auf, auch bei Letizia.

Der Lehrer sagt zu den beiden in genau diesem Moment: „Na, manchmal kommen schon ein bisschen der Mobber-Karim und die Mobber-Stefanie aus euch raus, stimmts?"

Karim und Stefanie bejahen dies (*Hinweis auf die Reduktion der maladaptiven Schemamodi und des Mechanismus externale Kausalattribuierung*). Der Lehrer überträgt den beiden die Verantwortung für die Kontrolle der „inneren Mobber". Gemeinsam füllen sie Schemamodus-Karten aus (siehe unten). Letztlich weist der Lehrer die beiden Mobber auf die disziplinarischen Konsequenzen hin, die er im Falle erneuten Mobbings ergreifen will. („Aber das habt ihr ja nicht nötig, ihr seid ja schlau genug, um euch zu kontrollieren!")

### Schemapädagogische Analyse

Der Pädagoge offenbarte eine neutrale, aber dennoch zugewandte, freundliche Einstellung gegenüber den Schülern. Auf die Images und Psychospiele von Karim und Stefanie ging er authentisch ein, was zum Aufbau von Beziehungskredit führte. Als Letizia sich bei ihm meldete, praktizierte er bewusst das Prinzip der Nachbeelterung.

Dann folgte ein „klärendes Gespräch". Zu Beginn der Unterhaltung waren naturgemäß die maladaptiven Schemamodi aufseiten der Täter aktiv. Das ist eigentlich die Regel, sobald jemand bezichtigt wird, einen Mitschüler zu mobben. Man muss dann warten, eine neutrale Haltung offenbaren, bis sich die Abwehr von selbst reduziert. Handhabt man dies anders, erreicht man nicht den Modus des *Gesunden Erwachsenen*. Konfrontative Methoden zu Beginn des Gesprächs hätten vor dem Hintergrund des Schemamodus-Modells in der brisanten Situation nichts gebracht. Die Mobber waren ja innerpsychisch auf Verteidigung eingestellt, sprich kognitiv *und* affektiv in einem Abwehrmodus. Ist ein solcher Modus aktiviert, bedeutet das: der Modus des *Gesunden Erwachsenen* ist inaktiv. Daraus folgt: Es kann gar keine Reflexion, keine Einsicht in das eigene problematische Verhalten stattfinden.

Der Lehrer hat genau den Moment genutzt, als das „Fenster" offen, sprich der Modus des *Gesunden Erwachsenen* aktiviert war. Er begann dann mit der Schemamodus-Arbeit. Aus schemapädagogischer Perspektive hat der die chronologische Reihenfolge des Ablaufs eingehalten.

---

Die Erinnerungskarte von Karim

**1. Benennen einer Situation, in der ich Letizia mobbe**
„Wenn sie den Mund auch nur aufmacht, könnte ich wegen ihres Dialekts durchdrehen!"

**2. Erkennen der aktivierten Teil-Persönlichkeit**
„Der Mobber-Karim ist dann in mir aktiv. Ich kenne ihn schon lange."

**3. Anerkennen des unangepassten Denkens und Realitätsprüfung**

„Letizia löst den Mobber-Karim in mir nur aus. Wäre sie nicht in meiner Klasse, würde ich wahrscheinlich einen anderen Schüler mobben. Es ist gar nicht persönlich gemeint."

**4. Trennen vom alten und Festigung des neuen Verhaltens**

„Wenn ich jemanden mobbe, ist das eigentlich mein Problem, weil ich dann den Mobber-Karim nicht kontrolliere. Wenn ich merke, dass er wieder aktiv wird, werfe ich einen Blick in die politischen Texte, die Herr X mir aus dem Internet heruntergeladen hat, um mich abzulenken."

## 5.2 Arbeitsverweigerung

Lehrer X erlebt des Öfteren Konflikte mit einem bestimmten Schüler im Fach
Ethik. Marco (24) ist Schüler der BOS 2 (Berufsoberschule). Er macht einen intellektuellen Eindruck, sein Kleidungsstil ist bewusst „alternativ" gehalten. Der junge
Mann drückt sich sehr gewählt aus und vertritt seine Meinung vor allem bei Diskussionen über Religionen. Marco ist überzeugter Atheist. Seine Mitarbeit ist
„sehr gut".

Es fällt auf, dass er sich häufig darum bemüht, die Weltanschauung seiner Mitschülerinnen und Mitschüler zu erschüttern. Währenddessen ist er affektiv und
kognitiv „voll in seinem Element". Sodann zählt nur noch das „Richtige" beziehungsweise das „Falsche".

Auch die Lehrkraft wird in ausführliche Diskussionen verwickelt, seine Kommunikationsmuster sind dann grenzwertig: „Ja, was wollen Sie denn jetzt wissen? Sie
müssen sich schon genauer ausdrücken!"

Während einer Gruppenarbeit bekommt die Lehrkraft mit, dass sich Marco mit
seinem Mitschüler angeregt über den 1. FC Köln unterhält. Daraufhin spricht ihn
der Lehrer an: „Na, läuft aber derzeit beschissen für den FC!" Marco blickt kurz
verdutzt drein, beginnt dann aber eine kurze Unterhaltung über die bisherige Saison des FC. In dieser Stunde kommt es zu keinen weiteren zermürbenden Diskussionen.

In der nächsten Woche ergreift Marco das Wort und teilt dem Lehrer seine Meinung zu den Unterrichtsthemen mit (die die Schüler zu Beginn des Schuljahres
selbst auswählen durften): „Also ich finde die Themenauswahl gänzlich unpassend, wir führen viel zu wenige Diskussionen." Daraufhin entsteht wieder eine
Diskussion zwischen ihm, den Schülern und dem Lehrer. „Marco diskutiert halt
gern", sagt der Lehrer humorvoll. Marco muss (authentisch) grinsen.

Als Nächstes steht eine Klassenarbeit an. Nach fünf Minuten steht Marco auf,
geht vor zum Lehrerpult. Er legt die Arbeitsblätter auf den Tisch und stapft dann
aus dem Raum. Ein paar Zeilen hat er verfasst: „Aufgrund von geistiger Ferne
zum behandelten Unterrichtsthema habe ich mich dazu entschlossen, die Arbeit
nicht mitzuschreiben. Mit freundlichen Grüßen."

Nach der „Klassenarbeit" ist Marco nicht mehr zur Mitarbeit bereit. Er spielt im Unterricht mit seinem Handy, ganz unverhohlen. Gruppenarbeiten, an denen er teilnimmt, werden unzureichend ausgeführt.

Der Fachlehrer erfährt von Kollegen, dass Marco auch in anderen Fächern „sein
Ding" macht.

Nunmehr spricht der Ethik-Lehrer Marco öfter mal „informell" an, vor allem vor und nach dem Unterricht. Es geht um Fußball, um die Zeit nach dem Abi usw. Die Begegnungen sind von Humor, Sympathie und Gleichklang geprägt. Marco erzählt „aus dem Nähkästchen". In dieser entspannten Atmosphäre sagt der Lehrer: „Und manchmal kommt im Unterricht so ein kleiner Dagegen-Marco in Dir hoch, stimmts?" Marco hält kurz inne, reflektiert und antwortet: „Jaaaa, schon." – „Und der hat schon öfter mal auf den Putz gehauen."
Daraufhin wird über biografische Erlebnisse gesprochen, in denen der „Dagegen-Marco" eine Rolle gespielt hat. Sie einigen sich auf ein Schemamodus-Memo.

### *Allgemeines*

Schüler, die aus Prinzip „gegen alles und jeden" sind und dies jederzeit ausführlich bekunden, beanspruchen die Geduld der Lehrkraft (und gewöhnlich auch die der Mitschüler) aufs Äußerste. Sie ziehen dadurch sekundär die Aufmerksamkeit auf sich – was ja auch unbewusst damit beabsichtigt ist.

Die Betreffenden meinen, sie würden aus einem „freien Entschluss" heraus ihre „einzigartige" Meinung vertreten. Doch sie merken nicht, dass sie gewissermaßen einem „Zwang zur Rebellion" unterliegen, der sich in der Regel schon in der Kindheit ausgeprägt hat.

Der Mechanismus, der meistens an den Schemamodus *Impulsivundiszipliniertes Kind* geknüpft ist, zeigt sich vor allem anhand von häufigen Verstößen gegen die Schulordnung. Einige Beispiele: Die Betreffenden kommen – gerade bei autoritären Lehrkräften – beständig zu spät, Hausaufgaben werden nicht erledigt, Gruppenarbeitsaufträge „gebremst".

Jegliche Aufforderung zur Mitarbeit scheint aufseiten des Betreffenden augenblicklich einen Verteidigungsmechanismus zu aktivieren. Sodann geht es nur um das Projekt „Ich passe mich nicht an" und nicht unbedingt um den Inhalt des Ausgesprochenen. Mittels Mimik und Gestik unterstreichen Schüler, die zur strikten Arbeitsverweigerung neigen, ihre Einstellung.

Wenn sie „ihre fünf Minuten" haben, stehen sie kognitiv und affektiv unter dem Einfluss ihres hauptsächlichen innerpsychischen Musters.

Durch ihre Schemata und Schemamodi bewirken sie, dass man als Lehrkraft stets in einer Art Zwickmühle steckt: Verteilt man Arbeitsaufträge an den Betreffenden, muckt der Andere in vielerlei Variationen auf, hinterfragt etwa offen den „Sinn"; stellt man keine Ansprüche, findet keine Erziehung und Bildung statt – und außerdem scheint das die Betreffenden gewissermaßen zu motivieren, „ihr Thema" in die diversen Diskussionen einfließen zu lassen, die daraufhin provoziert werden.

Als „Notbremse" bleibt dem (intellektuellen) Schüler dann meistens nichts Anderes übrig, als die Lehrkraft durch unbewusste Manipulationen zu einer immerhin negativen Aufmerksamkeit zu animieren („Ja, was wollen Sie denn jetzt wissen? Sie müssen sich schon genauer ausdrücken!").

Sie stellen dadurch die Kompetenzen des Lehrers auf den Prüfstand. Erfahrungsgemäß sind solche Strategien „erfolgreich", denn sie bewirken aufseiten der Lehrkraft die Aktivierung bestimmter maladaptiver Schemamodi (siehe unten). Schließlich steht der Selbstwert des Pädagogen auf dem Spiel.

Offenbaren solche Schüler einen hohen Intellekt, so versuchen sie hin und wieder, besonders zu Beginn des Schuljahres, dem Lehrer seine Grenzen in bestimmten Fachgebieten nachzuweisen, ihn dadurch bloßzustellen. Auf solche Tendenzen muss geachtet werden; verschiedene Interventionen ergeben sich vor dem Hintergrund des Schemamodus-Modells (siehe unten).

Zusammenfassend gesagt: Die betreffenden Schüler versuchen, ihr Lebensthema „Dagegensein" immer wieder in den Unterricht einzuflechten. Das kann die ganze Klassendynamik beeinflussen. Denn meistens besteht auch ein Interesse daran, Konfliktherde zu erschaffen und emotional hochzuschaukeln.

Man kann davon ausgehen, dass der Betreffende in den vorangegangenen Schuljahren genau dieselben Probleme im Schulbetrieb kreiert hat. Aus seiner Sicht liegt das, falls man es mal zum Thema macht, an „den Anderen". Aus schemapädagogischer Sicht kann man davon ausgehen: es liegt an *seiner* innerpsychischen Struktur.

### Eigene Schemata und Schemamodi berücksichtigen

Im Falle des Phänomens Arbeitsverweigerung kommt es regelmäßig zu charakteristischen Reaktionen auf Lehrerseite. Schnell fühlt man sich in seiner Berufsehre gekränkt, weil potenziell alles infrage gestellt wird: die Unterrichtsmethoden, -inhalte, Hausaufgaben, Klassenarbeiten usw.

Leicht wird man als Lehrer geradezu in den Modus *Selbsterhöher* gezwungen. Dies hat aber meistens lediglich zur Folge, dass man sich auf Endlos-

Diskussionen einlässt (was ja eigentlich vom Anderen beabsichtigt ist).

Natürlich muss der Betreffende eine bestimmte Schemata- und Schemamodi-Kombination „mitbringen", sodass die Diagnose „permanente Arbeitsverweigerung" aufgestellt werden kann. Doch manchmal ergibt und erhärtet sich so ein Eindruck recht schnell.

Wie dem auch sei, man muss seine eigenen Schemata und Schemamodi im Auge behalten, wenn man mit solchen Schülern zu tun hat. Die Diskussionsbereitschaft des Anderen sollte natürlich nicht im Keim erstickt werden, das funktioniert nicht lange.

In der folgenden Tabelle sind die relevanten Schemata und Schemamodi, die bei diesem Phänomen auftauchen, zusammengefasst:

| Relevante Schemata | Relevante Schemamodi |
| --- | --- |
| **Auf Schülerseite:**<br>Soziale Isolation<br>Anspruchshaltung/Grandiosität | **Auf Schülerseite:**<br>Impulsiv-undiszipliniertes Kind<br>Distanzierter Beschützer<br>Selbsterhöher<br>Schikanierer- und Angreifer-Modus<br>Manipulierer, Trickser, Lügner,<br>Innere Bestrafer (nach außen wirkend) |
| **Provoziert die Auslösung folgender Schemata auf Lehrerseite:**<br>Unterwerfung<br>Abhängigkeit/Inkompetenz<br>Unzulänglichkeit/Scham<br>Verletzbarkeit<br>Negatives hervorheben | **Provoziert die Auslösung folgender Schemamodi auf Lehrerseite:**<br>Verletzbares Kind<br>Ärgerliches (bzw. Wütendes) Kind<br>Unterordnender Modus<br>Innere Bestrafer (nach innen wirkend)<br>Schikanierer- und Angreifer-Modus<br>Innere Bestrafer (nach außen wirkend) |

Ziel der schemapädagogischen Didaktik und Methodik ist es, aufseiten des Betreffenden den Modus *Glückliches Kind* zu fördern. Wird dieses Ziel erreicht, ebben die Manipulationsversuche im Unterricht ab. Dies gelingt im Allgemeinen mithilfe einer komplementären Beziehungsgestaltung.

### *Komplementärer Beziehungsaufbau*

Wenn man seine eigenen Schemata und Schemamodi im Alltagsunterricht im Hinterkopf behält, kann man sich entsprechend „zurückhalten", sobald der Betreffende mithilfe seiner Appelle („Akzeptiere, dass ich mehr weiß als Du!"), Images („Ich bin etwas Besonderes!), Tests („Wissen Sie überhaupt, wovon Sie hier reden?") und Psychospiele („Lassen Sie uns das mal ausdiskutieren") einen aus der Reserve locken will. Geht man nämlich auf die „Tricks" ein, und dazu besteht meistens ein starker Impuls, spielt man gewissermaßen das Spiel des Anderen mit. So kommt man nicht weiter. Besser ist es im Allgemeinen, im Unterricht Hinweise auf die Interessen des Schülers zu sammeln. Ein Vorteil in diesem Fall ist: Der Teenager lässt seine wahren Steckenpferde immer mal „aufblitzen". Im obigen Beispiel bekam der Pädagoge eine Unterhaltung über einen Fußballverein mit. Diese Situation hat er ausgenutzt und ein informelles Gespräch *über die Lebenswirklichkeit des Schülers* angeregt. Auf solche Kleinigkeiten eingehen – das ist der erste Schritt hin zu einer komplementären Beziehungsgestaltung. Man ist gut beraten damit, dass man dem Betreffenden temporär die Rolle des Experten zuordnet, dann fühlt er sich anerkannt.

Kommt es dann (mal wieder) zu Diskussionen, in denen es um „das Richtige" und „das Falsche" geht, ist es wichtig, die extreme Meinung des Betreffenden ein Stück weit nachzuvollziehen. Diesen Eindruck kann man mit aktivem Zuhören erwecken („Gut! Du meinst also, dass ...").

Die Betreffenden haben – neben ihren „außergewöhnlichen" Meinungen – in der Regel auch außergewöhnliche Hobbys. Das eine oder andere Gespräch, bei dem der Pädagoge den Anderen „interviewt", führt im Allgemeinen auch zum Aufbau von Beziehungskredit. Man muss es dabei gar nicht übertreiben.

Unter Umständen hat der Pädagoge selbst Erfahrungen in den verschiedenen Bereichen gemacht, die der Schüler als seine Hobbys betitelt. Diese dürfen dann ebenfalls verbalisiert werden, um einen gewissen „Gleichklang" herzustellen.

***Ausbau von vorhanden Kompetenzen***

Auch Schüler, die anscheinend nur „abblocken", haben Kompetenzen in verschiedenen Bereichen. Viele Heranwachsende mit dem Hang zur „Unterrichtssabotage" verfassen etwa kritische Blogs im Internet, lesen intellektuell anspruchsvolle Literatur, spielen in einer (alternativen) Band, sind Mitglied einer Schauspiel-Gruppe usw.

Es kann sinnvoll sein, auch in Hinsicht auf die Beziehungsgestaltung, solche Kompetenzen authentisch wertzuschätzen und zu fördern. Eventuell kann man dem Schüler Informationsmaterial aus dem Internet zu dem einen oder anderen Steckenpferd aushändigen, das der „Weiterentwicklung" dient.

Diese „Hilfestellungen" erfordern keinen hohen Zeitaufwand und sind möglicherweise auf lange Sicht effizient. Wenn dem Schüler Wege eröffnet werden, die er zur Entfaltung seiner Potenziale nutzen kann, wird er auch in der Regel mehr seiner Schülerrolle gerecht. Denn es werden im Freizeitbereich wichtige Grundbedürfnisse befriedigt. Und das wiederum kommt dem Unterricht selbst zugute.

Zwischen „Tür und Angel" kann sich der Pädagoge immer mal wieder nach dem „Stand der Dinge" erkunden („Na, wie war das Konzert?" – „Haste das Buch durch?" o.Ä.). Selbstverständlich sollte man es vermeiden, ausschließlich dem betreffenden Schüler Aufmerksamkeit zu schenken. Dies schürt leicht Neid aufseiten der restlichen Klasse und ist nicht nur deshalb auf Dauer sehr kontraproduktiv.

***Problemaktualisierung***

Gerade in Unterrichtsfächern mit „Diskussionspotenzial", etwa Pädagogik, Psychologie, Deutsch, Sozialkunde, Religion beziehungsweise Ethik, kann es leicht zur Auslösung der oben schon beschriebenen Schemamodi kommen: (vor allem) *Selbsterhöher, Distanzierter Beschützer, Schikanierer- und Angreifer-Modus.*

In solchen Situationen bekommt man als Lehrer klar vor Augen geführt, welche Auswirkungen maladaptive Schemamodi-Aktivierungen im Unterricht haben. Der Betreffende ist kognitiv und affektiv „voll in seiner Rolle", neigt zur Rechthaberei, zum Diskreditieren und Herabsetzen.

Doch tatsächlich wirkt unter dem „Deckmantel der Vernunft" das Irrationale. Dabei ist absolut irrelevant, ob der Betreffende gerade mit einem Mitschüler oder dem Lehrer diskutiert.

Es ist manchmal gar nicht so leicht zu diagnostizieren, ob es dem betreffenden Schüler nun einzig und alleine darum geht, sein „Thema" durchzuziehen oder ob er wirklich eine befruchtende Diskussion führen will, durch die er seinen Horizont erweitern will (Stichwort: Modus des *Gesunden Erwachsenen*).

Hinweise auf ersteren Aspekt sind offensichtliche Distanz- und Respektlosigkeit sowie die Tendenz des Betreffenden, den Gesprächspartner auf Teufel komm raus bloßstellen zu wollen. Und meistens offenbart er dann eine starke emotionale Erregung, die irgendwann exponentiell ansteigt (besonders wenn die Gefahr einer „Niederlage" im Raum steht).

Als Gegenüber fühlt man sich extrem herausgefordert, und das ist auch beabsichtigt. Lässt man sich – als Lehrer – auf einen derartigen Machtkampf ein, dann ist man plötzlich mittendrin im „Spiel". Und gleichzeitig steckt man in einer Zwickmühle. – „Verliert" man nämlich den Kampf nach zähem Ringen, so verstärkt man dadurch die innerpsychische Struktur des Heranwachsenden; „gewinnt" man ihn, führt dies in der Regel zu demselben Ergebnis.

Im zweiten Fall wird es dann wahrscheinlich so sein, dass die Konfrontation nunmehr häufiger vom Betreffenden inszeniert wird.

Doch was kann man tun?

### *Problemklärung*

Eine Möglichkeit, aufseiten des Schülers mit erhöhtem Diskussionsbedarf den Modus des *Gesunden Erwachsenen* zu fördern, besteht darin, spontan von der Sach- auf die Beziehungsebene zu switchen. Kommunizieren kann man diese Absicht durch einen Satz wie: „Ich habe das Gefühl, Dir geht es jetzt nur darum, die Weltanschauung Deiner Mitschüler zu zerstören", oder: „Wir diskutieren jetzt schon 10 Minuten über dieses Thema – so wie letzten und vorletzten Dienstag auch. Dir geht es gerade um was Anderes, stimmts?"

Oder aber man sagt das Ende der „typischen Diskussion" voraus: „Pass auf, Marco, das Ganze geht jetzt noch 10 Minuten so weiter – und wir stehen am Ende genauso da wie letzten und vorletzten Dienstag", oder: „Selbst wenn ich jetzt sagen würde, Du hast völlig Recht, würdest Du weiter diskutieren wollen." (Zugegeben: letztere Intervention kann tatsächlich bewirken, dass der Betreffende „aus Protest" Ruhe gibt.)

Diese Anregungen, die natürlich Rechtfertigungsversuche des Betreffenden aktivieren, können *vor* der Schemamodus-Arbeit bedacht werden. Verfügt der Schüler aber infolge der Einführung in das Schemamodus-Modell über das notwendige Wissen über seinen inneren „diskutiergeilen Persönlichkeitsanteil" (so der „Arbeitsbegriff", den ein Schüler verwendete), so ist es denkbar, die entsprechende Schemamodus-Aktivierung offen anzusprechen. In Absprache mit dem Schüler kann man dabei variabel vorgehen („Marco, was kann ich tun, um Dich im Falle Deines Psychospiels im Unterricht zu stoppen?").

Erfreulicherweise drängt sich im Falle dieses „Schüler-Themas" die aktivierende Ressourcenkonfrontation geradezu auf. Diskutierfreudige Heranwachsende können ihr Potenzial auch außerhalb des Unterrichts nutzen.

Sobald die Lehrkraft also die Stärken des „kritischen" Persönlichkeitsanteils herausgestellt hat („Ohne Zweifel ist der Diskutierer-Marco in Dir ein Plus! – Der hats schon drauf"), kann man versuchen, gemeinsam mit dem Schüler Brücken in andere Betätigungsfelder zu bauen. Eventuell gibt es eine ansässige Volkshochschule, in der „passende Kurse" angeboten werden, etwa Philosophie- oder Literaturkurse, in denen ausgiebig um „die Wahrheit" gerungen wird o.Ä.

Auf der anderen Seite sollte auch der Modus des *Gesunden Erwachsenen* aufseiten des Schülers gestärkt werden, vor allem in Hinsicht auf die Selbstkontrolle im Unterricht. Das Ziel heißt dann: Der Heranwachsende muss lernen, zwischen einer „Diskussion als Wahrheitssuche" und einer „Diskussion als Zweck an sich" zu unterscheiden.


***Unterstützung beim Transfer der erarbeiteten Lösungen in den Schulalltag***

Um den Schüler zu fördern, wird gemeinsam ein Schemamodus-Memo ausgefüllt. Auf der anderen Seite bieten sich auch Schemamodus-relevante Gespräche zwischen Tür und Angel an („Wann und wie ist der Diskutierer-Marco entstanden?"), um den Modus des *Gesunden Erwachsenen* zu stärken.

Der Schüler sollte irgendwann erkennen, dass bestimmte Situationen im Unterricht seine kostenintensive Persönlichkeitsfacette („Diskutierer-Marco) aktivieren – und vor allem: dass die Meinungen der Mitschüler nicht dafür verantwortlich sind, falls er sich unwohl fühlt.

Während der Schemamodus-Arbeit vermittelt der Lehrer dem Heranwachsenden, dass er in Zukunft das Diskussionsverhalten des Betreffenden genau beobachten wird. Der Pädagoge sagt, er werde nur eine respektvolle Argumentation akzeptieren. Und weiter: Sollte der Schüler sich nicht in dieser Hinsicht „zusammenreißen", werden unverzüglich Sanktionen folgen.

Dasselbe gilt für Auseinandersetzungen, die zwischen dem Betreffenden und der Lehrkraft stattfinden. Natürlich ist der Lehrer überwiegend ein Modell für den Modus des *Gesunden Erwachsenen*.

Entsprechend „erfolgreiche" Diskussionen werden vom Lehrer registriert, und der Schüler erhält ein positives Feedback.

### *Deutung des Eingangsfalls*

Lehrer X erlebt des Öfteren Konflikte mit einem bestimmten Schüler im Fach Ethik. Marco (24) ist Schüler der BOS 2 (Berufsoberschule). Er macht einen intellektuellen Eindruck, sein Kleidungsstil ist bewusst „alternativ" gehalten (*Hinweis auf das Schema Soziale Isolation*). Der junge Mann drückt sich sehr gewählt aus (*Modus Selbsterhöher, Image „Ich bin etwas Besonderes"*) und vertritt seine Meinung vor allem bei Diskussionen über Religionen. Marco ist überzeugter Atheist. Seine Mitarbeit ist „sehr gut" (*Modus Selbsterhöher*).

Es fällt auf, dass er sich häufig darum bemüht, die Weltanschauung seiner Mitschülerinnen und Mitschüler zu erschüttern (*Schikanierer- und Angreifer-Modus*). Währenddessen ist er affektiv und kognitiv „voll in seinem Element". Sodann zählt nur noch das „Richtige" beziehungsweise das „Falsche" (*Modus Selbsterhöher*).

Auch die Lehrkraft wird in ausführliche Diskussionen verwickelt, seine Kommunikationsmuster sind dann grenzwertig: „Ja, was wollen Sie denn jetzt wissen? Sie müssen sich schon genauer ausdrücken!" (*Test „Reagiert der Lehrer jetzt mal endlich richtig negativ – so wie ich es erwarte?", Modus Selbsterhöher, Schikanierer- und Angreifer-Modus*)

Während einer Gruppenarbeit bekommt die Lehrkraft mit, dass sich Marco mit seinem Mitschüler angeregt über den 1. FC Köln unterhält (*Modus Glückliches Kind*). Daraufhin spricht ihn der Lehrer an: „Na, läuft aber derzeit beschissen für den FC!" (*komplementäre Beziehungsgestaltung*) Marco blickt kurz verdutzt drein, beginnt dann aber eine kurze Unterhaltung über die bisherige Saison des FC (*Aufbau von Beziehungskredit*). In dieser Stunde kommt es zu keinen weiteren zermürbenden Diskussionen (*Hinweis darauf, dass Marcos Grundbedürf-*

*nisse ausreichend befriedigt sind*).

In der nächsten Woche ergreift Marco das Wort und teilt dem Lehrer seine Meinung zu den Unterrichtsthemen mit (die die Schüler zu Beginn des Schuljahres selbst auswählen durften): „Also ich finde die Themenauswahl gänzlich unpassend, wir führen viel zu wenige Diskussionen." Daraufhin entsteht wieder eine Diskussion zwischen ihm, den Schülern und dem Lehrer (*Psychospiel „Diskussion"*). „Marco diskutiert halt gern", sagt der Lehrer humorvoll. Marco muss (authentisch) grinsen (*Modus des Gesunden Erwachsenen*).

Als Nächstes steht eine Klassenarbeit an. Nach fünf Minuten steht Marco auf, geht vor zum Lehrerpult. Er legt die Arbeitsblätter auf den Tisch und stapft dann aus dem Raum. Ein paar Zeilen hat er verfasst: „Aufgrund von geistiger Ferne zum behandelten Unterrichtsthema habe ich mich dazu entschlossen, die Arbeit nicht mitzuschreiben. Mit freundlichen Grüßen." (*Modus Selbsterhöher, Test „Wird der Lehrer jetzt mal endlich negativ reagieren?"*)

Nach der „Klassenarbeit" ist Marco nicht mehr zur Mitarbeit bereit (*Modus Selbsterhöher*). Er spielt im Unterricht mit seinem Handy, ganz unverhohlen. Gruppenarbeiten, an denen er teilnimmt, werden unzureichend ausgeführt (*Modus Manipulierer, Trickser, Lügner*).

Der Fachlehrer erfährt von Kollegen, dass Marco auch in anderen Fächern „sein Ding" macht (*Hinweis auf das Schema Anspruchshaltung/Grandiosität*).

Nunmehr spricht der Ethik-Lehrer Marco öfter mal „informell" an, vor allem vor und nach dem Unterricht (*komplementäre Beziehungsgestaltung*). Es geht um Fußball, um die Zeit nach dem Abi usw. Die Begegnungen sind von Humor, Sympathie und Gleichklang geprägt. Marco erzählt „aus dem Nähkästchen" (*Modus des Gesunden Erwachsenen*). In dieser entspannten Atmosphäre sagt der Lehrer: „Und manchmal kommt im Unterricht so ein kleiner Dagegen-Marco in Dir hoch, stimmts?" Marco hält kurz inne, reflektiert und antwortet: „Jaaaa, schon." – „Und der hat schon öfter mal auf den Putz gehauen." (*Modus des Gesunden Erwachsenen*)

Daraufhin wird über biografische Erlebnisse gesprochen, in denen der „Dagegen-Marco" eine Rolle gespielt hat (*Modus des Gesunden Erwachsenen*). Sie einigen sich auf ein Schemamodus-Memo.


### Schemapädagogische Analyse

Marco offenbart Anzeichen der Schemata *Soziale Isolation* und *Anspruchshaltung/Grandiosität*, vor allem durch seine Einzelgängermentalität, die verknüpft ist mit aggressiven Selbsterhöhungstendenzen.

Durch die Motivation, „gerne" Diskussionen führen zu wollen, „schimmert" ein destruktives Aggressionspotenzial durch. Man kann annehmen, dass es biografischen Ursprungs ist und schon öfter in der bisherigen „Schulkarriere" eine Rolle gespielt hat. (Der Lehrer hätte auch entsprechend eine „konfrontative Biografiebrücke" ausprobieren können: „Marcos, das Thema kennen wir jetzt schon so lange, nicht?")

Der Schüler ist sich anfangs nicht darüber bewusst, dass die Mitschüler lediglich sein innerpsychisches Muster auslösen. *Während* solcher Aktivierungen kommt man ihm nur schwer bei.

Er provoziert gewissermaßen vorauseilend negative Reaktionen, die seine Rolle als Außenseiter bestätigen sollen. Seine Mitschüler kann er in die passenden Rollen bugsieren – die meisten finden ihn tatsächlich unausstehlich –, der Lehrer aber lässt sich nicht auf die unbewussten Tests, Images und Appelle ein. Hätte er sich von seinem ersten Impuls leiten lassen, hätte er sich lediglich auf Marcos Spiel eingelassen.

In einem passenden Moment gelingt dem Pädagogen die komplementäre Beziehungsgestaltung. Das Gespräch über den FC Köln ist die Grundlage für die späteren Interventionen. Die weiteren Unterhaltungen führen zum Aufbau von zusätzlichem Beziehungskredit, welcher die Ausgangsbasis für die spätere Schemamodus-Arbeit darstellt. Der junge Mann lässt sich darauf ein und benennt den *Schikanierer- und Angreifer-Modus* mit: „Diskutier-Gott" (siehe nachfolgendes Memo).

---

Die Erinnerungskarte von Marco

**1. Benennen einer Situation, in der ich zum Diskutier-Gott mutiere**
„Sobald Mitschüler Meinungen vertreten, die ich primitiv finde!"

**2. Erkennen der aktivierten Teil-Persönlichkeit**
„Der Diskutier-Gott will sie dann plattmachen, weil er für das Richtige in der Welt steht und *die* Wahrheit verbreiten will."

**3. Anerkennen des unangepassten Denkens und Realitätsprüfung**
„Der Diskutier-Gott ist schon öfter mal aktiviert worden. Er bringt mich in eine Außenseiterposition, sorgt aber immerhin für (negative) Aufmerksamkeit; außerdem bewirkt er, dass ich unmoralisch mit meinen Mitmenschen umgehe."

**4. Trennen vom alten und Festigung des neuen Verhaltens**

„Die Mitschüler und manchmal die Lehrer lösen den Diskutier-Gott in mir aus.
So gesehen haben Sie mich als *Person* gewissermaßen unter Kontrolle, weil ich
dann immer meinen Film fahre. Die nächste Aktivierung wird mir bewusst und
ich kontrolliere den Diskutier-Gott, aber seine Stärken will ich schätzen lernen.“

## 5.3 Gewaltbereitschaft und Gewalt

Serda (16) und Volkan (17) besuchen die „schlimmste BVJ-Klasse der Schule", so zumindest die Einschätzung einer überforderten Kollegin. Die beiden Türken fallen insbesondere dadurch auf, dass sie sehr viel negative Aufmerksamkeit auf sich ziehen. Unterricht wird dadurch so gut wie unmöglich gemacht. Disziplinarmaßnahmen waren bisher mehr oder weniger erfolglos.

Sie geben sich übertrieben „cool", versuchen immer mal wieder, die Lehrkräfte, die in dieser Klasse eingesetzt sind, aus dem Konzept zu bringen („Hey, Frau X, wissen Sie, was Gang bang ist?") Oder aber sie spielen, wenn es ihnen zu langweilig wird, Musik laut auf ihren Handys ab (Stil: Agro-Berlin).

Auch bei Lehrer X versuchen sie „ihr Glück". In den ersten Stunden des Schuljahres quatschen sie „heldenhaft" über Schlägereien, die sie in ihrer Freizeit provozieren. „Hey, Herr X, wissen Sie, wie viel Geld es kostet, wenn man einem Anderen vier Zähne ausschlägt?" Er antwortet ohne ersichtliche Regung: „Nee, da kenne ich mich nicht aus."

Noch in der ersten Stunde wurden Ethik-Themen für das laufende Schuljahr gesucht und gefunden. Auch die Themen „Gewalt", „Mobbing" und „Liebe" wurden ausgewählt – was die beiden Türken sehr erfreute.

Der Pädagoge fragt die kommenden Wochen immer mal wieder nach, was sich „so am Wochenende" im Rückblick bei den beiden getan hat. Serda meint irgendwann, sie hätten im TV eine Freefight-Kampfsportveranstaltung geschaut, bei der „harte Jungs gegeneinander angetreten sind". Der Lehrer erkundigt sich nach den Regeln, Gepflogenheiten und nach den „besten Kämpfern" in dieser Sportart. Die beiden erzählen begeistert. In dieser Stunde arbeiten die beiden zur Abwechslung mündlich mit und unterlassen ihre „Spielchen".

Eines Tages bemerkt Herr X, dass Serda ein blaues Auge hat. „Na? Am Wochenende mal an den Falschen geraten?", sagt er humorvoll. Serda antwortet (sichtlich nicht darüber erfreut): „Oh, Herr X, lassen Sie mich bloß in Ruhe!" Daraufhin Herr X: „Siehst Du, so habe ich mich am Anfang des Schuljahres gefühlt, als Du und Volkan aufgedreht habt." Serda meint daraufhin, dass ihm das egal sei, und außerdem würde er am nächsten Tag „krasse Rache" an demjenigen ausüben, der ihm das angetan hätte.

Herr X bittet daraufhin Serda vor die Tür, die Klasse kümmert sich derweil um einen Gruppenarbeitsauftrag.

Unter vier Augen erklärt Herr X, dass er Serda für einen „netten Kerl" halte, mit dem Unterricht oft Spaß machen würde – und dass manchmal so ein „Agro-

### *Allgemeines*

Gewalt – besonders unter Jugendlichen – scheint in den letzten Jahren eine neue Qualität angenommen zu haben. Nunmehr werden immer häufiger Jugendliche, aber auch Erwachsene, die bereits am Boden liegen, weiterhin verletzt, bis sie nicht mehr aufstehen (SCHMITT-KILLIAN 2010). Zwar bezieht sich das Phänomen meistens auf junge *männliche* Jugendliche, doch zunehmend holen die Mädchen „auf".

Ebenfalls ist erkennbar, dass sich Jugendgewalt immer öfter auch gegen Erwachsene richtet. Die populären Fälle, die in den Medien große Beachtung finden (etwa der „Fall Brunner" in München), mögen in dieser Hinsicht als Beispiele gelten.

Zwar sank die Zahl der registrierten Straftaten von Jugendlichen in Deutschland nach der Polizeilichen Kriminalstatistik 2009. Demnach wurden „nur" noch 7,6 Prozent aller Heranwachsenden polizeilich unter der Rubrik „tatverdächtig" registriert (265.771).

Delikte, die mit Körperverletzung zu tun haben, stiegen zahlenmäßig hingegen an, und das besonders seit dem Jahr 2007, in dem ein Anstieg von 6,3 Prozent bei gefährlicher und schwerer Körperverletzung verzeichnet wurde (SCHMITT-KILLIAN 2010, 37). Die Körperverletzungen haben mit circa 25 Prozent einen recht hohen Deliktsanteil in Hinsicht auf das breite Straftatenspektrum.

Auf der anderen Seite ist bei den Gewaltdelikten (Körperverletzung, Sachbeschädigung usw.) tendenziell „mehr Brutalität" zu verzeichnen als früher (HEISIG 2010).

Erwähnt werden muss noch, dass die Aussagekraft der Polizeilichen Kriminalstatistik (PKS), deren aktuellen Ergebnisse oben skizziert wurden, begrenzt ist. Die Daten beinhalten lediglich Taten, die angezeigt wurden. Viele Gewaltdelikte bleiben erwiesenermaßen im Verborgenen. Außerdem spielt die Variable „Anzeigebereitschaft in der Bevölkerung" eine große Rolle, sie ändert sich in Abhängigkeit zu den gesellschaftlichen Veränderungen immer wieder.

Trotz allem: Lehrerinnen und Lehrer erleben so gut wie täglich irgendeine Facette von Gewalt. Die „Spanne" reicht von Beleidigungen, Lästereien, Mobbing bis hin zu körperlichen Auseinandersetzungen beziehungsweise schweren Misshandlungen.

Und es muss bedacht werden: Die Gewaltventile haben auch durch die Neuen Medien an Vielfalt gewonnen. Begriffe wie *Cybermobbing* (Schikanieren mittels Handy oder im Internet), *Cyberbullying* (bei Kindern) und *Happy-Slapping* (Gewaltdelikte auf Handy aufnehmen und weitersenden) waren bis vor wenigen Jahren noch völlig unbekannt. Die Zeiten haben sich geändert.

Im Folgenden wird es schwerpunktmäßig um die „traditionelle" Gewalt und Gewaltbereitschaft gehen, sprich: um aggressives Verhalten, das darauf abzielt, andere psychisch und physisch zu schädigen.

Die sogenannten Schlägertypen stammen überwiegend aus sozial schwachen Schichten (SCHMITT-KILLIAN 2010). Sie sind ihren Opfern in der Regel körperlich überlegen und machen auch auf so manchen Pädagogen einen entsprechend „robusten" Ersteindruck. Der Umgang mit solchen Schülerinnen und Schülern ist in der Regel nicht einfach, besonders wenn man von so mancher Straftat *weiß*.

Sicherlich macht diese Klientel so mancher Lehrkraft zu schaffen, besonders wenn man sich in Machtkämpfe verwickeln lässt (siehe auch Kapitel 5.8). Wenn man diese Konflikte auch noch mit „nach Hause" nimmt, können nach und nach alle Voraussetzungen entstehen, die im sogenannten Burn-out gipfeln.

Das Problem „gewaltbereite Schüler" gibt es natürlich schon länger. Und die gesellschaftlichen Institutionen kümmern sich seit Jahren um das Phänomen. – Mehrfachtäter haben daher meistens Anti-Aggressions-Trainings hinter sich. Jene entsprechen überwiegend der Theorie der sogenannten Konfrontativen Pädagogik (KILB, WEIDNER & GALL 2009). In solchen Trainings werden die Betreffenden zwar als Person wertgeschätzt, aber in Hinsicht auf ihr „abweichendes Verhalten" konfrontiert („80 Prozent einfühlsame, tolerante Beziehungsgestaltung, 20 Prozent Konfrontation"). Auch schemapädagogische Methoden sind hier einsetzbar.

### Eigene Schemata und Schemamodi berücksichtigen

Die Fachkräfte gehen unterschiedlich mit Gewalt im Klassenzimmer um. Manche schauen weg, andere intervenieren. Die Frage ist eben nur: wie? Prinzipiell sollte man sich bewusst machen, dass gewaltbereite beziehungsweise gewalttätige Heranwachsende nicht *so* „auf die Welt gekommen" sind.

Sie machten ihre biografischen Erfahrungen, meistens aus der Opfer-Perspektive, und mussten sich in der Regel an schwierige soziale Verhältnisse zu Hause anpassen.

Andererseits, und hier tut sich ein Teufelskreis auf, haben sie von den „damaligen Tätern" gelernt, was genau aggressives Verhalten ausmacht. Meistens kommen dann entsprechende „Erfolgserlebnisse" im Kindergarten- beziehungsweise Grundschulalter hinzu, die die Ausprägung des aggressiven Verhaltens positiv verstärken. Eventuell half es ihnen beim Durchsetzen eigener Interessen, vielleicht bekamen sie Anerkennung von den „Mitläufern" entgegengebracht. Diese (gewöhnlich) jahrelangen Prägungen, Interaktions- und Reiz-Reaktionsmuster bringt der Jugendliche nun mit in die Schule. Von einer „Pulverfass-Situation" zu sprechen – das wäre an dieser Stelle übertrieben. Aber eins muss klar sein: Sollte die Lehrkraft nichtwissend maladaptive Schemata und Schemamodi aufseiten des Betreffenden auslösen, dann kann sich ganz schnell eine sehr explosive Situation im Unterricht ergeben, in der die Emotionen hochkochen.

Gerade zu Beginn des Schuljahres sollte daher bedacht mit Ironie, Extraversion und Sarkasmus umgegangen werden. Unter Umständen reicht nämlich schon ein „Schlüsselsatz" aus, um aufseiten des Betreffenden eine Kettenreaktion in Gang zu setzen, etwa: „Na, am Wochenende mal an den Falschen geraten?" So einen Satz, der den Betreffenden möglicherweise an einen Täter „von damals" unbewusst erinnert, kann man nur ohne Bedenken aussprechen, wenn man einige Wochen lang erfolgreich Beziehungskredit erwirtschaftet hat. Infolgedessen wird man eher als Respektsperson wahrgenommen und nicht als „typischer Lehrer". Es lohnt also, bei diesem Thema prinzipiell einen „inneren Abstand" herzustellen und seine maladaptiven Schemamodi im Auge zu behalten. Hierbei helfen die Einsichten der Lernpsychologie und Schematherapie:

1. „Täter" waren meistens früher selbst Opfer und re-inszenieren in bestimmten Situationen kindliche Erlebnisse – nur unter umgekehrten Vorzeichen.
2. Anhand von „passenden Vorbildern" wurde aggressives Verhalten erlernt.
3. „Täter" haben auch Gefühle, Wünsche, Bedürfnisse nach Anerkennung, Solidarität und Wertschätzung, die hinter den maladaptiven Schemamodi „versteckt" sind.

Sehr nachteilig ist jedoch, dass gewaltbereite Jugendliche manchmal ihr „Thema" im Unterricht offenbaren. Die Betreffenden berichten etwa über Schlägereien, die neuesten „Happy-Slapping"-Videos usw. Viele Lehrkräfte geben dann meistens ihre Bedenken kund – und schon steht die Beziehungsgestaltung unter einem schlechten Stern. Denn manchmal sind entsprechende Phänomene nichts anderes als Beziehungsangebote. Die Themen stammen ja aus der Lebenswelt der Betreffenden. Daher kann es nicht schaden, zunächst eine neutrale Position zu beziehen; im späteren Verlauf des Schuljahres sind dann Gespräche auf „gleicher Augenhöhe" möglich. In denen kann man dann mit Kritik etwas bewegen.

Nun zu den Schemata und Schemamodi, die relevant sein können, wenn gewaltbereite beziehungsweise gewalttätige Schüler in der Klasse sitzen.

| Relevante Schemata | Relevante Schemamodi |
| --- | --- |
| **Auf Schülerseite:**<br>Misstrauen/Missbrauch<br>Anspruchshaltung/Grandiosität | **Auf Schülerseite:**<br>Impulsiv-undiszipliniertes Kind<br>Aggressives (bzw. Wütendes) Kind<br>Distanzierter Beschützer<br>Selbsterhöher<br>Schikanierer- und Angreifer-Modus<br>Zerstörer-/Killer-Modus<br>Manipulierer, Trickser, Lügner,<br>Innere Bestrafer (nach außen wirkend) |

| Provoziert die Auslösung folgender Schemata auf Lehrerseite: | Provoziert die Auslösung folgender Schemamodi auf Lehrerseite: |
| --- | --- |
| Misstrauen/Missbrauch<br>Unterwerfung<br>Bestrafungsneigung | Verletzbares Kind<br>Ärgerliches (bzw. Wütendes) Kind<br>Unterordnender Modus<br>Manipulierer, Trickser, Lügner<br>Schikanierer- und Angreifer-Modus<br>Innere Bestrafer (nach außen wirkend) |

### Komplementärer Beziehungsaufbau

Auch eine komplementäre Beziehungsgestaltung mit Schülern, die zur Gewalt neigen, ist möglich – nur eben nicht einfach zu bewerkstelligen. Die Betreffenden haben ja in der Regel gelernt, die Modi *Glückliches Kind* und *Verletzbares Kind* gerade nicht zu zeigen. Daher kommt man in der Regel nicht direkt, sondern nur über einen „Umweg" emotional an sie heran. Ein erster Schritt wäre schon damit getan, wenn man die Themen, die die Betreffenden anscheinend interessieren und immer mal wieder erwähnen, nicht vorauseilend ablehnt. Denn eine solche Abwehr ist solchen Schülern in der Regel wohlbekannt. Offenheit und Interesse demgegenüber lassen sich dann authentisch kommunizieren, wenn der Lehrer inneren Abstand durch die Kenntnis der Psychodynamik von Gewaltbereitschaft herstellt (siehe oben). Es kommt öfter mal vor, dass betreffende Schüler Themen wie Happy-Slapping, Cyber-Sex, Agro-Rap usw. verbalisieren, *um mit dem Pädagogen in Kontakt zu treten*. Auf der Beziehungsebene wird dann gewissermaßen ein „Angebot" gemacht. Man sollte bedenken: Solche Schüler haben in der Regel gar keine andere verbale Alternative. Wer sich ein negatives Feedback verkneift, tut schon viel Sinnvolles. Entsprechend trägt auch ein breites Wissen über „fragwürdige Schülerangelegenheiten" zum Aufbau von Beziehungskredit bei. Die Betreffenden sind meistens schnell beeindruckt, wenn man über sogenannte Insider-Informationen verfügt, also *up to date* ist. Auf diese Weise kann man vermitteln: „Ein Teil von mir ist wie ihr."

Wird dann noch vonseiten des Schülers ein Hobby genannt, dem er in der Freizeit nachgeht, etwa „Rappen", „Boxen" (im Verein), „Tanzen" usw., dann ist dies der „richtige" Moment, in dem man am besten nachfragt und authentisch Interesse offenbart.

### Ausbau von vorhanden Kompetenzen

Die sich dann ergebenden Informationen kann man dazu nutzen, um vorhandene Ressourcen des Betreffenden zu fördern. Ist der Schüler etwa (a) ein begeisterter Rapper, kann man ihm zum Beispiel einen adäquaten Zeitungsartikel mitbringen (Konzertbericht o.Ä.); boxt er (b) im Verein, kann man ihm ein Boxtrainingsbuch empfehlen (das man „zufällig" im Internet gefunden hat) oder eins ausleihen; (c) einer leidenschaftlichen Tänzerin kann man eine Tanzschule in unmittelbarer Nähe empfehlen. Lassen sich die Betreffenden auf solche Interventionen ein, werden sie in vielerlei Hinsicht gefördert – und man kann die Energie, die diese Klientel bisher in „falsche Kanäle" geleitet hat, eher in eine neue, prosoziale Richtung lenken. Parallel hierzu lernen die Heranwachsenden nichts anderes als Vertrauen. Sie erkennen, dass es auch jemand gut mit ihnen meint. Dies fördert gleichzeitig den Modus des *Gesunden Erwachsenen*.

### Problemaktualisierung

Werden im Unterricht aufseiten des betreffenden Schülers maladaptive Schemamodi ausgelöst, kommt es unweigerlich zu bestimmten Konflikten. Doch der Lehrer hat dann infolge eines geglückten Beziehungsaufbaus zuvor „gute Karten". Je mehr Beziehungskredit besteht, desto eher „entladen" sich nämlich relevante Schemamodi (*Schikanierer- und Angreifer-Modus* und *Zerstörer-/Killer-Modus*) „in Richtung" *Mitschüler* (und nicht gegen den Pädagogen). Sicher: reagieren muss man dann trotzdem. Aber dann hat man ganz andere Möglichkeiten.

Meistens bekommt man solche Aktivierungen mit. Die Äußerungen, die gewaltbereite Schüler dann tätigen, unterscheiden sich erfahrungsgemäß. Die jeweilige Qualität hat vor allem mit kulturellen/biografischen Entwicklungen zu tun. Grundsätzlich gilt: Wenn noch nicht genug Beziehungskredit aufgebaut werden konnte – vielleicht hatte der Lehrer nicht genug Zeit –, agiert der Pädagoge *de*eskalierend. Stimmt jedoch die „Chemie" zwischen Schüler und Fachkraft, so kann man sich auch die eine oder andere konfrontative Intervention „leisten". Verschiedene Entgleisungen („EY! ICH FICK DICH SPÄTER, DU SPAST") sollten unter vier Augen mit dem Betreffenden besprochen werden.

*Problemklärung*

In der Regel werden bei „klärenden Gesprächen" so gut wie alle „selbstwertdienlichen Wahrnehmungsverzerrungen" aktiviert (= externale Kausalattribuierung: „Der Andere hat mich provoziert!" – Modus des *Distanziertes Beschützers*: „Ich hab gar nichts gemacht!").

Entspannt sich der Schüler aber irgendwann, weil der Lehrer nicht nachsetzt, sondern aktiv zuhört, merkt man schnell, dass sich nunmehr leichter die kognitiven Ressourcen des Betreffenden stimulieren lassen. Und dann kann man mit der Schemamodus-Arbeit beginnen.

Zu Beginn wird die „gute Beziehung", die zwischen dem Betreffenden und der Lehrkraft besteht, kurz skizziert. Um den Modus des *Gesunden Erwachsenen* zu aktivieren, bietet sich an, einige erfreuliche gemeinsame Erlebnisse anzusprechen. Daraufhin kann der Lehrer seinem Gegenüber – humorvoll-empathisch – einen Arbeitsbegriff für dessen maladaptiven Schemamodus anbieten (etwa: „Und manchmal kommt schon so ein Killer-Serda aus Dir raus, gell?").

Erfahrungsgemäß finden Schüler solche Bezeichnungen passend beziehungsweise interessant. Zeigt der Betreffende positive Reaktionen, lohnt meistens eine Vertiefung („Wann kommt denn der Killer-Serda sonst noch so raus?" o.Ä.). Auf diese Weise kann man ein Schemamodus-Gespräch anregen und so gleichzeitig beim Schüler ein Gespür für seine kostenintensive Persönlichkeitsfacette erwecken.

In der Regel verstehen Schüler in einer solchen Stimmung auch die Lage des Lehrers, das heißt, die Perspektivenübernahme findet häufig statt („Hör zu, im Unterricht kann ich den Killer-Serda nicht gebrauchen, dann kann ich nicht unterrichten. Was können wir da machen?).

Gelingen solche Gespräche, verspricht der Schüler meistens, sich in den zukünftigen Stunden „zusammenzureißen". Hat man diesen Punkt erst einmal erreicht, lassen sich auch Absprachen für die Zeit außerhalb der Schule treffen.

*Unterstützung beim Transfer der erarbeiteten Lösungen in den Schulalltag*
Doch dies ist gewöhnlich nicht so einfach zu bewerkstelligen. Dafür wurden aggressive Verhaltensweisen des Betreffenden viel zu häufig vom sozialen Umfeld belohnt, freiwillig oder unfreiwillig.

Aber es ist schon mehr als genug erreicht, wenn man mittels der Schema-modus-Arbeit mit der Klasse einen ordentlichen Unterricht machen kann, der nicht alle paar Minuten von einem maladaptiven Schemamodus sabotiert wird.

Der Betreffende braucht in Hinsicht auf die Selbstkontrolle auch die Mit-arbeit der Lehrkraft. Anfangs bietet es sich noch an, vor der Unterrichtsstunde die eine oder andere – nett gemeinte – Bemerkung über den „Stand der Dinge" anzubringen. „Na, was hat der Killer-Serda letztes Wochenende so gemacht?" o.Ä. Und dann gilt wieder: inneren Abstand herstellen, Humor einbringen, nicht gleich verurteilen.

Dem Schüler muss nach und nach klar werden, dass gewissermaßen der „Feind" in ihm und nicht neben oder vor ihm sitzt. Es muss ihm irgendwann be-wusst werden: der „Killer-Persönlichkeitsanteil" sucht und findet immer wieder jemanden, mit dem „er" sich boxen, raufen, prügeln kann. Grund: *Das ist sein Thema.* An diesem Punkt kann man behutsam mit dem Heranwachsenden arbei-ten. Vielleicht ergeben sich entsprechende Gespräche.

Die Lehrkraft kann auch bewusst „Schemamodus-Klärungs-Phasen" ein-planen und durchführen, um solche intimen Unterhaltungen zu führen, etwa im Rahmen der sogenannten „Fördergespräche", die in der Berufsfachschule 1 oh-nehin regelmäßig stattfinden. Auch im BVJ (Berufsvorbereitungsjahr) bringt die Schemamodus-Arbeit einiges.

Kommt es nach Schemamodus-zentrierten Gesprächen zu akuten Rückfäl-len im Unterricht, sollte der Schüler zunächst mit „seinem Versagen" konfron-tiert werden („Serda, ich habe Dir gesagt, dass Du für den Killer-Modus verant-wortlich bist! Was soll das jetzt!?") Spätestens bei Rückfällen sollte mit dem Schemamodus-Memo gearbeitet werden.

Man merkt schnell, wenn schemapädagogische Interventionen fruchten. Dies ist dann der Fall, wenn sich die „typischen" Unterrichtsstörungen reduzie-ren.

Entsprechende „Erfolge" werden wie immer angesprochen, positiv ver-stärkt und eventuell honoriert.

Serda (16) und Volkan (17) besuchen die „schlimmste BVJ-Klasse der Schule", so zumindest die Einschätzung einer überforderten Kollegin. Die beiden Türken fallen insbesondere dadurch auf, dass sie sehr viel negative Aufmerksamkeit auf sich ziehen (*eventuell Hinweis auf das Schema Anspruchshaltung/Grandiosität*). Unterricht wird dadurch so gut wie unmöglich gemacht. Disziplinarmaßnahmen waren bisher mehr oder weniger erfolglos.

Sie geben sich übertrieben „cool", versuchen immer mal wieder, die Lehrkräfte, die in dieser Klasse eingesetzt sind, aus dem Konzept zu bringen („Hey, Frau X, wissen Sie, was Gang bang ist?") (*Test „Lässt Du Dich von mir dissen", Modus Selbsterhöher, Schikanierer- und Angreifer-Modus*) Oder aber sie spielen, wenn es ihnen zu langweilig wird, Musik laut auf ihren Handys ab (Stil: Agro-Berlin) (*Image „Wir sind harte Jungs", Modus Selbsterhöher, eventuell Appell „Interessiere Dich für unsere Musik"*)

Auch bei Lehrer X versuchen sie „ihr Glück". In den ersten Stunden des Schuljahres quatschen sie „heldenhaft" über Schlägereien, die sie in ihrer Freizeit provozieren (*Image „Wir sind harte Jungs", Modus Selbsterhöher, eventuell Appell „Interessiere Dich bitte für uns"*). „Hey, Herr X, wissen Sie, wie viel Geld es kostet, wenn man einem Anderen vier Zähne ausschlägt?" (*Test „Können wir Dich dissen"*) Er antwortet ohne ersichtliche Regung: „Nee, da kenne ich mich nicht aus." (*„charmante" Ablehnung des Tests*)

Noch in der ersten Stunde wurden Ethik-Themen für das laufende Schuljahr gesucht und gefunden. Auch die Themen „Gewalt", „Mobbing" und „Liebe" wurden ausgewählt – was die beiden Türken sehr erfreute (*komplementäre Beziehungsgestaltung*).

Der Pädagoge fragt die kommenden Wochen immer mal wieder nach, was sich „so am Wochenende" im Rückblick bei den beiden getan hat (*komplementäre Beziehungsgestaltung*). Serda meint irgendwann, sie hätten im TV eine Freefight-Kampfsportveranstaltung geschaut, bei der „harte Jungs gegeneinander angetreten sind" (*Modus Glückliches Kind*). Der Lehrer erkundigt sich nach den Regeln, Gepflogenheiten und nach den „besten Kämpfern" in dieser Sportart (*komplementäre Beziehungsgestaltung*). Die beiden erzählen begeistert (*Modus Glückliches Kind*). In dieser Stunde arbeiten die beiden zur Abwechslung mündlich mit und unterlassen ihre „Spielchen" (*Folge der komplementären Beziehungsgestaltung zu Beginn der Stunde*).

Eines Tages bemerkt Herr X, dass Serda ein blaues Auge hat. „Na? Am Wochenende mal an den Falschen geraten?", sagt er humorvoll (*Konfrontation mit den*

*Kosten der Schemamodus-Aktivierung*). Serda antwortet (sichtlich nicht darüber erfreut): „Oh, Herr X, lassen Sie mich bloß in Ruhe!" (***Aktivierung des Modus Impulsiv-undiszipliniertes Kind***) Daraufhin Herr X: „Siehst Du, so habe ich mich am Anfang des Schuljahres gefühlt, als Du und Volkan aufgedreht habt." (***Versuch, den Modus des Gesunden Erwachsenen beim Schüler zu aktivieren***) Serda meint daraufhin, dass ihm das egal sei, und außerdem würde er am nächsten Tag „krasse Rache" an demjenigen ausüben, der ihm das angetan hätte (***Modus Aggressiver Beschützer***).

Herr X bittet daraufhin Serda vor die Tür, die Klasse kümmert sich derweil um einen Gruppenarbeitsauftrag.

Unter vier Augen erklärt Herr X, dass er Serda für einen „netten Kerl" halte, mit dem Unterricht oft Spaß machen würde (***komplementäre Beziehungsgestaltung***) – und dass manchmal so ein „Agro-Serda" hochkomme (***Einführung in die Schemamodus-Arbeit***). „Und dann ist es nicht mehr so lustig, da hast Du dann so Deine fünf Minuten." (***Konfrontation mit den Kosten der Schemamodus-Aktivierung***)

Die beiden reden über den „inneren Agro-Serda", über seine Rolle, die er am Schuljahresbeginn im Unterricht, aber auch am Wochenende spielt, wenn Serda mit seinem Freund in der Stadt unterwegs ist (***Praxis der Schemamodus-Arbeit***).

Sie verfassen ein Schemamodus-Memo, das speziell auf den nächsten Tag „gemünzt" ist (siehe unten).

Dies stellt sich im Nachhinein als nicht effiziente Hilfe heraus. Serda prügelt sich wieder mit dem besagten Jungen (***Rückfall – die Auslösung des Zerstörer-/Killer-Modus konnte nicht vom Modus des Gesunden Erwachsenen verhindert werden***)

### Schemapädagogische Analyse

Viele Lehrer halten Serda und Volkan für „schwierige" Schüler. Die Heranwachsenden zeigen wenig Interesse am Unterricht und offenbaren eine geringe Frustrationstoleranz. Die Schemamodi-Aktivierungen, die beide offenbaren, sabotieren den Alltagsunterricht.

Auch Lehrer X wird ausgiebig „getestet". Er hält sich aber mit seiner negativen Kritik, die insgeheim von Serda und Volkan provoziert wurde, zurück. Er tut demgegenüber genau das, womit beide nicht rechnen: Er interessiert sich für „ihre Themen". Dies zahlt sich aus: Da er auf die dahinterliegenden Bedürfnisse nach Solidarität und Anerkennung/Akzeptierung eingeht, unterlassen sie in seinem Unterricht die üblichen Manipulationen (Psychospiele).

Nach der anfänglichen komplementären Beziehungsgestaltung erlaubt sich der Lehrer eine konfrontative Intervention, als er sieht, dass Serda ein „blaues Auge" hat (leisten kann er sich das nun).

Unter vier Augen wird die Schemamodus-Arbeit praktiziert. Serda kann den „inneren Agro-Serda" kognitiv erfassen und seine Bedeutung in der einen oder anderen Alltagssituationen begreifen. Nun wird das „aktuelle Problem" (Streit mit einem Gleichaltrigen) in ein Schemamodus-Memo eingearbeitet.

Das Memo reicht leider nicht aus, um die Aktivierung des „inneren Agro-Serda" einen Tag später zu verhindern.

In diesem Fall wäre eine Einführung in das Schemamodus-Modell zu Beginn des Schuljahres sinnvoller gewesen. Dann wäre eventuell der Modus des Gesunden Erwachsenen bis zum Tag X ausreichend gefördert worden.

---

Die Erinnerungskarte von Serda

**1. Benennen einer Situation, in der ich mich mit anderen boxe**

„Wenn ich den Typ morgen sehe!"

**2. Erkennen der aktivierten Teil-Persönlichkeit**

„Wenn ich ihn sehe, kommt der Agro-Serda in mir hoch, dann sehe ich nur noch rot und will Rache."

**3. Anerkennen des unangepassten Denkens und Realitätsprüfung**

„Wenn ich den Kampf gewinne, kommt der Typ vielleicht mit Freunden wieder und verprügelt mich. Dann komme ich wieder mit mehr Freunden zurück. Aus eins gegen eins wird schnell hundert gegen hundert. Das bringt nix!"

**4. Trennen vom alten und Festigung des neuen Verhaltens**

„Wenn ich den Typ morgen sehe, drehe ich mich einfach um und gehe weiter."

## 5.4 Psychospiele

> ### 1. „Opfer"
>
> Maria (16) verwickelt Lehrer X immer wieder in Gespräche über „ihre Probleme". Sie hat keine Freunde, ihre Mutter macht gerade eine stationäre Therapie usw. Lehrer X hört ihr aufmerksam zu und teilt ihre Ansichten.
>
> Maria sucht nun immer öfter den Kontakt zu Lehrer X, auch abseits des Unterrichts. Er bekommt seitenlange E-Mails von ihr, die Tagebuch-Charakter haben. In allen Darstellungen kommt sie „schlecht weg".
>
> ### 2. „Versetz mir eins"
>
> Thomas (17) hat die Rolle des „Clowns" in der Klasse eingenommen. In jeder Stunde hat er seine „fünf Minuten". Die Lehrer, die ihn unterrichten, werden dadurch motiviert, ihm allerhand Strafmaßnahmen zuteilwerden zu lassen. Diese Vorgehensweisen haben offensichtlich keine Wirkung. Lehrer X macht einige Späße mit und füllt mit Thomas zwei Wochen später ein Schemamodus-Memo aus (siehe unten).
>
> ### 3. „Diskussion"
>
> Marek (21) hat großes Interesse daran, Klassenregeln und -gepflogenheiten immer wieder infrage zu stellen. Der Klassenlehrer ist ratlos, denn für den Schüler gibt es nur „richtig" und „falsch", keine Kompromisse. Durch die aufreibenden Konflikte gerät der Alltagsunterricht regelmäßig ins Stocken – und Marek erhält dadurch (negative) Aufmerksamkeit vonseiten des Lehrers und der meisten Mitschüler.
>
> ### 4. „Big chief"
>
> Yasemin (18) ist die offizielle Anführerin einer Gruppe von sechs Mitschülerinnen, die sich „Chaosgang" nennt. Sie sitzt meistens breitbeinig und „cool" in der letzten Reihe und gibt „witzige" Kommentare im Unterricht ab. Mal ist der Lehrer Zielscheibe ihrer „Witze", mal einzelne Mitschüler. Sie nimmt sich Sonderrechte heraus und meint: „Ich bin eh die Coolste hier!"

Da Psychospiele, anders gesagt, unterschwellige Manipulationen von Schülerinnen und Schülern, im Alltagsunterricht recht populär sind und die Lehrkraft und den Unterricht so gut wie immer in Mitleidenschaft ziehen können, möchte ich dieser Thematik ein eigenes Kapitel „widmen".

Denn „schwierige" Schülerinnen und Schüler spielen immer auch ihre Psychospielchen mit uns, beziehungsweise: sie versuchen es immer wieder. Die Absicht, wenn man überhaupt von *bewusster* Motivation sprechen kann, ist gar nicht mal unmoralisch (aus Sicht der Betreffenden).

Denn das Ziel von Psychospielen ist meistens „nur": die Befriedigung eines Grundbedürfnisses, welches infolge jahrelanger Frustration gar nicht mehr authentisch verbalisiert werden kann (SACHSE 2006).

Gerade „schwierige Schüler" wurden häufig nicht als *Person* wertgeschätzt. Mithilfe von „irrationalen Reaktionen", die der Betreffende eventuell durch das „Try-and-error"-Prinzip entwickelte, konnte dieses Dilemma teilweise überwunden werden.

Der Heranwachsende lernte entsprechend: Durch *bestimmte* Verhaltensweisen bekomme ich doch(!) Aufmerksamkeit, da sie eine gewisse Macht besitzen. Zu den interaktionellen Strategien gehören die oben schon beschriebenen Appelle, Tests und Images.

Interaktionelle Ziele (= Bedürfnisbefriedigung, SACHSE 2004) lassen sich bekanntermaßen auch durch ein Auftreten erreichen, das das zugrundeliegende Motiv entweder extrem verzerrt oder sogar offensichtlich darstellt. Das soziale Umfeld wird durch solche Interaktionsstrategien, etwa lautes Rumschreien, zu „erwünschten Reaktionen" gezwungen.

Das Dilemma besteht aber nun darin, dass „Spieler" meistens gar kein Bewusstsein mehr von ihren Manipulationen haben, da sie sehr früh entstanden. Und die oftmals auftauchenden negativen Konsequenzen, die ihre eigenen(!) Strategien nach sich ziehen, werden in der Regel gar nicht mit der eigenen Person in Zusammenhang gebracht, sondern gänzlich auf „die Anderen" geschoben (= externale Kausalattribuierung).

Diese Sachlage entspricht geradewegs einem Teufelskreis. Dem Betreffenden stehen gar keine Handlungsalternativen offen – und daher kommt es auf die Interventionen des Lehrers an.

### *Eigene Schemata und Schemamodi berücksichtigen*

Während der Praxis eines Psychospiels ist der gesamte „state of mind" des Schülers von mindestens einem maladaptiven Schemamodus beeinflusst, meistens handelt es sich um den Modus *Manipulierer, Trickser, Lügner.*

Vor dem Hintergrund des Schemamodells heißt das: Der Lehrer kann *während* der Aktivierung vor allem eins nicht tun: Den Schüler durch „gutes Zureden" oder mittels „gut gemeinter Ratschläge" oder „Argumente" beikommen.

Man kann einfach nicht mit dem Betreffenden gemeinsam das *gerade Erlebte* reflektieren, weil der Modus des *Gesunden Erwachsenen* währenddessen inaktiv ist. Das heißt, der Pädagoge wird im Moment der Schemamodus-/Psychospiel-Aktivierung *Teil des Problems.*

Besteht in solchen Situationen noch keinerlei Beziehungskredit, etwa zu Beginn des Schuljahres, so steckt man als Lehrer in einem Dilemma. Spielt man etwa ein Spiel wie „Diskussion" mit, sorgt man zwar für den Aufbau von Beziehungskredit beim bestreffenden Schüler – dafür bekommt der Rest der Klasse einen eher unvorteilhaften Ersteindruck vermittelt (die Anderen merken nämlich auch recht schnell, „was" da gespielt wird).

Andererseits stabilisiert der Pädagoge auf diese Weise die „Spielkultur" des Heranwachsenden. Geht der Lehrer hingegen *überhaupt nicht* auf das Spiel ein, steht der Beziehungsaufbau zu dem Betreffenden auf der Kippe. Und dann kann man sich unter Umständen auf ein nervenaufreibendes Schuljahr einstellen.

In so einem Fall sind Flexibilität und Fingerspitzengefühl gefragt. Es kommt natürlich insbesondere auf die Kosten an, die das jeweilige Spiel fabriziert. Ein Spiel wie „Big chief" ist sicherlich „aufreibender" als „Opfer". Daher muss man auch nicht auf alle Manipulationen intensiv eingehen, schließlich hat an ohnehin schon „genug zu tun".

Ich selbst neige übrigens dazu, Schülerinnen und Schüler, die das Spiel „Big chief" in der ersten oder zweiten Unterrichtswoche mit mir spielen wollen, autoritär-konfrontativ mit dem Spielgeschehen „bekannt" zu machen.

Das klingt dann in etwa so: „ENDLICH! Wisst Ihr, in jeder Klasse gibt es jemand, der versucht, den Lehrer am Anfang des Schuljahres zu testen [bei Bedarf: zu verarschen]. DAS KANNST DU VERGESSEN! (dabei wird der Betreffende angeschaut] Wir fangen jetzt noch mal bei null an...")

Danach finden gewöhnlich keine weiteren „Spiel-Eröffnungen" statt und ich kann mich auf den Beziehungsaufbau konzentrieren, der bei Betreffenden meistens über die Thematisierung ihrer Freizeitaktivitäten gelingt (siehe auch Kapitel 5.8). Diese Methode ist nicht unbedingt jedermanns Sache. Eventuell kann man sich auch die konfrontative „Schiene" sparen und mit der Beziehungsarbeit beginnen (und dabei die Tests „übersehen").

Im Folgenden sind die in den Eingangsbeispielen genannten Spiele und die damit meistens verbundenen Schemata und Schemamodi auf Lehrer- und Schülerseite aufgeführt.

| Schülerspiel aus Sicht des Betreffenden | Auswirkungen auf die Persönlichkeit des Lehrers |
|---|---|
| **1. „Opfer"** | **1. „Opfer"** |
| **Aktivierte Schemamodi**<br>Verletzbares Kind<br>Manipulierer, Trickser, Lügner<br>Unterordnender Modus | **Führt eventuell zur Auslösung folgender Schemamodi**<br>Selbsterhöher<br>Distanzierter Beschützer<br>Innerer Antreiber (nach außen wirkend) |
| **Potenziell beteiligte Schemata**<br>Emotionale Vernachlässigung<br>Verlassenheit/Instabilität<br>Soziale Isolation<br>Misstrauen/Missbrauch<br>Abhängigkeit/Inkompetenz<br>Verstrickung/Unentwickeltes Selbst<br>Negatives hervorheben | **Folgende Schemata können ausgelöst werden**<br>Aufopferung<br>Bestrafungsneigung |

| 2. „Versetz mir eins“ | 2. „Versetz mir eins“ |
|---|---|
| **Aktivierte Schemamodi**<br>Manipulierer, Trickser, Lügner<br>Innere Bestrafer (nach innen wirkend) | **Führt eventuell zur Auslösung folgender Schemamodi**<br>Selbsterhöher<br>Distanzierter Beschützer<br>Innerer Antreiber (nach außen wirkend) |
| **Potenziell beteiligte Schemata**<br>Misstrauen/Missbrauch<br>Erfolglosigkeit/Versagen<br>Unzulänglichkeit/Scham | **Folgende Schemata können ausgelöst werden**<br>Aufopferung<br>Bestrafungsneigung |

| 3. „Big chief“ | 3. „Big chief“ |
|---|---|
| **Aktivierte Schemamodi**<br>Aggressiver Beschützer<br>Selbsterhöher<br>Manipulierer, Trickser, Lügner<br>Schikanierer- und Angreifer-Modus<br>Zerstörer-/Killer-Modus<br>Innere Bestrafer (nach außen wirkend) | **Führt eventuell zur Auslösung folgender Schemamodi**<br>Unterordnender Modus<br>Impulsiv-undiszipliniertes Kind<br>Ärgerliches (bzw. Wütendes) Kind<br>Distanzierter Beschützer<br>Innerer Bestrafer (nach außen wirkend) |
| **Potenziell beteiligte Schemata**<br>Misstrauen/Missbrauch<br>Anspruchshaltung/Grandiosität<br>Streben nach Zustimmung und Anerkennung | **Folgende Schemata können ausgelöst werden**<br>Verletzbarkeit<br>Unterwerfung |

| 4. „Diskussion" | 4. „Diskussion" |
| --- | --- |
| **Aktivierte Schemamodi**<br>Selbsterhöher<br>Manipulierer, Trickser, Lügner | **Führt eventuell zur Auslösung folgender Schemamodi**<br>Selbsterhöher<br>Unterordnender Modus<br>Impulsiv-undiszipliniertes Kind<br>Ärgerliches (bzw. Wütendes) Kind<br>Distanzierter Beschützer<br>Innerer Bestrafer (nach außen wirkend) |
| **Potenziell beteiligte Schemata**<br>Anspruchshaltung/Grandiosität<br>Soziale Isolation<br>Negatives hervorheben | **Folgende Schemata können ausgelöst werden**<br>Verletzbarkeit<br>Unterwerfung |

### Komplementärer Beziehungsaufbau

Wie oben schon erwähnt, ist es nur eingeschränkt möglich, den Schüler während der Praxis eines Spiels kognitiv „zu erreichen", wenn überhaupt. Ein vertrautes Gespräch „auf Augenhöhe" funktioniert sowieso überwiegend nur dann, wenn der Modus des *Gesunden Erwachsenen* aktiviert ist.

Und hierfür muss in der Regel einige Zeit investiert werden, bis der Betreffenden dem Lehrer vertraut. Wie jeder Pädagoge weiß: Auch Heranwachsende haben Vorurteile, die auf biografischen Erfahrungen fußen. Und Lehrer landen oft in „Schubladen", ob sie wollen oder nicht. Das Erscheinungsbild ist offensichtlich ein wichtiges Kriterium.

Gerade beim Thema Psychospiele zeigt sich wieder, wie wichtig die komplementäre Beziehungsgestaltung im Falle „schwieriger" Schüler im Unterricht ist.

Denn infolge einer Anpassung an die Motivebene des Heranwachsenden wird die „Spielkultur" gewissermaßen aus Sympathie nach und nach zurückgefahren. Der Heranwachsende braucht, zumindest beim „coolen" Lehrer X, keine kostenintensiven Strategien mehr, um Respekt, Toleranz, Interesse und Solidari-tät entgegengebracht zu bekommen. Bis es soweit ist, sind gewiss einige „Schlachten" zu schlagen, sprich: es müssen zahlreiche Tests, Appelle und Images „ertragen" werden.

Aber der zeitliche Aufwand hält sich in der Regel in Grenzen. Manchmal reicht sogar ein privates Gespräch im Pausenhof, es muss nur der „Funke" über-springen.

Die komplementäre Beziehungsgestaltung bietet sich daher vor allem in „spielfreien" Momenten an. Gerade die Augenblicke, in denen „schwierige" Schü-ler den Modus des *Gesunden Erwachsenen* erleben, sollten aufgegriffen werden.

Wie oben schon erwähnt, kann das in Form von Tür-und-Angelgesprächen, aber auch im Alltagsunterricht praktiziert werden. Wichtig ist hierbei, wie oben schon mehrfach erwähnt, sich an der Lebenswirklichkeit der Heranwachsenden zu orientieren und sich vorurteils- und wertfrei und vor al-lem authentisch auf sie temporär einzulassen.

### *Ausbau von vorhanden Kompetenzen*

Abseits der Spielkultur offenbaren die Heranwachsenden immer mal wieder Po-tenziale, die, wie auch bei den anderen Problemthemen der Fall, erkannt und ge-fördert werden können.

Wenn der Lehrer die Bedürfnisse erkennt, die hinter der Spielebene liegen (beziehungsweise stark mit ihr korrelieren), kann er der dem Betreffenden „passende Betätigungsfelder" empfehlen, die in der Freizeit ausprobiert werden können.

Aber auch spezielle, auf den Betreffenden zugeschnittene „Hausaufgaben" sorgen für (a) den Aufbau von Beziehungskredit, (b) sie reduzieren die Spielkul-tur und (c) fördern die Selbstkompetenz des Betreffenden.

In der folgenden Tabelle sind weitere Anregungen zusammengefasst, auf die man zurückgreifen kann:

| Psychospiel | Relevante Bedürfnisse, die der Schüler kommuniziert | Schemapädagogische Interventionsmöglichkeiten |
| --- | --- | --- |
| „Opfer" | Solidarität<br>Akzeptanz<br>Aufmerksamkeit<br>Anerkennung | 1. „Häppchenweise" auf die Bedürfnisse eingehen und dabei nicht den Unterricht vernachlässigen („So, wir können später weiterreden, nun müssen wir im Unterricht vorankommen!")<br>2. Präsentationsaufträge vergeben, um das Selbstbild des Betreffenden zu stärken |
| „Versetz mir eins" | Aufmerksamkeit<br>Macht | 1. Das Spiel direkt ansprechen („Du störst jetzt nur, damit ich Dich irgendwann rauswerfe!")<br>2. Dem Schüler eine verantwortungsvolle Aufgabe übertragen und sein Engagement positiv verstärken |
| „Big chief" | Aufmerksamkeit<br>Anerkennung<br>Kontrolle<br>Macht | 1. Den Betreffenden bei Unterrichtsinhalten, die ihn interessieren, häufig „zum Experten" machen<br>2. Den Heranwachsenden vor und nach dem Unterricht „um Rat" zu bestimmten Angelegenheiten fragen, daraufhin „Hausaufgaben" erteilen (Handy, |

| | | Computer, Musik usw.) |
|---|---|---|
| **„Diskussion"** | Anerkennung<br>Kontrolle | 1. Die Meinung des Schülers (teilweise) wertschätzen<br>2. Dem Schüler dazu verhelfen, seine Meinung „öffentlich" zu vertreten (Tipps zu entsprechenden Internetseiten geben o.Ä.) |

### Problemaktualisierung

Es ist sehr wichtig, dass man irgendwann imstande ist, Psychospiele schon im Ansatz zu erkennen, da man ansonsten leicht in die „gewünschte Ecke" bugsiert wird – und dann können die „Spiele beginnen".

Die Spieldiagnose ist nicht immer leicht zu bewerkstelligen. Doch einige Hinweise können bedacht werden:

1. Zu Beginn eines Psychospiels entsteht aufseiten des Pädagogen leicht das Gefühl, „dass gerade irgendetwas nicht stimmt". Vielleicht übertreibt der Schüler bei seinen Ausführungen, schießt dabei weit über das Ziel hinaus beziehungsweise „hat seine fünf Minuten".
2. Immer wieder tritt ein bestimmter Konflikt immer wieder auf, *obwohl man ihn bereits vor Tagen wieder „zum letzten Mal" geklärt hat.*
3. Wird ein Psychospiel praktiziert, spürt man als Gesprächspartner immer wieder den bestimmten Impuls, eine gewisse Reaktion zu zeigen („Wenn Schüler X das und das sagt, dann *muss* ich so und so reagieren").

Es braucht seine Zeit, bis man den Betreffenden auf die Schliche kommt und irgendwann mehr über ihre innerpsychischen Absichten weiß *als sie selbst.*

In folgender Tabelle sind einige Eigenarten der erwähnten Psychospiele beschrieben, die man berücksichtigen kann.

| Psychospiel | Spieleröffnungsmöglichkeiten | Ziele des Spiels |
| --- | --- | --- |
| „Opfer" | 1. Immer in der ersten Reihe sitzen und vor Unterrichtsbeginn den Lehrer „in Beschlag" nehmen<br>2. Fortwährend Persönliches in die mündliche Mitarbeit einfließen lassen | Den Lehrer in die Rolle des „Mitleidenden" drängen, der Aufmerksamkeit entgegenbringt |
| „Versetz mir eins" | 1. Aus heiterem Himmel laut schreien, lachen, stöhnen, den Stuhl umwerfen o.Ä.<br>2. Die Mitschülerin in der anderen Ecke des Raums laut „anmachen" | Aufmerksamkeit und Kommunikation erzwingen |
| „Big chief" | 1. Den Lehrer mit provokanten Äußerungen aus der Reserve locken wollen („Na, Sie haben doch früher bestimmt auch gekifft!")<br>2. Im Unterricht stolz von Schlägereien erzählen | Kontrolle beziehungsweise: sich an die Spitze der Hierarchie platzieren wollen |
| „Diskussion" | 1. Alle Anwesenden mit einem „Paukenschlag" vor den Kopf stoßen („... und deshalb gehören für mich alle Politiker an die Wand gestellt. | Festigung der Position des „Erleuchteten" Aufmerksamkeit |

| | Punkt!“) 2. Die Meinung der Mitschüler (des Lehrers) mit einer gehässigen Geste kommentieren | |
| --- | --- | --- |

**Problemklärung**

Das Problem mit den Psychospielen ist: Die Schüler, die zu solchen Manipulationen neigen, *haben in der Regel nur ein rudimentäres Bewusstsein von den Interaktionszirkeln, die sie da provozieren.*

Der Grund: Während eines Psychospiels ist der „gesunde Menschenverstand“ (= Modus des *Gesunden Erwachsenen*) inaktiv. Darum kann auch während des Psychospiels in der Regel keine Problem*klärung* stattfinden (das geht nur davor und danach).

Eine Ausnahme gibt es aber: Findet *vor* der nächsten Aktivierung des Schemamodus *Manipulierer, Trickser, Lügner* die Schemamodus-Arbeit statt, so kann der Lehrer auch *während* des Psychospiels mit entsprechenden Interventionen Erfolg haben, das heißt, die Aktivierung des maladaptiven Modus direkt stoppen. Dies funktioniert dann eventuell mittels humorvoll-empathischer, aber auch durch autoritär-konfrontative Methoden.

Es geht in Sachen Psychospiele besonders um die Förderung von wichtigen Aspekten der Selbsterkenntnis (SACHSE 2001). Der Betreffende sollte irgendwann erkennen:

1. „Ein Persönlichkeitsanteil von mir spielt manchmal Psychospiele, mit denen er das Umfeld manipuliert!“
2. „Ich verfolge damit bestimmte Ziele.“

Erfahrungsgemäß ist es sehr schwierig, mit Schülerspielen klarzukommen. Man kann als Lehrer auf vier bewährte Strategien (BERNE 1964/2005) zurückgreifen, sobald ein Schüler Verhaltensweisen mit Manipulationscharakter ausführt (siehe auch DAMM 2010b, 92; DEHNER & DEHNER 2007):

➢ **Strategie a**: Das Spiel direkt ansprechen.

➢ **Strategie b**: Den weiteren Spielverlauf vorwegnehmen.

➢ **Strategie c**: Den Spieler mit den Kosten seines Verhaltens konfrontieren.

➢ **Strategie d**: Den Spieler als Person wertschätzen und Verhaltensalternativen aufzeigen.

Die einzelnen Vorgehensweisen können sowohl in „vertrauter Atmosphäre" unter vier Augen als auch im Klassenverband praktiziert werden. Ziel ist immer die Förderung des Modus des *Gesunden Erwachsenen*. Eine gewisse Flexibilität ist erfahrungsgemäß hilfreich.

Die konfrontativen Methoden, die vor und während der Schemamodus-Aktivierung angewendet werden, sollten erst ausprobiert werden, wenn ausreichend Beziehungskredit vorher aufgebaut wurde.

In der folgenden Tabelle finden Sie einige Interventionen, die angelehnt sind an die oben erwähnten Psychospiele:

| Psychospiel | Interventionen ... |
| --- | --- |
| **„Opfer"** | ... unter vier Augen (empathisch-konfrontativ):<br><br>**Strategie a**: „Manchmal drückst Du schon mal gerne ein bisschen auf die Tränendrüse, damit die Leute Dir zuhören, gell?"<br>**Strategie b**: „Das geht jetzt noch 10 Minuten so weiter: ich soll Dir zuhören, stimmts?"<br>**Strategie c**: „Vorhin war ich gut gelaunt, jetzt bin ich richtig schlecht drauf!"<br>**Strategie d**: „Du bist ein netter Kerl, lass uns das nächste Mal über was Schönes reden, das Leben ist ja nicht |

| | |
|---|---|
| | nur scheiße." |
| | ... während der Schemamodus-Aktivierung im Unterricht (autoritär-konfrontativ): |
| | **Strategie a**: „Du ich hab jetzt keine Zeit, ich muss Unterricht machen!" |
| | **Strategie b**: „Du erzählst mir im Depri-Modus jedes Mal das Gleiche, ist Dir das mal aufgefallen?" |
| | **Strategie c**: „Dein Depri-Modus zieht alle um Dich herum runter!" |
| | **Strategie d**: „Mensch, Du hast es doch drauf, lass Dir von Deinem inneren Depri-[Vornamen des Schülers einfügen] doch keinen Scheiß einreden!" |
| **„Big chief"** | ... unter vier Augen (empathisch-konfrontativ): |
| | **Strategie a**: „Manchmal auf den Putz hauen, das ist schon ein Spielchen für Dich, oder? Da kommt dann so ein Alphatier-[Vornamen des Schülers einfügen] aus Dir raus!" |
| | **Strategie b**: „Wenn der Alphatier-[Vornamen des Schülers einfügen] aktiv wird, dann zwingst Du mich zum Handeln, ansonsten kann man Dich nämlich gar nicht stoppen, weißt Du?" |
| | **Strategie c**: „Dann gehst Du über Leichen, und das finde ich ziemlich schlecht, ich gehe ja auch nicht so mit Dir um, oder?" |

| | |
|---|---|
| | **Strategie d**: „Wenn sich das nächste Mal der Alphatier-[Vornamen des Schülers einfügen] in Dir rührt, dann tue mir den Gefallen, und halte ihn im Zaun. Lenk Dich irgendwie ab!“<br><br>… während der Schemamodus-Aktivierung im Unterricht (autoritär-konfrontativ):<br><br>**Strategie a**: „HEY! HALLO! Da isser ja wieder: Alphatier-[Vornamen des Schülers einfügen]!“<br>**Strategie b**: „Weißt Du, die Show geht jetzt die nächsten zehn Minuten so weiter!“<br>**Strategie c**: „Ich kann Dich super leiden – aber jetzt, im Big chief-Modus nicht!“<br>**Strategie d**: „LASS ES! Konzentrierte Dich auf die Aufgabe, die kannst Du!“ |
| **„Versetz mir eins“**<br>(Manipulierer, Trickser, Lügner, Selbsterhöher) | … unter vier Augen (empathisch-konfrontativ):<br><br>**Strategie a**: „Mal ehrlich! Du hast Deine fünf Minuten doch nur, damit ich Dich irgendwann rauswerfe, oder?“<br>**Strategie b**: „Wenn der innere Clown-[Vornamen des Schülers einfügen] in Dir hochkommt, dann hat der Dich mehrere Minuten in der Hand, dann machst Du [Verhaltensauffälligkeiten |

| | |
| --- | --- |
| | einfügen]."<br><br>**Strategie c**: „Du kennst den inneren Clown-[Vornamen des Schülers einfügen] schon lange, der hat Dir schon öfter eingebrockt. Wenn Du den nicht stoppst, versaust Du Dir die ganze Zukunft."<br><br>**Strategie d**: „Hör mal, Du hast es eigentlich drauf. Was können wir da machen?"<br><br>… während der Schemamodus-Aktivierung im Unterricht (autoritär-konfrontativ):<br><br>**Strategie a**: „Achtung! Achtung, jetzt geht die Show wieder los. Und gleich fliegt hier einer raus!"<br><br>**Strategie b**: „Ich ermahne Dich jetzt sinnloserweise fünfmal, Du machst Deinen Scheiß weiter – und dann schmeiß ich Dich raus!"<br><br>**Strategie c**: „Dein innerer Clown-[Vornamen des Schülers einfügen] geht uns hier allen auf die Nerven wie nur was!"<br><br>**Strategie d**: „Letzte Stunde ging es doch auch. Du kannst Dich zusammenreißen! Geh fünf Minuten raus, dann machen wir hier normal weiter!" |

| **„Diskussion"** | ... unter vier Augen (empathisch-konfrontativ): |
| --- | --- |
| | **Strategie a**: „Wenn Du im Diskussionsmodus bist, dann willst Du den Anderen mal richtig einen reinwürgen, oder?" |
| | **Strategie b**: „Du bringst erst einen Hammerspruch, dann wartest Du die Reaktionen der Mitschüler ab, um dann das Feld von hinten aufzurollen. Ist mir mal aufgefallen." |
| | **Strategie c**: „Schade ist, dass Du im Diskussionsmodus nur schwarz und weiß siehst und die Anderen manchmal richtig bloßstellen willst, mich übrigens auch." |
| | **Strategie d**: „Lass die Energie Deines Diskussionsmodus mal auf einer größeren Bühne raus, der ist schon was Besonderes." |
| | ... während der Schemamodus-Aktivierung im Unterricht (autoritär-konfrontativ): |
| | **Strategie a**: „Jetzt geht das Schwarz-weiß-Spiel wieder los!" |
| | **Strategie b**: „So, die nächsten zehn Minuten gibt's jetzt eine Schüler-Schüler-Diskussion, an deren Ende alle wieder den [Vornamen des Schülers] extrem unfair finden!" |
| **„Diskussion"** | |

| | **Strategie c**: „[Vornamen des Schülers einfügen], Deine Argumentationsweise verletzt das Wertesystem der Anderen massiv."<br>**Strategie d**: „HALLO! Es ist gut, Du hast ja aus Deiner Sicht auch recht. Wie wäre es mal mit einem Kompromiss?" |
|---|---|

Es kann sein, dass sich die Betreffenden infolge solcher Konfrontationen unter vier Augen schnell ertappt fühlen; oder aber sie wehren ab. In beiden Fällen sollte man „am Ball" bleiben und betonen, dass man das Gegenüber als Person durchaus nett findet („Komm, jetzt mal unter uns: ist doch so, oder? – Du brauchst mir jetzt keinen Scheiß erzählen, wir sind ja unter uns!").

Aber die maladaptiven Schemamodi/inneren Teil-Persönlichkeiten, die manchmal aus dem Schüler „sprechen" – die muss man zukünftig gemeinsam in den Griff kriegen. Denn die verursachen im aktivierten Zustand Stress, Konflikte, eben Kosten. Das muss dem Heranwachsenden klar werden.

Aktivierungen von maladaptiven Schemamodi, die im Anschluss an die Einführung in die Schemamodus-Arbeit passieren, können, wie oben skizziert, ruhig auch mal konfrontativ-autoritär kommentiert werden. Aber in der Regel nur dann, wenn man eine förderliche Beziehung zum Betreffenden aufgebaut hat. Dann können schon einmal „Funken sprühen".

Die erwähnten konfrontativen Methoden eignen sich erfahrungsgemäß dazu, den Modus des *Gesunden Erwachsenen* zu fördern.

### *Unterstützung beim Transfer der erarbeiteten Lösungen in den Schulalltag*
Da die „schwierigen" Schüler im Unterricht eigentlich so gut immer auch im Fokus der Beobachtung vonseiten des Lehrers stehen, ob unterschwellig oder offensichtlich, so bekommt der Erzieher natürlich auch entsprechende „Erfolge" im Unterricht mit.

Erfahrungsgemäß suchen die betreffenden Teenager auch mal das Gespräch mit dem Schemapädagogen, weil sie das Bedürfnis nach Anerkennung verspüren: „Sehen Sie, Herr X, heute habe ich meinen fiesen inneren Persönlichkeitsanteil kontrolliert! Haben Sie das gemerkt?"

Selbstverständlich wird einfühlsam und verständnisvoll auf solche „Erfolge" eingegangen. Bekanntlich wirken Empathie, Kongruenz und Akzeptanz, sobald man Schüler antrifft, die gerade im Modus des *Glücklichen Kindes* sind. Und das sind sie dann auch.

Natürlich muss die Schemamodus-Arbeit auch einmal als beendet erklärt werden. Das heißt, es soll nicht so sein, dass man mit dem Schüler über das ganze Schuljahr hinweg gemeinsam maladaptive Schemamodi „durchkaut".

Ist irgendwann der Modus des *Gesunden Erwachsenen* genug gestärkt, so ist die Schemamodus-Arbeit (vorerst) beendet. Denn dann steht dem „normalen Unterricht gewöhnlich dahingehend nichts mehr im Wege.

### *Deutung des Eingangsfalls*

**1. „Opfer"**
Maria (16) verwickelt Lehrer X immer wieder in Gespräche über „ihre Probleme" (***Eventuell: Hinweis auf das Schema Verletzbarkeit, Bedürfnis nach Aufmerksamkeit***). Sie hat keine Freunde, ihre Mutter macht gerade eine stationäre Therapie usw. Lehrer X hört ihr aufmerksam zu und teilt ihre Ansichten (***komplementäre Beziehungsgestaltung***).
Maria sucht nun immer öfter den Kontakt zu Lehrer X (***Hinweis auf einen hohen Beziehungskredit***), auch abseits des Unterrichts. Er bekommt seitenlange E-Mails von ihr, die Tagebuch-Charakter haben. In allen Darstellungen kommt sie „schlecht weg".

**Schemapädagogische Analyse**
Maria hat wahrscheinlich schon öfter die Erfahrung gemacht, dass ihre „Masche" zum Ziel führt. Trotz ihrer nachteiligen Lebenssituation findet sie in Lehrer X einen Verbündeten. Er passt sich ihrer Motiv- und Spielebene an, was zum Aufbau von Beziehungskredit führt. Nun hat die Sache aber auch einen gravierenden Nachteil: er bekommt zu viele Beziehungsangebote gemacht. Und die bringen den Alltagsunterricht in Gefahr.
Lehrer X hätte nach einigen Tagen und Wochen des komplementären Beziehungsaufbaus klare Grenzen vorgeben müssen.

## 2. „Versetz mir eins"

Thomas (17) hat die Rolle des „Clowns" in der Klasse eingenommen (*vielleicht steckt das Schema Anspruchshaltung/Grandiosität dahinter*). In jeder Stunde hat er seine „fünf Minuten" (*Modus Manipulierer, Trickser, Lügner, Selbsterhöher*). Die Lehrer, die ihn unterrichten, werden dadurch motiviert, ihm allerhand Strafmaßnahmen zuteilwerden zu lassen (*konfrontative Methoden*). Diese Vorgehensweisen haben offensichtlich keine Wirkung (*wahrscheinlicher Grund: kein Beziehungskredit vorhanden*). Lehrer X macht einige Späße mit (*komplementäre Beziehungsgestaltung*) und füllt mit Thomas zwei Wochen später ein Schemamodus-Memo aus (siehe unten).

### Schemapädagogische Analyse

Thomas praktiziert „professionell" das Spiel „Versetz mir eins". Durch die (negative) Aufmerksamkeit der Lehrkräfte wird die Motivation verstärkt, das Psychospiel weiterzuspielen. Denn unbewusst beabsichtigt er genau solche Reaktionen. Der Umstand, dass die „strafenden Pädagogen" (wahrscheinlich) wenig emotionale Bindung zum Betreffenden aufrechterhalten, führt zu einem Teufelskreis. Auch dieses Psychospiel hat biografische Ursachen.

Lehrer X passt sich hingegen temporär an die Spielebene an und sorgt so dafür, dass der Schüler ebenfalls Aufmerksamkeit erfährt, in diesem Fall eine positive. Durch den damit einhergehenden Aufbau von Beziehungskredit ist es dem Lehrer möglich, gemeinsam mit dem Schüler ein Schemamodus-Memo auszufüllen. Nun kommt es darauf an, den Fortgang des Prozesses aufmerksam zu verfolgen und auf etwaige Schemamodus-Aktivierungen einzugehen.

## 3. „Diskussion"

Marek (21) hat großes Interesse daran, Klassenregeln und -gepflogenheiten immer wieder infrage zu stellen (*eventuell ein Hinweis auf das Schema Anspruchshaltung/Grandiosität*). Der Klassenlehrer ist ratlos, denn für den Schüler gibt es nur „richtig" und „falsch" (*Modus Selbsterhöher*), keine Kompromisse. Durch die aufreibenden Konflikte gerät der Alltagsunterricht regelmäßig ins Stocken (*= Spielgewinn für den Schüler*) – und Marek erhält dadurch (negative) Aufmerksamkeit vonseiten des Lehrers und der meisten Mitschüler.

### Schemapädagogische Analyse

Dieses Psychospiel hat in der Regel eine lange Tradition. Dies wird einem vor allem dann bewusst, wenn man mit Lehrer-Kollegen spricht, die entsprechende

Schüler früher einmal unterrichteten. Genau dasselbe Muster.

Marek spielt „Diskussion", um seinem sozialen Umfeld zu demonstrieren: „Ich bin etwas Besonderes und muss mich nicht unterordnen." Schwierig ist der Umgang mit solchen Spielern deshalb, weil sie oft „logisch korrekt" argumentieren, und nur die Gesprächspartner bekommen den „aggressiven Unterton" mit, der die Diskussion negativ „einfärbt". In so einer Situation können Lehrer die Phasen „abseits" des Diskussionsmodus nutzen, um Beziehungskredit aufzubauen. Erfahrungsgemäß lässt sich dieses Spiel jedoch nur selten ganz in den Griff bekommen.

### 4. „Big chief"

Yasemin (18) ist die offizielle Anführerin einer Gruppe von sechs Mitschülerinnen, die sich „Chaosgang" nennt (*möglicherweise ein Hinweis auf das Schema Anspruchshaltung/Grandiosität*). Sie sitzt meistens breitbeinig und „cool" in der letzten Reihe und gibt „witzige" Kommentare im Unterricht ab (*Modus Selbsterhöher*). Mal ist der Lehrer Zielscheibe ihrer „Witze", mal einzelne Mitschüler. Sie nimmt sich Sonderrechte heraus und meint: „Ich bin eh die Coolste hier!" (*offensichtlicher Hinweis auf das Schema Anspruchshaltung/Grandiosität*).

### *Schemapädagogische Analyse*

Yasemin teilt gerne aus. Vielleicht bekommt beziehungsweise bekam sie zu Hause zu wenige (beziehungsweise zu viele) Grenzen gesetzt. In der Schule kommt ihr Psychospiel voll zum Tragen. Es ist ihr gelungen, einen „Fan-Club" ins Leben zu rufen. Dieses soziale Umfeld verstärkt das Psychospiel im Unterricht, das heißt, die Anerkennung bekommt sie von den Gleichaltrigen.

In diesem Fall ist die Förderung der Kompetenzen der Schülerin recht schwer zu bewerkstelligen. Eventuell müsste man sie vom Fan-Club räumlich trennen, damit Freiraum für die komplementäre Beziehungsgestaltung seitens des Lehrers entsteht.

Die Erinnerungskarte von Thomas

**1. Benennen einer Situation, in der ich meine „fünf Minuten" habe, anders gesagt, „Versetz mir eins" spiele**

„Wenn mir langweilig ist und der Lehrer dumm rüberkommt!"

**2. Erkennen der aktivierten Teil-Persönlichkeit**

„Dann wird der Player in mir aktiviert. Dann kommt man nicht mehr an mich heran – und ich will spielen."

**3. Anerkennen des unangepassten Denkens und Realitätsprüfung**

„Auf Dauer den Player raus lassen, das kommt nicht gut. Der Player versaut mir später vielleicht die Karriere!"

**4. Trennen vom alten und Festigung des neuen Verhaltens**

„Ich versuche in Zukunft, den Player in mir zu bemerken und zu stoppen. Ich kann dann zum Beispiel die Augen schließen und bis zehn zählen."

# 5.5 Politischer Extremismus

Jens (15) ist Schüler im BVJ. Er trägt „Glatze", Bomberjacke, Springerstiefel mit weißen Schnürsenkeln, aber auch noch andere Kleidungsstücke, die auf seine politische Gesinnung schließen lassen.

Jens ist „rechts" – was ihn zum Außenseiter in seiner Klasse macht. Dies ist kein Zufall, denn die Klasse besteht etwa zu der einen Hälfte aus Jugendlichen, die in Sachen Politik extremes Desinteresse offenbaren. Die andere Hälfte besteht aus Schülerinnen und Schülern mit Migrationshintergrund.

Diese „Ausgangslage" zu Schuljahresbeginn beinhaltet einiges an Zündstoff, und Herr X, der Klassenlehrer, hat schon nach dem ersten Schultag kein gutes Gefühl, wenn er an Jens denkt.

Eines Tages laufen sich die beiden während der Pause auf dem Schulhof über den Weg. Herr X grüßt ihn freundlich (und versucht dabei, authentisch zu wirken). Sie machen kurz Smalltalk, und dann sagt Jens: „Wissen Sie, Sie sehen aus wie Derek aus *Generation X*! [eine Milieu-Studie über Neonazis in den USA]" – „Echt?", antwortet der Pädagoge, „Das hat mir bis jetzt noch keiner gesagt."

Die ersten Wochen verlaufen ohne Konflikte. Dann aber, als der Fachlehrer in Sozialkunde das Thema „Rechtsextremismus und Drittes Reich" behandelt, kommt es erst zu verbalen, dann zu handfesten Konflikten zwischen Jens und einem Mitschüler mit Migrationshintergrund. Der Fachlehrer berichtet Herrn X, dass auch die Begriffe „Arier", „Kanaken" und „Hitler" gefallen wären.

Daraufhin findet ein Gespräch zwischen dem Klassenlehrer und Jens statt. Bevor die Unterhaltung beginnt, grinst Jens von „oben herab". „Du weißt ja, was jetzt kommt, Jens, kennst Du ja schon, ne?" – „Ja!"

Der Lehrer erwähnt zunächst einige erfreuliche Momente des laufenden Schuljahres, die sie beide erlebt haben (etwa Gespräche über Fußball und über die Heimatstadt von Jens).

Dann erklärt er dem Heranwachsenden, dass er Diskriminierung in seiner Klasse nicht dulde („Das geht gar nicht!"). Außerdem zählt der Pädagoge die vielen Schattenseiten des Rassismus auf und erzählt von eigenen Erfahrungen als Opfer.

Jens ist unbeeindruckt und meint, er wäre „stolzer Deutscher" und außerdem Mitglied in einem „Club". Die „Jungs" dort wären auch „stolze Deutsche" – und man würde gegen „die Anderen" zusammenhalten. Ob Herr X nicht genauso dächte?

Nun ist Lehrer X unbeeindruckt und sagt: „Weißt Du, Jens, Du bist echt ein netter Kerl – und manchmal spricht so ein Nazi-Jens aus Dir!" Diese Intervention fruchtet nicht, Jens verlässt unvermittelt den Raum („Sie immer mit Ihrem Psycho-Scheiß").

Ein paar Tage später sieht Lehrer X vier junge Türken in der Raucherecke stehen. Sie sind offensichtlich keine Schüler an der Institution. Der Pädagoge bekommt mit, dass die Gruppe auf der Suche nach Jens ist, um „ihm einen Denkzettel" zu verpassen. Der Lehrer verweist die Jugendlichen vom Schulgelände. In der darauffolgenden Stunde wird Jens vom Klassenlehrer über die Absichten der jungen Migranten informiert. An diesem Tag schlägt der Schüler einen anderen Weg nach Hause ein.

Am nächsten Tag verabreden sich Lehrer X und Jens zu einem weiteren Termin. Sie füllen ein Schemamodus-Memo aus.

Bis zum Ende des Schuljahres gibt es keine weiteren Konflikte in der Klasse.

***Allgemeines***

Rassismus an Schulen ist (leider) ebenfalls ein weit verbreitetes Phänomen, quer über alle Schulformen und Bildungsgänge hinweg (HORMEL & SCHERR 2010). Es gibt verschiedene Präventionsprogramme, die eigens für diese Thematik entworfen wurden.

Aber auch viele Schulen versuchen selbstverantwortlich, dieses Problem vorauseilend in den Griff zu bekommen. So werden etwa an vielen Institutionen die ersten drei Tage des neuen Schuljahres dafür genutzt, um die Klasse entsprechend zu „coachen". Man will Vorurteile abbauen. Entsprechend werden Kennenlernspiele und Methodentrainings praktiziert – die Jugendlichen sollen miteinander „warm werden". Nachweislich lassen sich auch Vorurteile vor allem durch persönlichen Kontakt abbauen.

Doch oft reichen diese Bemühungen nicht aus. Hinzu kommt, dass an vielen Schulen, vor allem in Großstädten, „Multikulti"-Klassen keine Ausnahmen, sondern die Regel sind. Und bekanntlich geht Rassismus nicht nur von Deutschen aus. Auch unter den Jugendlichen mit Migrationshintergrund selbst spielt die Herkunft durchaus eine Rolle (gelinde gesagt).

Natürlich dürfen Rassismus, Diskriminierung und Gewalt im Klassenraum niemals geduldet werden. Doch für welche Intervention entscheidet man sich letztlich? Hält man eine „Standpauke", sobald Konflikte eskalieren? Funktioniert in diesem Fall eine Mediation (siehe unten). Oder trennt man lieber verfeindete Schüler oder Gruppen im Voraus? Die Antwort hierauf ist nicht einfach. Zumal vor dem Hintergrund der Schematheorie die erwähnten Interventionen die Betreffenden „innerpsychisch" gar nicht „kratzen".

Der Klassenleiter sollte daher in den ersten drei Tagen bereits vorauseilend intervenieren, und zwar durchaus gezielt. Es bringt erfahrungsgemäß einiges, wenn man gemeinsam mit den Schülern Regeln ausarbeitet, an die sich alle (einschließlich des Pädagogen) „als Person" halten müssen. Erfahrungsgemäß nennen die Heranwachsenden selbst Begriffe wie „Toleranz" und „Respekt". Auf dieser „Schiene" funktioniert Prävention durchschnittlich erfolgreich.

Das Thema kann vertieft werden: In der Anfangsphase wäre etwa die (didaktisch-reduzierte) Einführung in das Schemamodus-Modell sinnvoll. Der Lehrer kann etwa mittels Flip-Chart Papier und Edding anschaulich machen, dass in jedem Menschen verschiedene „Personen wohnen".

Er malt entsprechend einen Oberkörper inklusive Kopf auf das Papier und zeichnet einige Personen in den Brustbereich, etwa: „Strenger Herr X", „Netter Herr X" usw. Daraufhin wird den Schülern erklärt, dass auch in ihnen verschiedene Teil-Persönlichkeiten „sind", die sich dann und wann bemerkbar machen. Unbedingt erwähnt werden sollte der Begriff „innerer Patriot". Leicht kann man dann behutsam die Themen Diskriminierung und Rassismus ansprechen.

Die Schüler werden daraufhin in die Pflicht genommen, ihren „inneren Patrioten" im Auge zu behalten, und zwar über das ganze Schuljahr hinweg. Sie haben nunmehr die Verantwortung, dass es nicht zu Diskriminierung beziehungsweise Rassismus kommt.

Sollten einige der Heranwachsenden einen „Rückfall" erleben, so gestaltet sich die Schemamodus-Arbeit in der Regel leichter, da man bereits zum Schuljahresbeginn in die Thematik eingeführt hat.


### Eigene Schemata und Schemamodi berücksichtigen

Wenn man mit Jugendlichen arbeitet, die offensichtlich zum politischen Extremismus und somit in der Regel auch zum Rassismus neigen, so ist die Auslösung von maladaptiven Schemamodi und Schemata auf Lehrerseite nicht unüblich.

Auch in Hinsicht auf das hier thematisierte Problemfeld ist es wichtig, seine eigenen innerpsychischen Prozesse im Auge zu behalten. Ansonsten offenbart man Verhaltensweisen, die den gesamten Beziehungsaufbau, den man zuvor (erfolgreich) betrieben hat, nichtig machen.

Einige relevante Schemata und Schemamodi, die mit diesem Problembereich häufig zusammenhängen, möchte ich nennen:

| Relevante Schemata | Relevante Schemamodi |
| --- | --- |
| **Auf Schülerseite:**<br>Soziale Isolation<br>Streben nach Zustimmung und Anerkennung<br>Anspruchshaltung/Grandiosität | **Auf Schülerseite:**<br>Distanzierter Beschützer<br>Selbsterhöher<br>Schikanierer- und Angreifer-Modus<br>Zerstörer-/Killer-Modus<br>Manipulierer, Trickser, Lügner,<br>Innere Bestrafer (nach außen wirkend) |
| **Provoziert die Auslösung folgender Schemata auf Lehrerseite:**<br>Bestrafungsneigung | **Provoziert die Auslösung folgender Schemamodi auf Lehrerseite:**<br>Ärgerliches (bzw. Wütendes) Kind<br>Unterordnender Modus<br>Innere Bestrafer (nach außen wirkend)<br>Schikanierer- und Angreifer-Modus |

### Komplementärer Beziehungsaufbau

Es erscheint zunächst abwegig klingen, dass Schemapädagogen auch im Umgang mit rassistischen Jugendlichen grundsätzlich eine offene Haltung einnehmen und auch eine komplementäre Beziehungsgestaltung praktizieren.

Trotz etwaiger moralischer Bedenken ist dies notwendig: Denn ohne eine Art von „emotionalem Entgegenkommen" erreicht man an solche „schwierigen" Schüler beziehungstechnisch gar nicht, infolgedessen wird man nicht als ernsthafter Interaktionspartner wahrgenommen.

Das heißt, die Betreffenden werden nur dann (ansatzweise) ein Problembewusstsein entwickeln, wenn sie dem Lehrer auf „Augenhöhe" begegnen, ihn als Person schätzen, wenn möglich ein bisschen mögen und respektieren.

Ohne eine entsprechende Beziehungsgestaltung „geht nix". Man muss sich klarmachen, dass gerade rechtsradikale Schüler meistens eine recht stabile innerpsychische Abwehr aufgebaut haben, um sich gegen diejenigen zu schützen, die nicht auf „ihrer Seite" stehen.

Sie haben, falls sie schon früh die „rechte Bahn" eingeschlagen haben, schon viele Pädagogen erlebt, die sie durch „logische Argumente" oder andere konfrontative Interventionen beeinflussen wollten. Man muss sich eingestehen: Das Unternehmen „Problembewusstsein einpflanzen" klappt nur bei ausreichend vorhandenem Beziehungskredit.

Um Vertrauen und Sympathie zu provozieren, muss man als Lehrer schauen, welche Hobbys und Faibles der Jugendliche hat – abseits des „rechtsradikalen Interessenbereichs".

Das kann seine Zeit dauern, ragt doch die „rechtsextreme Ideologie" in der Regel vor allem in den Freizeitbereich des Jugendlichen hinein. Das heißt, er hört rechtsradikale Bands, konsumiert entsprechende Computerspiele oder Internetinhalte.

Selbstverständlich sollten Lehrer auf keine Beziehungsangebote eingehen, die ideologische Angelegenheiten beinhalten (etwa: „Hey, Herr X, kennen Sie die Band *Störkraft*?" – „Ach, Herr X, Sie waren doch bestimmt auch mal rechts!").

Man muss Momente abwarten, in denen der Betreffende von Themen spricht, die rein gar nichts mit Rechtsextremismus zu tun haben, ihn aber (trotzdem) ansprechen. Solche Situationen ergeben sich irgendwann.

Einige Beispiele: Vielleicht (a) hat der Betreffende früher einmal in einer Band gespielt – dann entwickelt sich leicht ein Gespräch über „sein" Instrument; oder aber (b) er spielte Fußball/Handball/Basketball im Verein. Das kann man gut thematisieren und „breit treten". Eventuell (c) erzählt der betreffende Jugendliche auch von einem Buch, das er mochte o.Ä. Anknüpfungspunkte gibt es immer.

Über solche Angelegenheiten lässt sich entspannt sprechen. Taucht bei den Darstellungen des Schülers aber dann irgendwann die „rechte Thematik" wieder auf, bietet sich an, das Ursprungsthema wieder in den Mittelpunkt zu rücken. Funktioniert das nicht, lässt man die Unterhaltung am besten „professionell im Sande verlaufen" („Du, ich muss los, im Lehrerzimmer liegt noch Arbeit!"). Das politische Interesse des Schülers sollte erst thematisiert werden, wenn ausreichend Gespräche geführt wurden, die dem Beziehungsaufbau dienten.

Jedenfalls, durch solche Unterhaltungen „abseits des Extremismus" wird Sympathie aufgebaut, vor allem dann, wenn man authentisch wirkt. Und den daraus resultierenden Beziehungskredit brauchen Lehrkräfte später, wenn es darum geht, den Betreffenden mit den Charakteristiken und Folgen seiner rechtsradikalen Ideologie zu konfrontieren.

### *Ausbau von vorhanden Kompetenzen*

Die Thematik bringt noch so manch anderes Problem mit sich. Sind betreffende Schüler nämlich in rechtsradikalen Gruppierungen organisiert – was erfahrungsgemäß häufig der Fall ist –, so hat man es als Lehrer sehr schwer, vorhandene Kompetenzen (im herkömmlichen Verständnis) zu fördern. Denn meistens „verwirklicht" sich der Jugendliche gerade in diesen „Subkulturen der Gesellschaft".

Der Fokus muss wieder auf die Zeit gerichtet werden, in der der Jugendliche noch nicht „politisch extrem" unterwegs war. Unter Umständen kann es gelingen, die eine oder andere Leidenschaft „von früher" (Musikinstrument, Sport, Lesen) wieder zu erwecken und zu fördern. Dies kann den Schüler motivieren, seinen aktuellen Lebensstil leicht zu modifizieren. Aber die Erfolgsaussichten sind erfahrungsgemäß sehr gering. – Klar: Die Grundbedürfnisse nach Solidarität, Zugehörigkeit, Anerkennung usw. werden aus der Sicht des Jugendlichen durch die „Kumpel mit derselben Ideologie" mehr als ausreichend befriedigt. Wieso sollte er „das alles" aufgeben? Die Möglichkeiten sind also entsprechend begrenzt.

Man weiß aber nie, wie sich die Dinge im Laufe des Schuljahres entwickeln. Vielleicht kommt man als Lehrer in die vorteilhafte Lage, plötzlich Ansprechpartner für den Jugendlichen zu sein, falls aus irgendwelchen Gründen die extreme politische Gesinnung plötzlich ins Wanken gerät. So manche Strafanzeige infolge von Gesetzesbruch hat da schon „wahre Wunder" bewirkt.

Vertraut sich der Heranwachsende in so einer solch sensiblen Situation dem Lehrer an („Herr X, alles Scheiße, ich weiß nicht, was ich machen soll!"), so hat dieser eine echte Chance, den Lebensweg des Teenagers positiv zu beeinflussen.

Dann wird „Klartext“ gesprochen. Dem Heranwachsenden werden dann auch Ausstiegsmöglichkeiten aus der „rechten Szene“ angeboten. Bekanntermaßen gibt es entsprechende Anlaufstellen für „Aussteiger“ bei den Kommunen o.Ä.

### Problemaktualisierung

Hat man es mit Jugendlichen zu tun, die offensichtlich eine extreme politische Position vertreten (schon anhand der Kleidung meistens leicht zu erkennen), schadet es nicht, bereits zu Beginn des Schuljahres die komplementäre Beziehungsgestaltung gezielt zu praktizieren („Gute Mitarbeit heute!“). Diese Intervention fruchtet wahrscheinlich schon deshalb, da die Betreffenden eine andere Gangart vonseiten ihrer bisherigen Lehrer gewohnt waren. Natürlich dürfen die anderen Schüler in dieser Zeit nicht vernachlässigt werden, da ansonsten schnell Neid und infolgedessen üble Nachrede entstehen.

Trotzdem gilt: Gerade auf die schwierigen Jugendlichen im vorliegenden Zusammenhang sollte der Lehrer eingehen. Denn Konflikte zwischen dem Betreffenden und den Mitschülern können bereits zu Beginn des Schuljahres ganz schnell entstehen und eskalieren, besonders wenn letztere andere Meinungen vertreten oder einfach nur durch ihr Aussehen, ihre Nationalität plötzlich im „Kreuzfeuer“ der politischen Ideologie stehen (dann wird meistens der *Schikanierer- und Angreifer-Modus* aufseiten der Rechtsextremen aktiviert).

Mit einer ordentlichen Portion Beziehungskredit „im Rücken“ kann sich die Lehrkraft ein höheres Maß an Konfrontation („Mann, was soll der Nazi-Scheiß?!“) herausnehmen, sollte es im Unterricht zur Auslösung von maladaptiven Schemamodi kommen, die auf der politischen Gesinnung des Jugendlichen basiert.

Geraten ein rechtsradikaler Schüler und ein anderer im Unterricht aneinander, so fährt der Pädagoge entschieden dazwischen und vereinbart mit den Protagonisten einen Gesprächstermin („SO NICHT! Wir reden heute nach der 6. Stunde! ENDE!).

Aber natürlich werden rechtsradikalen Schüler auch dann in die Pflicht genommen, wenn sie versuchen, in- und außerhalb des Unterrichts ihre Ideologie zu verbreiten.

### *Problemklärung*

Die Einführung in das Schemamodus-Modell kann in der Problemklärungsphase stattfinden oder aber bereits zuvor, etwa zwischen „Tür und Angel". Dann aber unbedingt in entwaffnender Art: „So Jens, ich hab jetzt Englisch, lass den Rest des Tages den Patrioten in Dir in den folgenden Unterrichtsstunden heute ruhen, klar?!"

Kommt es nun aber zu Konflikten, so ist Schluss mit lustig. Dann tritt der Schemapädagoge als Respekts- und Autoritätsperson auf („Du hast heute Deinen Nazi-Jens in Dir aktiviert – und das geht hier nicht, Freundchen!").

Das heißt, der maladaptive Schemamodus (*Schikanierer- und Angreifer-Modus*) wird in Zusammenhang gebracht mit dem gerade aktuellen Konflikt. Bei einem klärenden Gespräch wird wie immer über einen „Dritten" gesprochen, sobald der entsprechende Schemamodus thematisiert wird („Was denkst Du: Wenn Ali von Deinem inneren Patrioten hören muss, dass er ein Sozialschmarotzer ist – wie soll er denn da reagieren, hm?").

Erfahrungsgemäß fällt es rechtradikalen Schülern leichter, wenn Sie über den „inneren Patrioten" als über sich sprechen. Denn ohnehin ist so gut wie kein Schüler bereit, die alleinige Schuld an einem Konflikt auf sich zu nehmen.

Am Ende von klärenden Gesprächen, etwa im Falle von Schüler-Schüler-Konflikten oder „rechter Propaganda", sollte dem Betreffenden klar sein, dass ein „innerer Patriot" oder ein „kleiner Nazi" in ihm mit ihm „durchgegangen" ist.

Mit diesen Begriffen (Schemamodi) wird dann gearbeitet.

### *Unterstützung beim Transfer der erarbeiteten Lösungen in den Schulalltag*

Natürlich muss schon nach einer erstmaligen „Entgleisung" infolge von rechtsradikalen Tendenzen dem betreffenden Schüler bewusst sein: Wenn er noch *einmal* seinem „inneren Patrioten"/„inneren kleinen Nazi" im Unterricht „raus" lässt, greifen strenge Disziplinarmaßnahmen.

Diese werden von demjenigen Lehrer eröffnet und formuliert, der offensichtlich den umfangreichsten Beziehungskredit bisher „erwirtschaftet" hat. Erfahrungsgemäß befolgen rechtsradikale Schüler dann die Anweisungen.

Positive Entwicklungen andererseits werden dann natürlich vom Pädagogen registriert und durch Lob und Anerkennung positiv verstärkt. Parallel hierzu darf wiederum die komplementäre Beziehungsgestaltung nicht zu kurz kommen.

Es ist ohnehin wichtig, nicht ausschließlich die *defizitäre* Wahrnehmung zu offenbaren („Na, wann lässt er wohl wieder seine maladaptiven Schemamodi gewähren!" o.Ä.). Dies führt nämlich leicht zu dem Mechanismus „sich selbst erfüllende Prophezeiung". Das heißt, der Pädagoge motiviert den betreffenden „schwierigen" Schüler zu Aktionen, die man eigentlich „nie mehr sehen möchte".

Man darf seine eigenen Schemata und Schemamodi daher nie außer Acht lassen, denn sie können unbewusst zu „erwünschten" Beziehungsstörungen führen – und zu dem Verhalten seitens des rechtsextremen Schülers, das man eigentlich verhindern wollte.

### Deutung des Eingangsfalls

Jens (15) ist Schüler im BVJ. Er trägt „Glatze", Bomberjacke, Springerstiefel mit weißen Schnürsenkeln, aber auch noch andere Kleidungsstücke, die auf seine politische Gesinnung schließen lassen (*Image „Ich bin anders", eventuell Hinweis auf das Schema Streben nach Zustimmung und Anerkennung*).

Jens ist „rechts" – was ihn zum Außenseiter in seiner Klasse macht (*= Spielgewinn für ihn*). Dies ist kein Zufall, denn die Klasse besteht etwa zur einen Hälfte aus Jugendlichen, die in Sachen Politik extremes Desinteresse offenbaren. Die andere Hälfte besteht aus Schülerinnen und Schülern mit Migrationshintergrund.

Diese „Ausgangslage" zu Schuljahresbeginn beinhaltet einiges an Zündstoff, und Herr X, der Klassenlehrer, hat schon nach dem ersten Schultag kein gutes Gefühl, wenn er ans Jens denkt (*Modus des Gesunden Erwachsenen*).

Eines Tages laufen sich die beiden während der Pause auf dem Schulhof über den Weg. Herr X grüßt ihn freundlich (und versucht dabei, authentisch zu wirken) (*komplementäre Beziehungsgestaltung*). Sie machen kurz Smalltalk, und dann sagt Jens: „Wissen Sie, Sie sehen aus wie Derek aus *Generation X*! [eine Milieu-Studie über Neonazis in den USA]" (*Beziehungsangebot, Test „Finden Sie mich jetzt immer noch sympathisch?"*) – „Echt?", antwortet der Pädagoge, „Das hat mir bis jetzt noch keiner gesagt." (*komplementäre Beziehungsgestaltung im Ansatz*)

Die ersten Wochen verlaufen ohne Konflikte. Dann aber, als der Fachlehrer in Sozialkunde das Thema „Rechtsextremismus und Drittes Reich" behandelt, kommt es erst zu verbalen, dann zu handfesten Konflikten zwischen Jens und einem Mitschüler mit Migrationshintergrund (*Grund: Auslösung von maladaptiven Schemata*). Der Fachlehrer berichtet Herrn X, dass auch die Begriffe „Arier",

„Kanaken" und „Hitler" gefallen wären.

Daraufhin findet ein Gespräch zwischen dem Klassenlehrer und Jens statt. Bevor die Unterhaltung beginnt, grinst Jens von „oben herab" (***Modus Selbsterhöher***). „Du weißt ja, was jetzt kommt, Jens, kennst Du ja schon, ne?" – „Ja!"

Der Lehrer erwähnt zunächst einige erfreuliche Momente des laufenden Schuljahres, die sie beide erlebt haben (etwa Gespräche über Fußball und über die Heimatstadt von Jens) (***Aufbau von Beziehungskredit***).

Dann erklärt er dem Heranwachsenden, dass er Diskriminierung in seiner Klasse nicht dulde („Das geht gar nicht!") (***konfrontative Intervention***). Außerdem zählt der Pädagoge die vielen Schattenseiten des Rassismus auf und erzählt von eigenen Erfahrungen als Opfer (***Modus des Gesunden Erwachsenen***).

Jens ist unbeeindruckt und meint, er wäre „stolzer Deutscher" und außerdem Mitglied in einem „Club". Die „Jungs" dort wären auch „stolze Deutsche" – und man würde gegen „die Anderen" zusammenhalten. Ob Herr X nicht genauso dächte? (***= Beziehungsangebot***)

Nun ist Lehrer X unbeeindruckt und sagt: „Weißt Du, Jens, Du bist echt ein netter Kerl – und manchmal spricht so ein Nazi-Jens aus Dir!" (***Versuch einer Einführung in die Schemamodus-Arbeit***) Diese Intervention fruchtet nicht, Jens verlässt unvermittelt den Raum („Sie immer mit Ihrem Psycho-Scheiß") (***Modus Aggressiver Beschützer***).

Ein paar Tage später sieht Lehrer X vier junge Türken in der Raucherecke stehen. Sie sind offensichtlich keine Schüler an der Institution. Der Pädagoge bekommt mir, dass die Gruppe auf der Suche nach Jens ist, um „ihm einen Denkzettel" zu verpassen (***Zerstörer- und Killer-Modus***). Der Lehrer verweist die Jugendlichen vom Schulgelände. In der darauffolgenden Stunde wird Jens vom Klassenlehrer über die Absichten der jungen Migranten informiert. An diesem Tag schlägt der Schüler einen anderen Weg nach Hause ein.

Am nächsten Tag verabreden sich Lehrer X und Jens zu einem weiteren Termin. Sie füllen ein Schemamodus-Memo aus.

Bis zum Ende des Schuljahres gibt es keine weiteren Konflikte in der Klasse.

### Schemapädagogische Analyse

Jens eckt durch seine „rechte Einstellung" schnell bei seinen Klassenkameraden, aber auch bei einigen Lehrern an. Alleine schon seine Kleidung macht ihn zum Außenseiter in der Klasse. Dieser Prozess ist dem Schüler wahrscheinlich wohlbekannt, und er tut auch nichts dagegen. In dieser Rolle scheint er sich wohlzufühlen.

Beim ersten „richtigen" Kontakt mit dem Schüler gibt sich Lehrer X offen und freundlich, *obwohl er auf den ersten Blick die politische Gesinnung des Jugendlichen erkennt.* Jens „testet" unbewusst den Pädagogen, als er erwähnt, dass jener ihn an eine Figur in einem Film über Rechtsradikale erinnern würde. Der Lehrer erkennt den Test als solchen und verkneift sich eine pseudo-pädagogische Intervention wie: „Also Jens, das ist ja eine Frechheit von Dir!" Hätte er sich zu so einer Reaktion hinreißen lassen, so wäre der Beziehungsaufbau nunmehr sehr schwer machbar gewesen.

In den ersten Wochen kommt es zu keinerlei Auslösungen von maladaptiven Schemamodi. Doch die Dinge ändern sich schlagartig, als ein „sensibles" Thema in Sozialkunde behandelt wird (Drittes Reich). Jens provoziert „altbekannte" Konflikte.

Lehrer X muss intervenieren. Im persönlichen Gespräch bemüht er sich zunächst um den Beziehungsaufbau und konfrontiert den Heranwachsenden daraufhin mit den Kosten seiner Einstellung. Jens versucht demgegenüber, den Lehrer auf seine Seite zu ziehen („Denken Sie nicht genauso?"), was misslingt. Das Gespräch endet unbefriedigend („Sie immer mit Ihrem Psycho-Scheiß!").

Doch der Lehrer bekommt noch einmal eine Chance, die Schemamodus-Arbeit zu platzieren, als er Jens vor einer Gruppe junger Türken warnt. Der Junge lässt sich auf die Zusammenarbeit ein. Das Ergebnis: Es kommt zu keinen weiteren Konflikten im Schuljahr. Man kann im Rückblick davon ausgehen, dass der Heranwachsende seinen „inneren Neonazi" kontrolliert hat, um seinem „Lehrer des Vertrauens" einen Gefallen zu tun. Eine Hand wäscht bekanntlich die andere.

Fazit: Aus schemapädagogischer Sicht hat der Lehrer professionell gehandelt; und er sorgte mit seinen Interventionen dafür, dass der Unterrichtsbetrieb nicht weiter gestört wurde.

---

Die Erinnerungskarte von Jens

**1. Benennen einer Situation, in der der kleine „Nazi-Jens" in mir hoch kommt**

„Wenn im Unterricht bestimmte Themen behandelt werden!"

**2. Erkennen der aktivierten Teil-Persönlichkeit**

„Dann kommt der innere Patriot heraus und will seine Meinung dazu abgeben".

### 3. Anerkennen des unangepassten Denkens und Realitätsprüfung

„Mein innerer Patriot klingt manchmal rassistisch und verletzend!"

### 4. Trennen vom alten und Festigung des neuen Verhaltens

„Ich werde meinen inneren Patrioten kontrollieren, wenn es wieder zu Situationen kommt, in denen er sich meldet. Ich schau dann aus dem Fenster."

## 5.6 Selbstverletzendes Verhalten

Sabrina (20) beginnt eine Ausbildung zur Heilerziehungspflegerin. Schon in den ersten beiden Wochen fällt sie durch extreme Stimmungsschwankungen auf. An dem einen Tag ist „alles supi", wie sie sagt. Sie arbeitet gut im Unterricht mit und versprüht eine positive Stimmung. Schon tags drauf sind häufig völlig gegensätzliche Tendenzen auffällig: sie fängt Streit mit den Mitschülern vom Zaun („Ey, ich zieh Dich ab!") und gibt den Lehrern patzige Antworten („Frau X, Sie brauchen mal wieder einen Mann!").

Zu einem Pädagogen, Lehrer X, pflegt sie einen guten Kontakt. Aus ihrer Sicht ist er „der beste Lehrer ever". Er erkundigt sich öfter mal nach ihren Erlebnissen in der Freizeit und nach ihrem Lieblingshobby: dem Malen. Auf ihre teils anzüglichen Bemerkungen im Unterricht („Geiler Arsch!", „Ist Ihre Frau heute Abend zu Hause?") geht er nicht großartig, sondern in aller Kürze humorvoll ein („Sabrina, ich bin doch glücklich verheiratet, weißt Du doch!"). Sabrina kommt eines Tages zwei Stunden zu spät in die Schule. Ihrem Klassenlehrer erzählt sie unter vier Augen, dass sie „Stress" mit ihrem Freund hätte. Er wäre „halt immer so aggressiv und so eifersüchtig". Die Heranwachsende meint, er entspräche eben ihrem „Partnersuch-Muster", wogegen sie gar nichts tun könne.

Im Laufe des ersten Halbjahres kommt es immer wieder vor, dass Sabrina plötzlich im Unterricht aufsteht und nach draußen spurtet. Die Lehrer, die sie in solchen Situationen erleben, berichten dem Klassenlehrer von Heulkrämpfen, die sie dann erleidet. Einmal bekommt Lehrer X so einen „Anfall" mit und folgt der Schülerin bis vor die Tür.

Unter Tränen sagt sie, dass „alles Scheiße" sei. Die ganzen Probleme mit ihrem Freund und ihrer Familie würden sie „fertig machen". Sie würde nicht wissen, „wie es weitergeht". (Währenddessen bemerkt der Pädagoge die Schnitte an den Unterarmen der Schülerin, die sie mit einem langen Pulli kaschieren will.)

Lehrer X hört ihr aktiv zu und arbeitet ressourcenorientiert („Ich verstehe Dich, welche Möglichkeiten gibt es jetzt für Dich?"). Sie meint, sie würde wieder ihre Therapeutin anrufen.

Im Laufe des Gesprächs fängt sich die Heranwachsende. Lehrer X legt seine Hand auf die Schulter des Mädchens und beendet das Gespräch („Weißt Du, manchmal kommt so eine Selbstverletzer-Sabrina in Dir hoch – und die kontrollierst Du ab jetzt. Versprich *mir* das. Tu das für mich!") Die Schülerin gibt dem Lehrer das Versprechen – und sie betreten wieder den Klassenraum. Vier Wochen später füllen Sie ein Schemamodus-Memo aus (siehe unten).

*Allgemeines*

Selbstverletzendes Verhalten, besonders wenn es zyklisch auftritt, kommt häufig in Zusammenhang mit der sogenannten Borderline-Persönlichkeitsstörung vor. Sie wird begleitet von bestimmten Auffälligkeiten. Es schadet aus Lehrersicht keineswegs, über dieses Phänomen Bescheid zu wissen. Ansonsten arbeitet man pädagogisch an den Verhältnissen „vorbei", erlebt im Klassenraum immer wieder dieselben Konflikte, gegen die anscheinend „kein Kraut" gewachsen ist.

Was macht das Borderline-Syndrom aus? Die Betreffenden (meistens Mädchen beziehungsweise junge Frauen) erleben in so gut wie allen Beziehungen, die sie unterhalten, Konflikte. Sie haben (vor dem Hintergrund der Schemapädagogik) überdurchschnittlich viele maladaptive Schemata und Schemamodi ausgeprägt (siehe unten).

Dafür verantwortlich sind meistens schwierige soziale Verhältnisse in Kindheit und Jugend. Häufig findet sich in der Biografie von Schülern mit Borderline eine familiäre Umgebung, die unsicher und instabil war (YOUNG et al. 2008); oder aber die „die Lieben zu Hause" offenbarten wenig Interesse. Es gab eventuell auch harte Bestrafungen, und die Betreffenden mussten sich unterordnen.

Schüler mit dem Borderline-Syndrom sind emotional instabil und temporär sehr leicht reizbar. Es kann sein, dass eine einzige lapidare Bemerkung der Lehrkraft ausreicht, um bei Betreffenden extrem aufreibende Kommunikationsmuster auszulösen.

Die oftmals nur rudimentär vorhandene Frustrationstoleranz kann dafür verantwortlich sein, dass auf jeden, noch so belanglosen Bedürfnisaufschub („Leute, die Klassenarbeit kann ich erst nächste Woche rausgeben!") „aus heiterem Himmel" erboste Reaktionen folgen („Och Mann, DAS GIBT'S DOCH NICHT! Sind Sie faul!").

Es mag viele Lehrkräfte geben, die auf eine solche Schemamodus-Aktivierung (*Wütendes Kind*) „anspringen" und sich in unnötige Endlosdiskussionen verwickeln lassen.

Hinzu kommt, wie oben schon erwähnt, das typische selbstverletzende Verhalten in depressiven Phasen. Die Betreffenden wirken dann im Unterricht plötzlich in sich gekehrt, still, aber auch irgendwie traurig.

In solchen Momenten sollte der Lehrer behutsam Kontakt zu der Schülerin aufbauen. Es kann sein, dass sie gerade eine „Episode der Selbstverletzung" erlebt, die einhergehen kann mit Substanzmittelmissbrauch oder „Ritzen".

Hat der Pädagoge vorher ausreichend Beziehungskredit aufgebaut, so kommt er bei einem persönlichen Gespräch mit ein bisschen Fingerspitzengefühl schnell in Kontakt mit dem Modus *Verletzbares Kind.* Das soll auch so sein. Dann sollte er tröstend und aufbauend auftreten (Prinzip der Nachbeelterung).

Über das Thema „Psychotherapie" kann man dann gemeinsam erfahrungsgemäß gewinnbringend sprechen („Sie wissen es vielleicht, ich war mal in Therapie!") und Absprachen treffen („Okay, Du rufst heute Mittag wieder Deine Therapeutin an, versprich es mir!").

### *Eigene Schemata und Schemamodi berücksichtigen*

Unterrichtet man Schüler, die Anzeichen des Borderline-Syndroms offenbaren, ergeben sich immer mal Situationen, in denen man als Lehrer schnell überfordert ist (sollte man das Verhalten der Heranwachsenden nicht einordnen und entsprechend nicht professionell reagieren können).

Denn gerade solche junge Frauen „switchen" innerhalb von Sekunden zwischen verschiedenen Schemamodi hin und her, sollte einmal ein zugrundeliegendes negatives Schema aktiviert werden, etwa das Muster *Emotionale Vernachlässigung* („Nie kümmern Sie sich um unsere Klasse!"). Dann „hagelt" es 30 Sekunden lang Vorwürfe, man rechtfertigt sich. Unverhofft folgt eine Phase, in der die Betreffende dann zutiefst verletzt ist („Sie sind so fies!"), dann wieder die Vorwürfe („Sie kommen immer zu spät!") usw.

Viele Lehrkräfte stoßen in solchen Momenten an ihre Grenzen oder handeln verkehrt; manche beziehen die aufeinanderfolgenden Schemamodi-Aktivierungen des Schülers im Nachhinein irrtümlich auf die eigene Person („Was habe ich denn jetzt falsch gemacht?"). Dies kann sich als negativer Stress in der Psyche einnisten.

Aber niemand kann uns Lehrern daraus „einen Strick drehen", schließlich haben wir keine psychotherapeutische Ausbildung (mit Borderline-Persönlichkeiten auseinandersetzen – das müssen wir aber hin und wieder, ob wir wollen oder nicht).

Fakt ist: zwischenmenschliche Probleme ergeben sich immer mal wieder mit dieser Klientel. Denn es ist leider so, dass ihre maladaptiven Schemata und

Schemamodi ganz leicht ausgelöst werden können (siehe unten).

Insofern kann man sich bei einigen Heranwachsenden bereits zu Beginn des Schuljahres auf eine „erlebnisreiche Zeit" einstellen, die aber sicherlich auch ihre Chancen birgt.

Ein weiterer Hinweis auf Borderline in diesem Zusammenhang liegt häufig dann vor, wenn die Betreffende ihre Umwelt in „schwarz" und „weiß" einteilt, besonders die soziale. Das heißt, der Eine ist „immer nett", ein toller Mensch, der Andere ein „Totalversager". Es fehlen dann oft die „charakterlichen Schattierungen" dazwischen. Diese Wahrnehmung trifft auch oft auf die Interpretation des eigenen Selbst zu: positive Selbstzuschreibungen („Ich bin halt nur gut!") wechseln sich mit extrem negativen ab („Ich bin eine totale Null!").

Hinzu kommt die Relevanz des Problembereichs Mobbing. Er spielt eigentlich im Zusammenhang mit dem Borderline-Syndrom meiner Erfahrung nach oft eine Rolle.

Das heißt, die Betreffenden treten temporär entweder als „professionelle Täter" in Erscheinung, vor allem in Zeiten, in denen sie Konflikte mit dem sozialen Umfeld *außerhalb* der Schule erleben; oder aber sie bugsieren sich selbst in die „Opfer-Rolle", obwohl „sie das eigentlich gar nicht wollen".

Beide Tendenzen führen leicht zur Auslösung von bestimmten Schemata und Schemamodi seitens der Lehrkraft. Diese sollte man im Auge behalten, da man sich ansonsten leicht in diverse Psychospiele verwickeln lässt.

Eine letzte Anmerkung zum allgemeinen Teil: Die Tendenz, sich selbst zu schädigen, genauer gesagt, zu verletzen, zeigt sich meistens:

> - in der Auswahl des Freundeskreises beziehungsweise Liebespartners („harte Jungs"),
> - in physischem Masochismus (etwa Ritzen),
> - und auch Substanzmittelmissbrauch kommt häufiger vor („Letztes Wochenende hatte ich den Absturz meines Lebens, musste ins Krankenhaus!").

In der folgenden Tabelle finden Sie relevante Schemata und Schemamodi:

| Relevante Schemata | Relevante Schemamodi |
| --- | --- |
| **Auf Schülerseite:**<br>Verlassenheit/Instabilität<br>Misstrauen/Missbrauch<br>Emotionale Vernachlässigung<br>Abhängigkeit/Inkompetenz<br>Verletzbarkeit<br>Unzureichende Selbstkontrolle/ Selbstdisziplin<br>Unterwerfung<br>Emotionale Gehemmtheit<br>Bestrafungsneigung | **Auf Schülerseite:**<br>Verletzbares Kind<br>Impulsiv-undiszipliniertes Kind<br>Distanzierter Beschützer<br>Selbsterhöher<br>Schikanierer- und Angreifer-Modus<br>Manipulierer, Trickser, Lügner<br>Innere Bestrafer (nach innen und außen wirkend) |
| **Provoziert die Auslösung folgender Schemata auf Lehrerseite:**<br>Misstrauen/Missbrauch<br>Unterwerfung<br>Aufopferung<br>Bestrafungsneigung | **Provoziert die Auslösung folgender Schemamodi auf Lehrerseite:**<br>Ärgerliches (bzw. Wütendes) Kind<br>Unterordnender Modus<br>Innere Bestrafer (nach außen wirkend) |

Prinzipiell sollte man sich bewusst machen, dass Schüler mit Borderline-Facetten die Probleme, die sie gerade aktuell in der Klasse erleben, schon früher ausgiebig „durchmachten“. Das sollte man immer „gegenrechnen“.

Auch die (wahrscheinlichen) Ursachen des Borderline-Syndroms sollte man sich bewusst machen: Die Betreffenden haben in der Regel schwer wiegende Konflikte mit ihrem sozialen Umfeld erlebt – und die werden nun mit dem aktuellen Umfeld (der Schulklasse und dem Lehrer) re-inszeniert.

### *Komplementärer Beziehungsaufbau*

In Hinsicht auf das Thema Beziehungsaufbau gestaltet sich die Sachlage, über das ganze Schuljahr hinweg gesehen, recht schwierig. Denn man wird immer mal wieder infolge von maladaptiven Schemamodi-Auslösungen (etwas überspitzt formuliert) als „niederträchtiger Pädagoge" wahrgenommen, auf den „man sich nicht verlassen kann" (*Modus Aggressives (beziehungsweise Wütendes) Kind*).

Unter Umständen reicht sogar schon eine unerwartete Erkrankung der Lehrkraft aus, um unliebsame Muster zu aktivieren. Infolgedessen wird man in der nächsten Stunde konfrontiert mit: „Hätte Sie uns nicht anrufen können – wir haben zwei Stunden dumm rumgesessen!"

Der Schemapädagoge misst solchen Aussagen wenig Bedeutung bei, bleibt auf der Sachebene, das heißt: im Modus des *Gesunden Erwachsenen* („Ich war krank – und daher konnte ich an diesem Tag nicht kommen, fertig!"). Der Lehrer behält lieber die Gesamtsituation der betreffenden Schülerin im Auge. Schließlich geht es darum, den Unterrichtsbetrieb nicht wegen der (typischen) Schemamodi-Aktivierung einer Teenagerin zu gefährden.

Zu Beginn des Schuljahres kann der Lehrer im Umgang mit Borderline-Persönlichkeiten sehr viel „richtig machen". Die betreffenden Schüler nämlich kommunizieren erfahrungsgemäß sehr viel mit dem Pädagogen. Sie testen ihn auch. Dabei geht es um die Fragen: Kann man sich auf Herrn X verlassen? Setzt er sich für unsere Interessen ein? Ist er loyal? usw.

So gesehen ergibt sich die Phase Beziehungsaufbau quasi von selbst. Man sollte nur nicht den Eindruck machen, man wäre nun für die Klasse „der Fels in der Brandung".

Denn gerade die hier thematisierten Personen messen in der Zukunft das Engagement des Lehrers am ersten Eindruck, den er machte. Je höher man als Lehrer die „Messlatte" legt, desto „enttäuschter" werden Schüler mit dem Borderline-Syndrom später sein.

Daher muss man mit Fingerspitzengefühl an die Sache herangehen und die eigenen Kompetenzen sowie die Grenzen des Machbaren zu Beginn des Schuljahres genau festlegen.

Kommt es dann einmal zu zwischenzeitlichen Krisen – die nie ausbleiben –, muss man Geduld haben. Wenn zuvor erfolgreich Beziehungsarbeit geleistet wurde, knüpfen die Betreffenden schon von sich aus früher oder später wieder Kontakt.

**Ausbau von vorhanden Kompetenzen**

Wissen sollte man auch: Heranwachsende, die das Borderline-Syndrom offenbaren, haben in der Regel nur sehr wenig Bewusstsein von ihren Potenzialen und Kompetenzen.

Diese nachteilige Wahrnehmung hat aller Wahrscheinlichkeit nach wieder biografische Ursachen. Wer früher über einen längeren Zeitraum hinweg sich anhören musste, dass aus ihm „nie etwas werden würde" (und noch weitaus Schlimmeres), der tut sich in Sachen Kompetenzen verständlicherweise später hinaus schwer.

Daher ist es wichtig, dass der Lehrer etwaige Begabungen, Potenziale und sonstige Fähigkeiten als solche erkennt und in dem einen oder anderen Gespräch authentisch als etwas Besonderes hervorhebt.

Verschiedene Hobby – häufig: Malen, Schreiben, Musik machen, Lesen – lassen sich ohne Weiteres kultivieren. Vielleicht hat der Lehrer Kontakt zur Volkshochschule (Stichwort: Mal- und Schreibkurse), zu Kommunen, die Konzerte veranstalten usw.

Lässt sich die betreffende Schülerin auf neue „Experimente" ein, wird sie sich mehr und mehr ihrer Selbstwirksamkeit bewusst, und auf der anderen Seite wird die komplementäre Beziehungsgestaltung vorangetrieben.

**Problemaktualisierung**

Zu maladaptiven Schemamodi-Aktivierungen im Unterricht kommt es, wie oben schon angedeutet, wohl oder übel schon durch Kleinigkeiten. Ist die Stimmung an einem Tag aus diversen, etwa privaten Gründen schon schlecht (*Modus Aggressives (beziehungsweise Wütendes) Kind*), so reicht erfahrungsgemäß schon ein bestimmter Blick, ein Lachen, eine „lustige Bemerkung" o.Ä. aus, um „die Bombe platzen zu lassen".

Auf solche emotionalen Ausbrüche infolge einer Aktivierung von maladaptiven Modi (etwa *Schikanierer- und Angreifer-Modus*) sollte man gefasst sein. Gerät eine Schülerin mit Borderline-Tendenzen in einen Clinch mit einer Mitschülerin, muss man schnell intervenieren, bevor das Ganze in Handgreiflichkeiten gipfelt.

In Hinsicht auf die Art der Intervention sollte eine gewisse Flexibilität offenbart werden. Das heißt, einmal geht man konfrontativ dazwischen (nur im Falle eines erfolgreichen Beziehungsaufbaus zu empfehlen), ein anderes Mal beruhigt man die Schülerin, fährt mit dem Unterricht fort und sucht ein klärendes Gespräch in der nächsten Pause („Na, was ist denn los? Stress zu Hause?").

In diesem Zusammenhang gehört auch ein emotionaler Zusammenbruch zur Phase „Problemaktualisierung". Meistens gestaltet er sich so, dass die Schülerin, schon während der Stunde ungewohnt still und anscheinend traurig, plötzlich aufsteht und aus dem Saal stürmt; oder aber sie beginnt, im Unterricht zu weinen.

In beiden Fällen begleitet man die Schülerin nach draußen und führt ein einfühlsames Gespräch, wobei die Schülerin getröstet und aufgebaut wird (Prinzip der Nachbeelterung).

Probleme in Hinsicht auf die Klassendynamik kann es in solchen Fällen aber erfahrungsgemäß dann geben, falls die betreffende Teenagerin zuvor andere Gleichaltrige gemobbt hat. Mitgefühl ist dann meistens keines vorhanden – und der Lehrer erscheint plötzlich auch in einem schlechten Licht.

Glücklicherweise ist nach einem solchen Zusammenbruch die Bereitschaft vorhanden, die Dinge auch mit der Klasse zu klären, wobei der Mechanismus der externalen Kausalattribuierung („Die Anderen sind dumm!") meistens auf ein Minimum reduziert ist. Der Grund hierfür ist, dass zuvor der Modus des *Verletzbaren Kindes* aktiviert war; gleichzeitig hat der Lehrer „nachbeeltert" und so den Modus des *Gesunden Erwachsenen* gestärkt.


### *Problemklärung*

Die Schemamodus-Arbeit sollte unbedingt mit dieser Klientel praktiziert werden, und zwar sowohl (humorvoll) im Alltagsgeschäft zwischen Tür und Angel („Mensch, Klara, manchmal kommt so ne richtige Ausflipper-Klara aus Dir raus!") als auch kurz nach emotionalen Zusammenbrüchen, die mittels des Prinzips der Nachbeelterung „pädagogisch-psychologisch" bearbeitet werden sollten.

Die Betreffenden sind im letzteren Fall „offen" im strengsten Sinne des Wortes. Erfahrungsgemäß vertrauen sie sich ihrem Gesprächspartner an, es fin-

218

den dann keinerlei Psychospiele mehr statt. Solche Momente sind die wichtigsten des Schuljahres.

Authentisch formulierte Feststellungen wie „Du weißt, dass Du manchmal von jetzt auf gleich ausflippst" kommen dann (zur Abwechslung) „voll" an.

In solchen Situationen kann effizient gearbeitet werden. Der Schemapädagoge bringt eine Bezeichnung ein, mit der er den kostenintensivsten Schemamodus etikettiert („Ich finde Dich total nett – und mit der Ausflipper-Klara müssen wir uns jetzt was einfallen lassen!").

Nun werden Absprachen getroffen, die sich nach dem Einzelfall richten.

### Unterstützung beim Transfer der erarbeiteten Lösungen in den Schulalltag

Natürlich sollte ein Schemamodus-Memo erstellt werden. Aber man sollte darüber hinaus auch die Schülerin dazu motivieren, ein Schemamodus-Tagebuch zu führen.

Da die hier thematisierte Klientel meistens mehrere maladaptive Schemamodi offenbaren, muss man sich wohl oder übel für einen entscheiden. Schließlich soll die Heranwachsende nicht überfordert werden. Sollte die Betreffende jedoch über ausreichend „kognitive" Ressourcen verfügen, kann man eventuell zwei verschiedene Schemamodi aufgreifen.

Im Normalfall ist die Arbeit mit einem Modus ausreichend. Kommt es nun im Unterricht zu „Rückfällen", kann man humorvoll-empathisch oder aber auch konfrontativ intervenieren.

Ziel ist nach wie vor die Reduktion von Unterrichtsstörungen.

Sabrina (20) beginnt eine Ausbildung zur Heilerziehungspflegerin. Schon in den ersten beiden Wochen fällt sie durch extreme Stimmungsschwankungen auf (*im Gesamtzusammenhang ein Hinweis auf das Borderline-Phänomen*). An dem einen Tag ist „alles supi", wie sie sagt. Sie arbeitet gut im Unterricht mit und versprüht eine positive Stimmung (*Modus Glückliches Kind*). Schon tags drauf sind häufig völlig gegensätzliche Tendenzen auffällig: sie fängt Streit mit den Mitschülern vom Zaun („Ey, ich zieh Dich ab!") (*Zerstörer- und Killer-Modus*) und gibt den Lehrern patzige Antworten („Frau X, Sie brauchen mal wieder einen Mann!") (*Schikanierer- und Angreifer-Modus*).

Zu einem Pädagogen, Lehrer X, pflegt sie einen guten Kontakt. Aus ihrer Sicht ist er „der beste Lehrer ever" (*Ergebnis von Übertragungsprozessen beziehungsweise komplementärer Beziehungsgestaltung*). Er erkundigt sich öfter mal nach ihren Erlebnissen in der Freizeit und nach ihrem Lieblingshobby: dem Malen (*komplementäre Beziehungsgestaltung*). Auf ihre teils anzüglichen Bemerkungen im Unterricht („Geiler Arsch!", „Ist Ihre Frau heute Abend zu Hause?") (*Manipulierer, Trickser, Lügner*) geht er nicht großartig, sondern in aller Kürze humorvoll ein („Sabrina, ich bin doch glücklich verheiratet, weißt Du doch!") (*dezente Konfrontation*). Sabrina kommt eines Tages zwei Stunden zu spät in die Schule. Ihrem Klassenlehrer erzählt sie unter vier Augen, dass sie „Stress" mit ihrem Freund hätte (*Modus des Gesunden Erwachsenen*). Er wäre „halt immer so aggressiv und so eifersüchtig" (*Hinweis auf die Erduldung des Schemas Misstrauen/Missbrauch*). Die Heranwachsende meint, er entspräche eben ihrem „Partnersuch-Muster", wogegen sie gar nichts tun könne (*Distanzierter Beschützer*).

Im Laufe des ersten Halbjahres kommt es immer wieder vor, dass Sabrina plötzlich im Unterricht aufsteht und nach draußen spurtet (*emotionaler Zusammenbruch*). Die Lehrer, die sie in solchen Situationen erleben, berichten dem Klassenlehrer von Heulkrämpfen, die sie dann erleidet (*Modus Verletzbares Kind*). Einmal bekommt Lehrer X so einen „Anfall" mit und folgt der Schülerin bis vor die Tür.

Unter Tränen sagt sie, dass „alles Scheiße" sei (*Modus Verletzbares Kind*). Die ganzen Probleme mit ihrem Freund und ihrer Familie würden sie „fertig machen" (*Modus des Gesunden Erwachsenen*). Sie würde nicht wissen, „wie es weitergeht". (Währenddessen bemerkt der Pädagoge die Schnitte an den Unterarmen der Schülerin, die sie mit einem langen Pulli kaschieren will.) (*Innere Bestrafer – nach innen gerichtet*)

Lehrer X hört ihr aktiv zu und arbeitet ressourcenorientiert („Ich verstehe Dich, welche Möglichkeiten gibt es jetzt für Dich?") (*Prinzip der Nachbeelterung*). Sie meint, sie würde wieder ihre Therapeutin anrufen. Im Laufe des Gesprächs fängt sich die Heranwachsende. Lehrer X legt seine Hand auf die Schulter des Mädchens und beendet das Gespräch („Weißt Du, manchmal kommt so eine Selbstverletzer-Sabrina in Dir hoch – und die kontrollierst Du ab jetzt. Versprich *mir* das. Tu das für mich!") Die Schülerin gibt dem Lehrer das Versprechen (*Modus des Gesunden Erwachsenen*) – und sie betreten wieder den Klassenraum. Vier Wochen später füllen Sie ein Schemamodus-Memo aus (siehe unten).

### Schemapädagogische Analyse

Sabrina offenbart viele Phänomene des sogenannten Borderline-Syndroms. Sie „switcht" häufig zwischen verschiedenen maladaptiven Schemamodi und belastet dadurch das Klassenklima. Typischerweise neigt sie zu emotionalen Schwankungen, aber auch zu Mobbing.

Lehrer X bemüht sich um eine komplementäre Beziehungsgestaltung, und alles deutet darauf hin, dass er dahingehend erfolgreich ist. Sabrina konstruiert eine positive Wahrnehmung. Dies führt zum Aufbau von Vertrauen.

In einigen privaten Unterhaltungen erzählt die junge Frau von ihren sozialen Verhältnissen, in denen sie lebt. Eines Tages nutzt der Lehrer eine Situation aus, in der Sabrina einen emotionalen Zusammenbruch hat. Er beginnt mit der Schemamodus-Arbeit und fordert erfolgreich ihr Versprechen ein, dass sie ihre „innere Selbstverletzer-Sabrina" kontrolliert. Außerdem erklärt sie sich bereit, wieder ihre Therapeutin zu kontaktieren.

Der Lehrer hat aus schemapädagogischer Sicht alles richtig gemacht.

---

Die Erinnerungskarte von Sabrina

**1. Benennen einer Situation, in der ich mich ritze**

„Wenn mir langweilig ist, ich depressiv bin und der Lehrer dumm rüberkommt!"

**2. Erkennen der aktivierten Teil-Persönlichkeit**

„Dann ist die Selbstverletzer-Sabrina aktiviert. Sie will, dass ich mich ritze, um Spannungen abzubauen. Sie will wieder was spüren.

**3. Anerkennen des unangepassten Denkens und Realitätsprüfung**

„Ich bin ein Mensch mit Stärken und Schwächen und habe es nicht verdient, dass ich mich ritze!"

**4. Trennen vom alten und Festigung des neuen Verhaltens**

„Wenn ich das nächste Mal merke, dass die Selbstverletzer-Sabrina aktiviert ist, rufe ich meine Therapeutin an."

## 5.7 Streitschlichtung

Frank (21) und Lisa (20) besuchen die gleiche Klasse – und zwischen ihnen brodelt es. Bereits zu Beginn des Schuljahres zeigte sich, dass beide eine gewisse „Präsenz" im Schulalltag vermitteln wollten. Dies zeigte sich sowohl bei fachlichen Fragestellungen, die sich im Unterricht ergaben, als auch bei Angelegenheiten, die die Klasse als Ganzes betraf (Saalwechsel, Vertretungsplan, Prüfungsterminierungen usw.).

Beide gerieten im Laufe des Schuljahres immer mal wieder aneinander, und auch „hinten rum" wurde viel „Stimmung" gegeneinander gemacht. Der Eine wollte den Anderen diskreditieren, um jeden Preis.

Und auch jetzt, vier Monate vor den Abschlussprüfungen, gibt es wieder Konflikte in vielerlei Variationen. Mündliche Beiträge etwa werden von der anderen Partei verbal und nonverbal negativ bewertet, mal mehr, mal weniger auffällig. Hinzu kommt, dass beide jeweils ein paar Schüler auf ihre Seite gezogen haben, sodass nun die „Frank-Gruppe" gegen die „Lisa-Gruppe" konkurriert.

Der Lehrer veranstaltet auf Drängen der übrigen Klasse („Wir haben keinen Bock mehr!") mehrere Stuhlkreise. Während solcher Schlichtungsversuche schreien sich die beiden „Hauptdarsteller" regelrecht an – und am Ende der Unterrichtsstunde werden Kompromisse gefunden („Wir lassen uns jetzt gegenseitig in Ruhe!"). Diese Kompromisse haben nur eine geringe Lebensdauer – und das „alte Thema" taucht jeweils ein paar Tage später wieder auf.

Nun macht Lehrer X den Vorschlag, dass die beiden sich doch einmal einer Streitschlichtung „unterziehen" mögen. Sie stimmen zu. Während der Schlichtung, an der Lehrer X ebenfalls teilnimmt, kommt heraus, dass Frank „gerne hin und wieder ein bisschen Stress macht – und das braucht"; Lisa erkennt, dass sie „die Klassengemeinschaft manchmal ein bisschen zu sehr bemuttert und wie kleine Kinder wahrnimmt, denen sie helfen muss – weil sie das braucht". Am Ende des Gesprächs werden die Kompromisse festgehalten und in einen „Vertrag" eingearbeitet.

Eine Woche später stehen die „altbekannten Konflikte" wieder an der Tagesordnung. Der Lehrer hat nur auch keine Geduld mehr und führt mit Frank und Lisa eine „private Streitschlichtung" durch, alleine. Er führt die beiden in die Schemamodus-Arbeit ein, indem er auf ein Plakat seine eigenen „inneren Persönlichkeiten" skizziert und deren Funktion erläutert.

Dann hängt er weitere Plakate an die Tafel und erklärt den Schülern deren Schemamodi, die im Unterricht aktiv sind beziehungsweise leicht ausgelöst werden (im

Fall von Frank: Schikanierer- und Angreifer-Modus; bei Lisa: Selbsterhöher-Modus). Er füllt mit den Heranwachsenden ein Schemamodus-Memo aus (siehe unten) und erklärt: „Wenn ihr die jetzt bekannten Schemamodi im Unterricht nicht kontrolliert, kommt es immer wieder zu den altbekannten Problemen. Und bevor das passiert, schmeiß ich euch raus! Ich will hier Unterricht machen. Und die Kollegen wissen jetzt auch Bescheid!"
Ab diesem Tag bessern sich die Verhältnisse.

### *Allgemeines*

Das Thema Streitschlichtung an Schulen hat in den letzten Jahren stark an Bedeutung gewonnen (HERZOG 2007). Das Streitschlichtungs-Modell wird auch oft als Meditation (übersetzt: Vermittlung) bezeichnet.

Potenzielle Streitschlichter sind sowohl Lehrer als auch Schüler. Das Programm basiert hauptsächlich auf der Humanistischen Psychologie, und daher spielen auch die „typischen förderlichen" Gesprächsvariablen eine Rolle (aktives Zuhören, Kommunizieren per Ich-Botschaften usw.).

An zahlreichen Schulen werden Heranwachsende zu Streitschlichtern ausgebildet. Meistens geschieht dies im Rahmen eines Wochenend-Seminars.

Sollten dann Konflikte in den Klassen auftreten, können die Beteiligten einfach Kontakt zu den Streitschlichtern aufnehmen.

Im Folgenden ist der allgemein übliche Ablauf einer Streitschlichtung skizziert (RADEMACHER 2007):

1. Die Parteien und die Streitschlichter stellen sich vor (jedem Schüler wird ein Schlichter zugeordnet).
2. Die Gesprächsregeln werden festgelegt (nicht beleidigen, Ich-Botschaften kommunizieren).
3. Die Protagonisten schildern aus ihrer Wahrnehmung die Ursachen und den Charakter des aktuellen Konflikts, er wird also bestmöglich geklärt. Dabei sollen auch die Eigenanteile zutage treten.
4. Frustrierte Gefühle und Grundbedürfnisse sollen verbalisiert werden (Ziele: Entwicklung von Empathie, Perspektivenübernahme).
5. Lösungsvorschläge werden von den Parteien formuliert.

6. Kompromisse werden (bestenfalls) gefunden.

7. Eine schriftliche Vereinbarung („Vertrag") wird erstellt, der von beiden Parteien unterschrieben wird (er beinhaltet konkrete Verhaltensweisen, die den Konflikt eindämmen beziehungsweise lösen sollen).

8. Nach einigen Wochen trifft man sich erneut, um den „Stand der Dinge" zu reflektieren (nicht immer möglich).

### Eigene Schemata und Schemamodi berücksichtigen

Streitschlichter lernen im Rahmen ihrer Ausbildung in Rollenspielen einen wichtigen Grundsatz: Sie müssen bei einer Schlichtung eine *neutrale* Position einnehmen. Dies ist nicht ohne Grund so gewollt.

Denn erfahrungsgemäß versuchen die Kontrahenten, die Schuld des Konflikts dem Anderen in die Schuhe zu schieben (Stichwort: externale Kausalattribuierung). Durch die neutrale Haltung soll der Moderationscharakter des Schlichters zur Geltung kommen. Auf der anderen Seite wird eine Schlichtung wahrscheinlich schnell scheitern, sollte der Mediator sich auf die Seite eines Protagonisten schlagen. Schemapädagogisch gesagt: Dadurch werden auf der Gegenseite schnell Abwehr-Schemamodi aktiviert.

Wenn eine neutrale Position erfolgreich eingenommen wird, sollte es so sein, dass der Schlichter im Modus des *Gesunden Erwachsenen* ist. Entsprechend darf er sich während der Schlichtung nicht zu einer Schemamodus-Aktivierung hinreißen lassen.

### Komplementärer Beziehungsaufbau

Die Phase des komplementären Beziehungsaufbaus entfällt in der Regel beim Thema Streitschlichtung, da man die Beteiligten häufig gar nicht persönlich kennt, es sei denn, es geht um Konflikte in der eigenen Klasse.

Wenn Letzteres der Fall sein sollte (siehe Eingangsbeispiel), kann man unter Umständen bereits bei der ersten Streitschlichtung mit den Beteiligten die Schemamodus-Arbeit praktizieren, und zwar sinnvollerweise in Phase 3 (wenn die Konfliktparteien ihre Wahrnehmungen kommunizieren).

### *Ausbau von vorhanden Kompetenzen*

Auf vorhandene Kompetenzen kann man ebenfalls nur eingehen, wenn man die Schüler, um die es geht, kennt. Eventuell ist es sinnvoll, einige „Hausaufgaben" in den „Vertrag" aufzunehmen, die ausgeführt werden sollen (etwa selbstständig ein Schemamodus-Tagebuch verfassen o.Ä.).

### *Problemaktualisierung*

Eine Streitschlichtung findet meistens dann statt, *nachdem* ein bestimmter Konflikt eskaliert ist. Sinnvollerweise sollte die Schlichtung zeitnah stattfinden. Ansonsten verhärten sich meistens die Fronten, was den Erfolg der Mediation gefährdet.

### *Problemklärung*

Die Schemamodus-Arbeit kann eine Streitschlichtung enorm bereichern, trägt sie doch maßgeblich dazu bei, dass beide(!) Parteien ein Problembewusstsein entwickeln. Beide lernen jeweils eine innere Persönlichkeitsfacette kennen, die Anteil an dem Konflikt hat. In der „herkömmlichen" Streitschlichtung werden Schüler ja als „Personen mit einem Ich-Bewusstsein" angesehen; dort läuft es also anders.

Sobald die Schüler das Schemamodus-Modell verstanden haben, können sie etwa das Problem auch aus der Sicht ihres Schemamodus schildern. Dadurch kommen wiederum neue Einsichten zustande.

### *Unterstützung beim Transfer der erarbeiteten Lösungen in den Schulalltag*

Bei einer Streitschlichtung, die schemapädagogische Elemente enthält, werden in der Regel auch einige Schemamodi anschaulich gemacht. Hierzu eignen sich Overhead-Folien oder auch Flipchart-Papier (siehe Eingangsbeispiel). Die Schüler, die miteinander im Clinch liegen, erstellen eigene Entwürfe ihrer Person, in die sie die an dem Konflikt beteiligten Schemamodi einzeichnen. Daraufhin werden Kompromisse und Lösungsmöglichkeiten formuliert. Um der „guten Absicht" mehr Gewicht zu verleihen, werden wie üblich auch Schemamodus-Memos erstellt, in schwer wiegenden Fällen wird auch vereinbart, dass ein Schemamodus-Tagebuch geführt wird. Bei einem späteren Treffen können die „Hausaufgaben" überprüft und der Stand der Dinge besprochen werden.

Frank (21) und Lisa (20) besuchen die gleiche Klasse – und zwischen ihnen brodelt es. Bereits zu Beginn des Schuljahres zeigte sich, dass beide eine gewisse „Präsenz" im Schulalltag vermitteln wollten (*eventuell ein Hinweis auf das Schema Anspruchshaltung/Grandiosität*). Dies zeigte sich sowohl bei fachlichen Fragestellungen, die sich im Unterricht ergaben, als auch bei Angelegenheiten, die die Klasse als Ganzes betraf (Saalwechsel, Vertretungsplan, Prüfungsterminierungen usw.).

Beide gerieten im Laufe des Schuljahres immer mal wieder aneinander (*Aggressives (bzw. Wütendes) Kind, Distanzierter Beschützer*), und auch „hinten rum" wurde viel „Stimmung" gegeneinander gemacht (*Manipulierer, Trickser, Lügner*). Der Eine wollte den Anderen diskreditieren, um jeden Preis (*Schikanierer- und Angreifer-Modus*).

Und auch jetzt, vier Monate vor den Abschlussprüfungen, gibt es wieder Konflikte in vielerlei Variationen (*häufige Schemamodi-Aktivierungen*). Mündliche Beiträge etwa werden von der anderen Partei verbal und nonverbal negativ bewertet, mal mehr, mal weniger auffällig (*Schikanierer- und Angreifer-Modus*). Hinzu kommt, dass beide jeweils ein paar Schüler auf ihre Seite gezogen haben, sodass nun die „Frank-Gruppe" gegen die „Lisa-Gruppe" konkurriert.

Der Lehrer veranstaltet auf Drängen der übrigen Klasse („Wir haben keinen Bock mehr!") mehrere Stuhlkreise (*Modus des Gesunden Erwachsenen*). Während solcher Schlichtungsversuche schreien sich die beiden „Hauptdarsteller" regelrecht an (*Schikanierer- und Angreifer-Modus, Aggressives Kind*) – und am Ende der Unterrichtsstunde werden Kompromisse gefunden („Wir lassen uns jetzt gegenseitig in Ruhe!") (*Modus des Gesunden Erwachsenen*). Diese Kompromisse haben nur eine geringe Lebensdauer – und das „alte Thema" taucht jeweils ein paar Tage später wieder auf (*eventuell ein Hinweis auf das Schema Anspruchshaltung/Grandiosität*).

Nun macht Lehrer X den Vorschlag, dass die beiden sich doch einmal einer Streitschlichtung „unterziehen" mögen. Sie stimmen zu (*Modus des Gesunden Erwachsenen*). Während der Schlichtung, an der Lehrer X ebenfalls teilnimmt, kommt heraus, dass Frank „gerne hin und wieder ein bisschen Stress macht – und das braucht" (*Modus des Gesunden Erwachsenen*); Lisa erkennt, dass sie „die Klassengemeinschaft manchmal ein bisschen zu sehr bemuttert und wie kleine Kinder wahrnimmt, denen sie helfen muss – weil sie das braucht" (*Modus des Gesunden Erwachsenen*). Am Ende des Gesprächs werden die Kompromisse festgehalten und in einen „Vertrag" eingearbeitet (*Modus des Gesunden Er-*

*wachsenen*).

Eine Woche später stehen die „altbekannten Konflikte" wieder an der Tagesordnung (*erneute Auslösung der Schemamodi durch die „üblichen" Trigger (=
Verstärker)*). Der Lehrer hat nur auch keine Geduld mehr (*Innere Antreiber –
nach außen wirkend*) und führt mit Frank und Lisa eine „private Streitschlichtung" durch, alleine. Er führt die beiden in die Schemamodus-Arbeit ein, indem er
auf ein Plakat seine eigenen „inneren Persönlichkeiten" skizziert und deren Funktion erläutert (*Stärkung des Modus des Gesunden Erwachsenen aufseiten
der Schüler*).

Dann hängt er weitere Plakate an die Tafel und erklärt den Schülern deren Schemamodi, die im Unterricht aktiv sind beziehungsweise leicht ausgelöst werden (im
Fall von Frank: *Schikanierer- und Angreifer-Modus*; bei Lisa: *Selbsterhöher-
Modus*). Er füllt mit den Heranwachsenden ein Schemamodus-Memo aus (siehe
unten) und erklärt: „Wenn ihr die jetzt bekannten Schemamodi im Unterricht nicht
kontrolliert, kommt es immer wieder zu den altbekannten Problemen. Und bevor
das passiert, schmeiß ich euch raus! Ich will hier Unterricht machen. Und die Kollegen wissen jetzt auch Bescheid!"
Ab diesem Tag bessern sich die Verhältnisse.


### Schemapädagogische Analyse

Frank und Lisa sind dominante Persönlichkeiten, die alleine schon wegen ihres
Charakters aneinandergeraten. Sie spalten gewissermaßen die Klasse in zwei
Teile. Die latent schlechte Stimmung wirkt sich dahingehend aus, dass es im
Schulalltag rasch zur Auslösung von maladaptiven Schemamodi kommt.
Die Stuhlkreise, die Herr X mit der Klasse praktiziert, bringen nur kurzzeitige Ent-
lastung, weil dadurch nicht die Schemamodi bearbeitet werden.
Infolge einer „Neuauflage" des Ursprungskonflikts verliert Lehrer X die Geduld
und entscheidet sich für eine konfrontative Methode. Er führt in einem sehr direk-
tiven Stil die beiden Schüler in die Schemamodus-Arbeit ein, und glücklicherweise
bessern sich die Zustände in der Klasse.

Die Erinnerungskarte von Frank

**1. Benennen einer Situation, in der ich mich im Unterricht unwohl fühle**
„Wenn Lisa dominant auftritt!"

**2. Erkennen der aktivierten Teil-Persönlichkeit**
„Dann wird der Angreifer- und Disser-Modus in mir aktiviert."

**3. Anerkennen des unangepassten Denkens und Realitätsprüfung**
„Dies führt zu stets denselben Konflikten – die ich übrigens auch schon früher auf meiner alten Schule hatte."

**4. Trennen vom alten und Festigung des neuen Verhaltens**
„Sollte es wieder zu einer Aktivierung kommen, merke ich es und lese einige Seiten in dem Psychologie-Buch, das Herr X mir gegeben hat."

---

Die Erinnerungskarte von Lisa

**1. Benennen einer Situation, in der ich zur Organisatorin werde**
„Wenn ich das Gefühl habe, die Mitschüler passen nicht auf!"

**2. Erkennen der aktivierten Teil-Persönlichkeit**
„Dann klinge ich ein bisschen wie eine Übermutter, dann spricht der Organisator-Modus aus mir."

**3. Anerkennen des unangepassten Denkens und Realitätsprüfung**
„Ich verstehe, dass der Organisator-Modus bewirkt, dass die Mitschüler sich wie kleine dumme Kinder fühlen! Aber in meiner Freizeit ist er eine Stärke!"

**4. Trennen vom alten und Festigung des neuen Verhaltens**
„Ab jetzt kontrolliere ich jedes zweite Mal meinen Organisator-Modus und beiße mir auf die Zunge."

# 6.    Ausblick

In diesem Buch wurde der Schemapädagogik-Ansatz sowie der Transfer in das Praxisfeld Schule vollzogen. Die integrative Ausrichtung dieses Programms soll Lehrerinnen und Lehrern dabei helfen, sich selbst und „schwierige" Schüler besser zu verstehen.

Darüber hinaus sollen mithilfe von schemapädagogischer Theorie und Praxis verschiedene „typische" Beziehungsstörungen tiefgründiger erfasst und professionell bearbeitet werden können, die von Natur aus in Hinsicht auf ihren Ursprung und Ablauf im Verborgenen, im Unbewussten verortet sind.

Entsprechende pädagogisch-psychologische Kompetenzen sind heutzutage mehr denn je vonnöten, da die Anzahl an Schülerinnen und Schülern mit psychischen Störungen ansteigt (BAUER 2007).

Leider gibt es nur wenige Veröffentlichungen, die die Psychodynamik im Klassenzimmer in Augenschein nehmen. Hinzu kommt, dass wir Lehrer uns dahingehend selbst fortbilden müssen, und an entsprechenden Angeboten, die an aktuellen humanwissenschaftlichen Erkenntnissen orientiert sind, mangelt es im Allgemeinen.

Im Lehramtsstudium und an Studienseminaren ist die schwergewichtige Thematik „Lehrer-Schüler-Interaktion" nach wie vor stark unterrepräsentiert.

Dies hat Gründe, die in der Tradition der Institution Schule liegen (früher stellten sich Disziplin- und Beziehungsfragen gar nicht). Die aktuellen Tendenzen – unter anderem Wertevielfalt, steigender Anteil an Schülern mit erhöhtem Förderbedarf – zwingen uns Lehrkräfte regelrecht zur Weiterbildung.

Doch reichen die bestehenden Angebote aus? Wenn man bedenkt, dass ein

Großteil der Lehrerschaft nicht das Pensionierungsalter erreicht, entwickelt sich schnell die Neigung, die Frage zu verneinen.

Entsprechend muss „von oben" mehr für die Qualität der Lehrerweiterbildung getan werden. Neue Konzepte, die auf neurobiologischen und schemaorientierten Erkenntnissen beruhen, müssen endlich integriert werden, in ihnen liegt zweifelsohne viel Potenzial. Wobei bedacht werden muss: Die Entwicklung steht erst am Anfang, und Schemapädagogik ist nur *ein* neuer Impuls in diese Richtung.

Eines steht fest: „Schwierige Schüler" bringen innerpsychische Muster mit in die Schule, die sich über Jahre hinweg im biografischen Kontext entwickelt haben. Diese negativen Schemata und Schemamodi werden in der Klasse immer wieder in bestimmten Situationen ausgelöst. Mit den herkömmlichen Methoden ist der Pädagoge nicht imstande, nachteilige Muster von „schwierigen" Schülern zu *verändern*.

Hinzu kommt: Der Betreffende merkt nicht, dass das „Problem" bei ihm liegt, er macht „die Anderen" dafür verantwortlich. Lehrer, die die Psychodynamik dieses Geschehens nicht durchschauen – und das sind meiner Erfahrung nach wohl die meisten –, werden immer wieder in dieselben Interaktionsspiele verwickelt. Es kommt dadurch zu vielen aufreibenden Situationen im Schulalltag, die die Psyche stark in Mitleidenschaft ziehen können.

Wenn es uns nicht gelingt, so manchem „schwierigen" Jugendlichen neue Einblicke in seine Persönlichkeit zu ermöglichen, so wird er außerhalb der Schule und besonders *nach* seiner Schulpflicht immer wieder seinen antrainierten innerpsychischen Mustern ausgeliefert sein. Und wir kennen entsprechende „Karrieren".

Auf der Lehrerseite sieht es Schema-spezifisch im Durchschnitt zwar nicht ganz so bedenklich aus, aber man kann davon ausgehen, dass viele Lehrkräfte „Ansätze" von maladaptiven Schemata und Schemamodi dann und wann im Unterricht offenbaren. In der Regel ist den Betreffenden ebenfalls die Psychodynamik des Geschehens nicht bewusst. So trägt so mancher Pädagoge auch seine eigenen „Lebensfallen" in die Schule und beeinflusst die Beziehung zu seinen Schülern.

Schemapädagogik kann dabei helfen, die erwähnten Anforderungen, die an den „Lehrer von heute" gestellt werden, zu erfüllen.

Der Ansatz versteht sich als „offenes Konzept", das heißt, er wird ständig erweitert, modifiziert, reflektiert. Sicherlich gewinnbringend dürfte die bald stattfindende Konzeption von Unterrichtsmaterialien sein, die etwa in den Fächern Ethik und Methodentraining, aber auch in der Sozialassistenz- und Erzieher-Ausbildung zum Einsatz kommen können (siehe weiterführende Literatur).

Schemapädagogik ist verortet an der Schnittstelle zwischen Pädagogik und Psychotherapie. Schemapädagogen erwerben und praktizieren schließlich pädagogisch-psychologische Kompetenzen.

Ich finde, solche Kompetenzen sind vor allem im Lehrerberuf, der bekanntlich vor allem ein „Beziehungsberuf" ist, unumgänglich.

## Weiterführende Literatur

**Bauer, J. (2007). Lob der Schule. Sieben Perspektiven für Schüler, Lehrer und Eltern. Hoffmann und Campe.**
Das Buch beinhaltet zahlreiche interessante neurobiologische Befunde zum Thema zwischenmenschliche Kommunikation. Die Erkenntnisse werden in den Schulalltag transferiert.

**Damm, M. (2009). Nervensägen – und wie man mit ihnen klarkommt. Freiburg i.B.: Herder.**
In diesem Buch werden verschiedene Persönlichkeitstypen beschrieben, die spezifische Selbst- und Beziehungsschemata offenbaren (unter anderem Narzissten, Paranoiker, Schizoide, Zwanghafte). Es finden sich Anregungen zum Umgang mit „schwierigen" Partnern, Eltern, Kunden und Chefs.

**Damm, M. (2010). Sei du selbst. Es ist dein Leben. Freiburg i.B.: Herder.**
Ein praktischer Ratgeber zum Umgang mit eigenen nachteiligen Selbst- und Beziehungsschemata – auf der Basis von psychodynamischen Konzepten.

**Damm, M. (2010). Schemapädagogik. Möglichkeiten und Methoden der Schemapädagogik im Praxisfeld Erziehung. Wiesbaden: VS-Verlag.**
Das Buch schlägt eine Brücke zwischen Schematherapie und Sozialpädagogik. Neue Innovationen werden für folgende Arbeitsfelder dargestellt: Krippe, Kindergarten, Hort, Heimerziehung, Offene Kinder- und Jugendarbeit, Schule, Kinder- und Jugendpsychiatrie.

**Damm, M. & Werner, S. (in Planung). Schemata bei Gewalttätern und deren Konfrontation. Reihe Schemapädagogik kompakt. Band 1. Stuttgart: Ibidem-Verlag.**
Dieses Buch beinhaltet Hilfestellungen und praktische Tipps für alle, die mit jugendlichen Straftätern arbeiten – auf der Grundlage der Schemapädagogik.

**Damm, M. (in Planung). Professionelle Beziehungsgestaltung im Unterricht. Reihe Schemapädagogik kompakt. Band 2. Stuttgart: Ibidem-Verlag.**
Hier findet der Leser Ursachen und Lösungsvorschläge für „typische" Konflikte im Schulalltag. Fokussiert werden vor allem Prozesse, die auf der (eher unbewussten) Beziehungsebene ablaufen. Das Buch richtet sich an Lehrerinnen und Lehrer der Sekundarstufe 1 und 2.

**Damm, M. (in Planung). Lehrerpersönlichkeit. Reihe Schemapädagogik kompakt. Band 3. Stuttgart: Ibidem-Verlag.**
Dieses Buch widmet sich den Auswirkungen von bestimmten Schemata, die manchmal auf Lehrerseite vorherrschen. Anhand von verschiedenen Fragebögen, die im Rahmen der Schemapädagogik eingesetzt werden, lernen Pädagogen eigene innerpsychische Muster, die zu stets denselben Konflikten mit den Schülern führen, genau kennen. Ziel ist die bewusste Kontrolle von „nachteiligen" Schemata und Schemamodi im Unterrichtsalltag.

**Damm, M. (in Planung). Schemapädagogik. Unterrichtsmaterialien für die Sozialassistenz- und ErzieherInnen-Ausbildung. Reihe Schemapädagogik kompakt. Band 4. Stuttgart: Ibidem-Verlag.**
Dieser Band beinhaltet Arbeits- und Textblätter, die in der Ausbildung von Sozialassistent- und ErzieherInnen eingesetzt werden können.

**Damm, M. (in Planung). Handlungsfehler im Praxisfeld Erziehung und deren Prävention. Reihe Schemapädagogik kompakt. Band 5. Stuttgart: Ibidem-Verlag.**
Psychodynamische Hintergründe von „Erziehungsfehlern" werden in diesem Band eruiert. Grundlage ist das Schemamodell.

**Roediger, E. (2009). Praxis der Schematherapie. Stuttgart: Schattauer.**
In diesem Fachbuch werden die Grundlagen und einige Erweiterungen der Schematherapie erläutert.

**Roediger, E. (2009). Was ist Schematherapie? Eine Einführung in Grundlagen, Modell und Anwendung. Paderborn: Junfermann.**
Dieses Buch ist ein guter Einstieg in die Theorie und Praxis der Schematherapie.

**Roediger, E. & Jacob, G. (Hrsg.) (2010). Fortschritte der Schematherapie. Göttingen: Hogrefe.**
Ausdifferenzierungen der Schematherapie finden interessierte Leser hier.

**Sachse, R., Püschel, O., Fasbender, J., Breil, J. (2008). Klärungsorientierte Schemabearbeitung. Dysfunktionale Schemata effektiv verändern. Göttingen u.a.: Hogrefe.**
In diesem praxisorientierten Buch geht es vor allem um das Schema-Verständnis in der Klärungsorientierten Psychotherapie. Außerdem wird die Schema-Bearbeitung ausführlich dargestellt.

**Sachse, R., Fasbender, J., Breil, J., Püschel, O. (2009). Grundlagen und Konzepte Klärungsorientierter Psychotherapie. Göttingen u.a.: Hogrefe.**
Hier werden die theoretischen Grundlagen und praktischen Arbeitsweisen der Klärungsorientierten Psychotherapie erläutert.

**Sachse, R. (2006). Persönlichkeitsstörungen verstehen. Zum Umgang mit schwierigen Klienten. Bonn: Psychiatrie-Verlag.**
Dieser leicht verständliche Ratgeber richtet sich an Angehörige der psychotherapeutischen und sozialpädagogischen Berufe.

**Young, J.E., Klosko, J. & Weishaar, M.J. (2005). Schematherapie. Ein praxisorientiertes Handbuch. Paderborn: Junfermann.**
Dieses Fachbuch ist das Grundlagenwerk der Schematherapie.

**Young, J.E. & Klosko, J. (2006). Sein Leben neu erfinden. Wie Sie Lebensfallen meistern. Paderborn: Junfermann.**
Ursprünglich für Klienten der Schematherapie verfasst, eignet sich dieses Buch auch für Laien, die sich für Schematherapie interessieren.

# Kontakte

Weitere Informationen zur Schemapädagogik (auch als Download) finden Interessenten auf der Homepage des Autors (www.schemapädagogik.de).

**Fortbildungen in Schemapädagogik**

Am Institut für Schemapädagogik (Worms) werden verschiedene Fortbildungen zur Schemapädagogik angeboten. Auf der oben genannten Homepage werden sie ausführlich beschrieben.

Kontakt:

**Institut für Schemapädagogik**
**Dr. Marcus Damm**
**Höhenstr. 56**
**67550 Worms**

Im Rahmen der (Berufsschul-)Lehrerfortbildung in Rheinland-Pfalz werden die theoretischen Grundlagen und praktischen Anwendungen der Schemapädagogik in der Weiterbildung „Berufsförderpädagogik" vermittelt, am Institut für schulische Fortbildung und schulpsychologische Beratung des Landes Rheinland-Pfalz (IFB).

Ansprechpartner:

Marc-Guido Ebert
IFB Speyer
Otto-Mayer-Str. 14
67346 Speyer

# Literatur

Andresen, J.R. (2001). Kognitive Psychologie (3. Aufl.). Heidelberg, Berlin: Spektrum.

Arnold, R. (2008). Die emotionale Konstruktion der Wirklichkeit (2. Aufl.). Balmannsweiler: Schneider Verlag Hohengehren.

Ainsworth, M.D.S. (1968). Object relations, dependency and attachment. A theoretical review of the infant-mother relationship. Child Dev, 40, 969-1025.

Bauer, J. (2007a). Warum ich fühle, was du fühlst (6. Aufl.). München: Heyne.

Bauer, J. (2007b). Prinzip Menschlichkeit. Warum wir von Natur aus kooperieren (3. Auf.). Hamburg: Hoffmann & Campe.

Bauer, J. (2007c). Lob der Schule. Sieben Perspektiven für Schüler, Lehrer und ELtern. Regensburg: Hoffmann und Campe.

Beck, A.T. (1976). Cognitive therapy and the emotional disorders. New York: International University Press.

Beck, A.T., Rush, A.J., Shaw, B.F. & Emery, G. (1979/2001). Kognitive Therapie der Depression. Weinheim: Beltz

Beck, A.T., Freeman, A. & Davis, D. (2004). Cognitiv Therapy of Personality Disorders. New York, London: Guilford Press.

Berbalk, H. & Young, J.E. (2008). Schematherapie. In: J. Markgraf & S. Schneider. (Hrsg.). Verhaltenstherapie 1. Grundlagen und Verfahren (3. Aufl.). Berlin: Springer.

Berne, E. (1964/2005). Spiele der Erwachsenen. Psychologie der menschlichen Beziehungen (5. Aufl.). Reinbek: Rowohlt.

Bierhoff, H.-W. (2006). Sozialpsychologie. Ein Lehrbuch (6. Aufl.). Stuttgart: Kohlhammer.

Bowlby, J. (1973). Attachment and Loss (Vol. 2). Separation. Anxiety and anger. New York: Basic Books.

Damasio, A.R. (2000). Ich fühle, also bin ich. München: List.

Damasio, A.R. (2004). Descartes' Irrtum. Fühlen, Denken und das menschliche Gehirn. Berlin: List.

Damm, M. (2009). Nervensägen – und wie man mit ihnen klarkommt. Freiburg i.B.: Herder.

Damm, M. (2010a). Praxis der Schemapädagogik. Schemaorientierte Psychotherapien und ihre Potenzial für die psychosoziale Arbeit. Stuttgart: Ibidem-Verlag.

Damm, M. (2010b). Schemapädagogik. Möglichkeiten und Methoden der Schematherapie im Praxisfeld Erziehung. Wiesbaden: VS-Verlag.

Dehner, R. & Dehner, U. (2007). Schluss mit diesen Spielchen. Manipulationen im Alltag erkennen und dagegen vorgehen. Campus: Frankfurt a.M.

Dreikurs, R. (1967/2004). Psychologie im Klassenzimmer (2. Aufl.). Stuttgart: Klett-Cotta.

Ellis, A. (1962). Die rational-emotive Therapie. München: Pfeiffer.

Freeman, A. (2000). Persönlichkeitsstörungen. In: M. Hautzinger (Hrsg.). Kognitive Verhaltenstherapie bei psychischen Erkrankungen (3. Aufl.), 249–294. Berlin, München: Quintessenz.

Grawe, K. (1998). Psychologische Psychotherapie. Göttingen u.a.: Hogrefe.

Grawe, K. (2004). Neuropsychiatrie. Göttingen u.a.: Hogrefe.

Große Siestrup, C. (2010). Unterrichtsstörungen aus der Sicht von Lehrenden und Lernenden. Ursachenzuschreibungen, emotionales Erleben und Konzepte zur Vermeidung. Frankfurt a.M.: Peter Lang.

Hammelstein, P. (2009). Kognitive Therapie, Schematherapie und Klärungsorientierte Psychotherapie. Vergleich einzelner Aspekte. In: Sachse, R. et al. Grundlagen und Konzepte Klärungsorientierter Psychotherapie, 184–200. Göttingen u.a.: Hogrefe.

Hasselhorn, M. & Gold, A. (2009). Pädagogische Psychologie. Erfolgreiches Lernen und Lehren (2. Aufl.). Stuttgart: Kohlhammer.

Hautzinger, M. (2000). Kognitive Verhaltenstherapie bei Depressionen. In: M. Hautzinger (Hrsg.). Kognitive Verhaltenstherapie bei psychischen Erkrankungen (3. Aufl.), 39–61. Berlin, München: Quintessenz.

Heckhausen, J. & Heckhausen, H. (2006). Motivation und Handeln (3. Aufl.). Heiderlberg: Springer.

Heisig, K. (2010). Das Ende der Geduld. Konsequent gegen jugendliche Straftäter. Freiburg i.B.: Herder.

Herzog, B. (2007). Unsere Schule streitet mit Gewinn. Alltagskonflikte und ihre Mediation. Göttingen: Vandenhoeck & Ruprecht.

Hirblinger, H. (2001). Einführung in die psychoanalytische Pädagogik der Schule. Würzburg: Königshausen & Neumann.

Hormel, U. & Scherr, A. (2010) (Hrsg.). Diskriminierung. Grundlagen und Forschungsergebnisse. Wiesbaden: VS-Verlag.

Imhof, M. (2010). Psychologie für Lehramtsstudierende. Wiesbaden: VS-Verlag.

Joines, S.J. & Stewart, I. (2008). Persönlichkeitsstile. Wie frühe Anpassungen uns prägen (Band 1). Paderborn: Junfermann.

Kasper, H. (2003). Schülermobbing – tun wir was dagegen. München: AOL.

Keller, G. (2010). Disziplinmanagement in der Schulklasse. Unterrichtsstörungen vorbeugen – Unterrichtsstörungen bewältigen (2. Aufl.). Bern: Hans Huber.

Kilb, R., Weidner, J., Gall, R. (2009). Konfrontative Pädagogik in der Schule. Anti-Aggressivitäts- und Coolnesstraining (2. Aufl.). Weinheim und München: Juventa.

König, K. (2003). Abwehrmechanismen (3. Aufl.). Göttingen: Vandenhoeck & Ruprecht.

Kreuzer, T. (2006). Psychoanalytische Pädagogik und ihre Bedeutung für die Schule. Würzburg: Königshausen & Neumann.

Kriz, J. (2007). Grundkonzepte der Psychotherapie (6. Aufl.). München: Psychologie Verlags Union.

Kuhl, J. (2001). Motivation und Persönlichkeit. Göttingen u.a.: Hogrefe.

Langfeldt, H.-P. (2006). Psychologie für die Schule. Weinheim & Basel: Beltz.

Lammers, C.-H. (2007). Emotionsbezogene Psychotherapie. Grundlagen, Strategien und Techniken. Stuttgart: Schattauer.

LeDoux, J.E. (2001). Das Netz der Gefühle – Wie Emotionen entstehen. Wien: Carl Hanser.

Leahy, R.L. (2007). Techniken kognitiver Therapie. Paderborn: Junfermann.

Lohmann, G. (2007). Mit Schülern klarkommen. Professioneller Umgang mit Unterrichtsstörungen und Disziplinkonflikten (6. Aufl.). Berlin: Cornelsen Skriptor.

Main, M. & Solomon, J. (1986). Discovery of a new, insecure-disorganized /disoriented attachment pattern. In: T.B. Brazelton & M. Yohman (Hrsg.). Affective Development in Infancy, 95–124. Norwood, N.J.: Ablex.

McKay, M. & Fanning, P. (2007). Selbstachtung. Das Herz einer gesunden Persönlichkeit. Paderborn: Junfermann.

Mentzos, S. (2009). Lehrbuch der Psychodynamik. Die Funktion der Dysfunktionalität psychischer Störungen (2. Aufl.). Göttingen: Vandenhoeck & Ruprecht.

Menzel, D. & Wiater, W. (Hrsg.). (2009). Verhaltensauffällige Schüler. Symptome, Ursachen und Handlungsmöglichkeiten. Stuttgart: Klinkhardt.

Morris, D. (2008). Das Wunder der ersten Lebensjahre. München: Dorling Kindersley.

Nolting, H.-P. (2002). Störungen in der Schulklasse. Ein Leitfaden zur Vorbeugung und Konfliktlösung (8. Aufl.). Weinheim & Basel: Beltz.

Nowacki, K. (2009). Klärungsorientierte Psychotherapie aus bindungstheoretischer Sicht. In: Sachse, R. et al. Grundlagen und Konzepte Klärungsorientierter Psychotherapie, 165–183. Göttingen u.a.: Hogrefe.

Piaget, J. (1976). Die Äquilibration der kognitiven Strukturen. Stuttgart: Klett.

Piaget, J. (1980). Psychologie der Intelligenz. Stuttgart: Klett-Cotta.

Püschel, O. & Sachse, R. (2009). Eine motivationstheoretische Fundierung Klärungsorientierter Psychotherapie. In: Sachse, R. et al. Grundlagen und Konzepte Klärungsorientierter Psychotherapie, 89–110. Göttingen u.a.: Hogrefe.

Rademacher, H. (2007). Leitfaden konstruktive Konfliktbearbeitung und Mediation. Für eine veränderte Schulkultur. Schwalbach/Ts: Wochenschau-Verlag.

Rautenberg, W. & Rogoll, R. (2008). Werde der, der du werden kannst. Persönlichkeitsentwicklung durch Transaktionsanalyse (16. Aufl.). Freiburg i.B.: Herder.

Roediger, E. (2009a). Praxis der Schematherapie. Stuttgart: Schattauer.

Roediger, E. (2009b). Was ist Schematherapie? Eine Einführung in Grundlagen, Modell und Anwendung. Paderborn: Junfermann.

Roediger, E. & Jacob, G. (Hrsg.) (2010). Fortschritte der Schematherapie. Göttingen: Hogrefe.

Rogers, C. (1972/1999). Die nicht-direktive Beratung (9. Aufl.). Frankfurt a.M.: Fischer.

Roth, G. (2003). Fühlen, Denken, Handeln. Wie das Gehirn unser Verhalten steuert. Frankfurt a.M.: Suhrkamp.

Roth, G. (2007). Persönlichkeit, Entscheidung und Verhalten. Warum es so schwierig ist, sich und andere zu verstehen. Stuttgart: Klett-Cotta.

Roth, G. (2009). Aus Sicht des Gehirns (2. Aufl.). Frankfurt a.M.: Suhrkamp.

Sachse, R. (2001). Psychologische Psychotherapie der Persönlichkeitsstörungen. Göttingen u.a.: Hogrefe.

Sachse, R. (2003). Klärungsorientierte Psychotherapie. Göttingen u.a.: Hogrefe.

Sachse, R. (2004). Persönlichkeitsstörungen. Leitfaden für die Psychologische Psychotherapie. Göttingen u.a.: Hogrefe.

Sachse, R. (2006a). Therapeutische Beziehungsgestaltung. Göttingen u.a.: Hogrefe.

Sachse, R. (2006b). Persönlichkeitsstörungen verstehen. Zum Umgang mit schwierigen Klienten. Bonn: Psychiatrie-Verlag.

Sachse, R. (2006c). Therapeutische Beziehungsgestaltung. Göttingen u.a.: Hogrefe.

Sachse, R., Püschel, O., Fasbender, J., Breil, J. (2008). Klärungsorientierte Schemabearbeitung. Dysfunktionale Schemata effektiv verändern. Göttingen u.a.: Hogrefe.

Sachse, R., Fasbender, J., Breil, J., Püschel, O. (2009). Grundlagen und Konzepte Klärungsorientierter Psychotherapie. Göttingen u.a.: Hogrefe.

Schäfer, C.D. (2006). Wege zur Lösung von Unterrichtsstörungen. Jugendliche verstehen – Schule verändern. Balmannsweiler: Schneider Verlag Hohengehren.

Schmitt-Killian, J. (2010). „Ich mach euch fertig!" Praxisbuch Gewaltprävention. Gütersloh: Gütersloher Verlagshaus.

Schnotz, W. (2009). Pädagogische Psychologie kompakt. Weinheim: Beltz.

Schulz von Thun, F. (2002). Miteinander reden 3. Das „innere Team" und situationsgerechte Kommunikation. Reinbek: Rowohlt.

Siegel, D.J. (2006). Wie wir werden, die wir sind. Paderborn: Junfermann.

Spitzer, M. (2009). Hirnforschung für Neu(ro)gierige. Braintertainment 2.0. Stuttgart: Schattauer.

Taglieber, W. (2005). Berliner Mobbing-Fibel. Was tun wenn. Berlin: Berliner Landesinstitut.

Wagner, R.F., Hinz, A., Rausch, A. & Becker, B. (2009). Modul Pädagogische Psychologie. Bad Heilbrunn: Klinkhardt.

Weidner, J. & Kilb, R. (2008). Konfrontative Pädagogik (3. Aufl.). Wiesbaden: VS-Verlag.

Werth, L. & Mayer, J. (2007). Sozialpsychologie. Heidelberg: Spektrum Akademischer Verlag.

Wilson, T.D. (2007). Gestatten, mein Name ist Ich. Das adaptive Unbewusste – eine psychologische Entdeckungsreise. München & Zürich: Pendo.

Winkel, R. (2009). Der gestörte Unterricht. Diagnostische und therapeutische Möglichkeiten (9. Aufl.). Balmannsweiler: Schneider Verlag Hohengehren.

Young, J.E. & Brown, G. (1990). Young Schema Questionaire. New York: Schema Therapy Institut.

Young, J.E. (1999). Cognitive therapy for personality disorders. A schema-focused approach. (rev. Ausg.). Sarasota, FL: Professional Resources Press.

Young, J.E., Klosko, J.S. & Weishaar, M.J. (2008). Schematherapie. Ein praxisorientiertes Handbuch (2. Aufl.). Paderborn: Junfermann.

Young, J.E. & Klosko, J. (2006). Sein Leben neu erfinden. Wie Sie Lebensfallen meistern. Paderborn: Junfermann.

*Marcus Damm*

# Praxis der Schemapädagogik

Schemaorientierte Psychotherapien und ihre
Potenziale für die psychosoziale Arbeit

ISBN 978-3-8382-0040-8
240 S., Paperback, € 24,90

Erhältlich in jeder Buchhandlung
oder direkt bei

*ibidem*

Schemapädagogik ist eine neue Pädagogik. Sie beinhaltet innovative Möglichkeiten und Methoden für psychosoziale und sozialpädagogische Arbeitsfelder.

Die Schemapädagogik geht davon aus, dass psychosoziale Probleme von Klienten in ihrem Umgang mit sich selbst und anderen hauptsächlich durch nachteilige innerpsychische Muster – Schemata – verursacht werden. Schemapädagogen realisieren eine spezielle – komplementäre – Beziehungsgestaltung, thematisieren gemeinsam mit dem Klienten nachteilige Persönlichkeitsfacetten – Schemamodi – und unterstützen ihn beim Transfer der erarbeiteten Lösungen in den Alltag, um so dysfunktionale Muster dauerhaft zu verändern.

Marcus Damm stellt die Grundlagen der Schemapädagogik dar – Kognitive Therapie, Klärungsorientierte Psychotherapie und Schematherapie – und beschreibt ihr Potenzial für psychosoziale Arbeitsfelder wie die folgenden: Schulsozialarbeit, Paarberatung, Sozialpädagogische Familienhilfe, Erziehungsberatung, Strafvollzug/Bewährungshilfe, Streetwork.

Damms Buch ist bei aller gebotenen Fachlichkeit allgemeinverständlich geschrieben und richtet sich an alle Angehörige der helfenden Berufe, an Klienten in der Schemapädagogik sowie an interessierte Laien.

„Schemapädagogik ist ein gut fundierter, durchdachter und praktisch hoch relevanter Ansatz, der den Arbeitsbereich massiv befruchten kann."

*Prof. Dr. Rainer Sachse, Bochum*

„Das Buch dürfte einen wichtigen und innovativen Beitrag zu dem Diskurs leisten, wie die Pädagogik weiterentwickelt werden kann."

*Dr. Eckhard Roediger, Frankfurt am Main*

**Der Autor:**
Dr. Marcus Damm, Jahrgang 1974, ist in der Lehrer-Fortbildung tätig und unterrichtet die Fächer Pädagogik, Psychologie und Ethik an der Berufsbildenden Schule Hauswirtschaft/Sozialpädagogik in Ludwigshafen.

*ibidem*-Verlag • Melchiorstr. 15 • 70439 Stuttgart • Tel.: 0711/9807954 • Fax: 0711/8001889
ibidem@ibidem-verlag.de

*ibidem*-Verlag

Melchiorstr. 15

D-70439 Stuttgart

info@ibidem-verlag.de

www.ibidem-verlag.de
www.ibidem.eu
www.edition-noema.de
www.autorenbetreuung.de